METROPOLE DES VERGNÜGENS

Impressum

Alle Rechte vorbehalten • 1. Auflage Juli 2016

Herausgeber:
Staatsoperette Dresden
Intendant Wolfgang Schaller

Autor • Redaktion • Satz und Gestaltung:
Andreas Schwarze

Druck:
Elbtal Druck und Kartonagen GmbH

Das Werk einschließlich aller seiner Teile ist urheberrechtlich geschützt. Jede Verwertung außerhalb der engen Grenzen des Urheberrechtsgesetzes ist ohne Zustimmung unzulässig und strafbar. Das gilt insbesondere für Vervielfältigungen, Übersetzungen, Mikroverfilmungen und die Einspeicherung und Verarbeitung in elektronischen Systemen.

©SAXO'Phon GmbH • Ostra-Allee 20 • 01067 Dresden
www.saxophon-verlag.de

ISBN: 978-3-943444-59-9

Abbildung S. 3: Vorhang des Central-Theaters von Hans Unger, 1898 (Archiv Schwarze)

Andreas Schwarze

METROPOLE DES VERGNÜGENS

saxophon

Inhalt

Wiener Charme an der Weißeritz **8**
Das Volkstheater des Josef Ferdinand Nesmüller

Der Schatten über dem Paradies 9
Einzug der Komödianten auf Gut Reisewitz im Dorf Plauen 10
Unterhaltung in der alten Residenz 12
Ein „Zweites Theater" für Dresden 14
Dresdner Erfahrungen 15
Die heitere Muse im Großen Garten 16
Auf der Welle des Erfolges 16
Die Operette kam mit der Eisenbahn 18
Die besten Jahre 19
Die Zeiten ändern sich 21
Der Anfang vom Ende 24

Ein Traum zerplatzt **28**
Die Geschichte des Herminia-Theaters

Das Spiel beginnt 32
Nachklang 37

Familienbetrieb mit Herz und Anspruch **39**
Die Geschichte des Residenz-Theaters

Der Beginn einer Ära 41
Das Familientheater 46

Ein Warenhaus der Unterhaltung **55**
Die Geschichte des Central-Theaters

Der Selfmade-Millionär und die Kunst 55
Das Central-Theater 57
Auftakt 61
Die ersten Jahre 61
Die Direktionen Rotter und Gordon 63
Das Ende einer Epoche 66
Durch das Chaos in die Partyrepublik 67
Die nächsten „1000 Jahre" 69

Der Komödiant des Jahrhunderts **77**
Georg Wörtge – ein Star der Dresdner

Iphigenie im Traumland **87**
Die Geschichte des Albert-Theaters

Eine schwere Geburt 88
Ein Hoftheater für das Volk 90
Eine Volksbühne für Dresden 92
Ein Stadttheater für die „Volksgemeinschaft" 94
Durchs Traumland in den Untergang 97

Kulturkampf zwischen Ruinen **101**
Die wilden Jahre nach dem Krieg

„Die Zeit ist kaputt!" 101
Nostalgie in Pieschen – das Maxa-Parlo-Theater 102
Die „Central-Theater-Spielgemeinschaft" 103
Bajazzo in Coschütz – die „Volksoper Plauen" 105
Vom „Theater des Westens" zur „Vereinigten Volksbühne" 106
Der Träumer aus Leuben – Fritz Randow und sein „Apollo-Theater" 109
Die „Deutsche Volksbühne Dresden GmbH" 115

Der Prinzipal **123**
Fritz Steiner – vom Komödiantenkind zum „Theaterprofessor"

Die heitere Muse als Dorfschönheit **131**
Die Geschichte der Staatsoperette Dresden

Klassenkampf in Frack und Dirndl – die 50er Jahre 131
Steiner macht Theater 140
Intendant Reinhold Stövesand 151
Ende und Anfang 1988-1990
Chronik ausgewählter Ereignisse inner- und außerhalb der Staatsoperette 1989-90 158
Auf der Straße des Erfolges – Deutschland entdeckt unser Theater 161
Schaller ante portas 170
Von der Absicht, ein neues Theater zu errichten 172
13 Spielzeiten bis zum Umzug 176
Die heitere Muse packt die Koffer 195
Leb wohl, altes Haus! 195

Quellen und Literatur **198**

Zuverlässiger Wegweiser für Dresden, dessen Umgebungen und die Sächsisch-Böhmische Schweiz

(Theobald Grieben, Berlin 1857)

Der Dresdener ist im Ganzen sehr heiter und zum Teil etwas vergnügungssüchtig, daher die vielen täglich und wöchentlich abgehaltenen Konzerte eines großen Zuspruchs sich zu erfreuen haben. Dresden besitzt in dem Hoftheatergebäude einen wahren Schmuck, der nicht nur sowohl in seiner Außenseite für Jedermann Interesse bietet, sondern auch hinsichtlich seiner inneren Verwaltung unter von Lüttichaus Oberdirektion eine der ersten Stellungen in Deutschland behauptet. Das königliche Hoftheater wurde in den Jahren 1837–1841 nach Prof. Sempers Entwurf aufgeführt, am 12. April 1841 eingeweiht und zu Opern, Balletts, Schau- und Lustspielen bestimmt. Im Theater beim Linckeschen Bade werden gewöhnlich Sonntags, Mittwochs und Freitags Lustspiele von königlichen Hofschauspielern gegeben. Das Zweite Theater im Altstädter Gewandhause hat im Sommer im Großen Garten hinter der Großen Wirtschaft ein ansehnliches, höchst bequem und geschmackvoll erbautes Sommertheater. Außer dem Komiker Nesmüller zählt die Truppe einige andere brauchbare Mitglieder. Außerdem bestehen noch fünf sogenannte Liebhaber – oder Gesellschaftstheater, zu denen auch Fremde durch Mitglieder Billetts erhalten können. Zirkusvorstellungen werden gewöhnlich in einer auf dem ehemaligen Jüdenteiche erbauten Bude gegeben. Das Hauptfest der Dresdner ist das große Vogelschießen oder die „Vogelwiese". Es wird alljährlich in der Woche, in welche der 3. August fällt, auf dem Platze vor dem Ziegelschlage an der Elbe abgehalten.

Theater-Lexikon

(Verlag Otto Wiegand, Leipzig 1841)

Volkstheater, ein Theater zur Unterhaltung der niederen Stände, in großen Städten Neben – oder Vorstadttheater, welches seinem Zwecke angemessene Stücke aufführt: Travestien, Zauberspiele, Spektakelstücke aller Art, niedrig-komische Possen und Farcen, hauptsächlich auch Lokalstücke. Nicht mit Nationaltheater zu verwechseln. – Es kann über dergleichen Theater von Seiten der Behörden nicht ängstlich genug gewacht werden, in dem, wie auf der einen Seite nichts mehr geeignet ist, ein Volk zu bilden, als das Theater, auf der anderen die niederen Stände nichts mehr und leichter verderben kann, als das sittenlose, sogenannte Volkstheater.

ZEIT GEIST

um 1850

S.6: Hoftheater 1850
S.7: Nesmüllers Sommertheater 1857
(Grafiken nach Abbildungen aus dem Stadtarchiv Dresden)

Wiener Charme an der Weißeritz

Das Volkstheater des Josef Ferdinand Nesmüller

Gestatten Sie: Franz Müller. Gelernter Schuster und von der heiteren Muse sowie meiner Ehefrau Agnes geküsster Schauspieler, Sänger, Dichter, Komponist und Theaterdirektor.

Josef Ferdinand Nesmüller (Daguerreotypie 1855)
(Stadtgeschichtliches Museum Leipzig)

1855 habe ich mich extra – wie Sie heute sagen würden – fotografieren lassen, um Sie persönlich zu dieser Zeitreise durch die Theatergeschichte Dresdens begrüßen zu können. Denn ich war seinerzeit im richtigen Moment zur Stelle, um einer der Väter des modernen Volkstheaters in Dresden zu werden.

Rechtschaffener, aber armer Leute Kind, erblickte ich 1818 im mährischen Trübau das fahle Licht einer kleinen Schuhmacherwerkstatt. Mein Lebensweg schien vorgezeichnet, aber glückliche Umstände, ein übermächtiger Drang zum Musizieren und verständige Zeitgenossen brachten mir 1834 schließlich eine Hilfslehrerstelle und bald einen Platz als 2. Geiger im Orchester des Olmützer Stadttheaters ein. Noten lesen und Geige spielen hatte ich mir selbst beigebracht. Nun war es nur noch ein kleiner Schritt, bis ich den Direktor von meinen Fähigkeiten als Sänger und Schauspieler überzeugen konnte und am 1. November 1835 als Chorist auf der Bühne stand. Jetzt war es endgültig um mich geschehen. Ich wollte mehr. Ich wollte Solist sein. Schon im April 1836 ging mein Traum in Erfüllung. Ein paar Kilometer von Olmütz entfernt, in Proßnitz, machte ich mich auf den Weg meines Künstlerlebens, im Gepäck meine böhmisch-mährische Musikalität, eine unbändige Lust aufs Theaterspielen und zahllose Ideen für neue Stücke. An der Hand meine begabte und treusorgende Agnes. Sie war eine Tochter meines Prinzipals Eduard von Leuchert, an dessen Wanderbühne ich mir meine ersten Sporen als jugendlicher Liebhaber verdiente. Ich muss in dieser Rolle recht gut gewesen sein, denn am 18. Oktober 1841 gab mir Agnes ihr Jawort. Ihre weißen Hochzeitsschuhe hatte ich selbst angefertigt. Bald vertauschten wir sie mit den Wanderschuhen und spielten an den Theatern in Breslau, Magdeburg und Hamburg. Dort, im „Vereinigten Theater" von Direktor Maurice, hob ich mein erstes Stück aus der Taufe, mein Liederspiel „Die Zillerthaler" – vom Publikum höchst beifällig aufgenommen. Dieser Erfolg ermutigte mich, und viele weitere Stücke und Kompositionen flossen von da an nur so aus meiner Feder. Während eines Engagements in Leipzig sah mich der dort gastierende Hofschauspieler Devrient und empfahl mich an das weitberühmte Dresdner Hoftheater. Im Juni 1850 bestieg ich klopfenden Herzens den Dampfzug in die Residenz. Damals hatte ich mir auch schon einen Namen zugelegt, der eines Musensohns mit meinen Qualitäten würdig war: Josef Ferdinand Nesmüller. Die Vorsilbe lieh ich mir von meiner talentierten Agnes, es war ihr erster und beileibe nicht einziger Beitrag zu unserer gemeinsamen Karriere als Theaterunternehmer.

In Dresden eroberte ich die Herzen des Publikums als Hans Bierschroth in einer Gesangsposse von Suppé und mit meiner Darstellung des Schneiders Zwirn in der Nestroy'schen Zauberposse „Lumpazivagabundus". Dargeboten wurde dies alles im Sommertheater auf dem Linckeschen Bade. Dort erholte und vergnügte sich zwischen Prießnitzmündung und Elbufer die bessere Gesellschaft der Residenz. Neben dem Kurbetrieb mit dem erfrischenden und heilsamen Wasser der Prießnitz wurden die Gäste mit kulinarischen Köstlichkeiten, einfallsreichen Konzertprogrammen, Bällen und eben jenen Sommervorstellungen des Hoftheaterensembles verwöhnt. Wie man mir zutrug, fand auch Seine katholische Majestät König Friedrich August Gefallen an meinem Spiel.

Hier erschien mir Dresden wie ein Paradies. Der Blick auf die pittoreske Silhouette der Stadt, den ich bereits im Morgennebel der Elbaue bei meinen Spaziergängen sehr genoss, das herrliche Zusammenspiel mit den Theaterkollegen, der Kunstverstand und die Begeisterung des Publikums überwältigten mich und gruben sich tief in mein Herz. Doch noch einmal musste ich fort. Engagiert nach Wien ans Carl-Theater, durfte ich dort neben dem großen Nestroy spielen. Begierig nahm ich alles in mich auf, das lebendige Wiener Volkstheater in allen seinen Facetten, Musik- und Tanzstile aus ganz Europa und die flirrende Atmosphäre der Großstadt. Aber mir wurde auch klar, dass ich einen anderen Ort finden musste, um mich selbst ganz zu verwirklichen, etwas zu bewegen in der Bühnenkunst, ein eigenes Werk zu vollbringen.

Es ging mir immer darum, meinesgleichen mit meiner Kunst zu unterhalten und zu bilden. Ein Volkstheater für alle Stände war mein schönster und innigster Lebenstraum. Vielleicht war ja dieses bezaubernde Dresden der Platz, wo es Realität werden sollte.

1853 gastierte ich wieder nahe der sächsischen Residenz. Diesmal im Tivoli-Theater auf Reisewitz in Plauen bei Dresden. Am 13. Juni stand ich als Sebastian Hochfeld in der Gesangsposse „Stadt und Land oder: Der Viehhändler aus Ober-Österreich" von Friedrich Kaiser auf dieser Bühne vor den Toren der Stadt. Im Ohr das Rauschen der Weißeritz, welche direkt am Reisewitzschen Garten vorbeiplätscherte, und im Herzen den festen Entschluss, wie dieser kleine Fluss den Weg in die sächsische Hauptstadt hinein zu finden und mein eigenes Theaterunternehmen zu begründen. Von diesem Plan konnte mich auch nicht all das abbringen, was ich nun bei genauerem Nachfragen über die Dresdner Verhältnisse herausfand.

Der Schatten über dem Paradies

Nach den Schreckenstagen der Napoleonischen Kriege, den Drangsalen der russischen Besetzung und der Demütigung Sachsens durch die Beschlüsse des Wiener Kongresses kehrte der König aus der preußischen Gefangenschaft zurück und wollte im Bewusstsein seines Gottesgnadentums so weiterregieren wie bisher. Aber kapitalistische Wirtschaft, Massenarmut und demokratisches Gedankengut erschütterten die Gesellschaft, die noch in Gesetzen und Traditionen aus dem 18. Jahrhundert gefangen war. Zur Beruhigung der Lage wurden dem Bürgertum Zugeständnisse gemacht und die Stadtverwaltung verbessert. Die Medizinische Akademie, neue Gymnasien und Armenschulen, die Polytechnische Bildungsanstalt, die Sparkasse und eine bürgerliche Zeitung, der „Dresdner Anzeiger", wurden gegründet, Festungsanlagen in Dresden abgetragen und auf den Flächen Alleen, Parks und Gärten zum Flanieren angelegt.

Um den Bierdurst der wachsenden Arbeiterschaft zu stillen, entstand die Waldschlößchen-Brauerei, für den Luxusbedarf der noblen Bürger begann in Niederlößnitz eine Champagnerfabrik mit der Produktion. Aber die Sachsen ließen sich damit nicht abspeisen. Sie wollten grundlegende Reformen der ständischen Verfassung, der feudalen Gesetzgebung und der Justiz. Als der 74-jährige König Anton ablehnt, fliegen 1830 die ersten Steine bei Aufständen in Leipzig und Dresden. Der Freiheitsdrang des aufstrebenden Bürgertums ließ auch Forderungen nach einem Volkstheater laut werden.

Im finanziell großzügig ausgestatteten Hoftheater mit einem Jahresetat von 100.000 Talern agierten zwar Künstler von Rang, aber als Zuschauer war man Gast des Königs und hatte das Gebotene dankbar und kritiklos zu bejubeln, Unmutsäußerungen wurden von den überall in den Theatern postierten Gendarmen sofort geahndet, die Stücke vom König ausgewählt. Um die bürgerlichen Gemüter weiter zu beruhigen, wurde wenigstens die Konzessionserteilung für Privattheater etwas lockerer gehandhabt. Allerdings durften diese kein Werk aufführen, welches von Bedeutung und künstlerischer Wertigkeit her für das Hoftheater in Frage kam. Nur Schwänke und Gesangspossen sollten die unteren Stände bei Laune und das Volkstheater auf Abstand halten.

Einzug der Komödianten auf Gut Reisewitz im Dorf Plauen

Vorwerkbesitzer August Bunke im Dresdner Vorort Plauen kam nun 1844 auf die Idee, sein Geschäft mit Hilfe der Truppe des Theaterdirektors Matthes anzukurbeln. Die seit 1838 ins Umland verkehrenden Pferdeomnibusse und das Verbot jeder Konkurrenz zum Königlichen Hoftheater innerhalb der Stadt garantierten den Erfolg. Gleich in der Saison 1844 wehte Wiener Theaterluft durch das Dörfchen Plauen. Die Gesangsposse „Lumpazivagabundus" von Johann Nestroy stand auf dem Programm. Auch die neuen Lustspiele des 1811 in Leipzig geborenen Roderich Benedix hatten großen Erfolg und das Theater konnte sich für ein Jahrzehnt neben der Restauration etablieren.

Aber die Ruhe im Staat war trügerisch. 1848 brachen all die mühsam kaschierten Konflikte mit ungeheurer Wucht wieder hervor und führten zu den unglücklichen Ereignissen, die den Geist und das Zusammenleben in der Residenzstadt nachhaltig prägten. Die Rufe nach Presse- und Religionsfreiheit, nach Verfassung und Reichseinigung, nach Versammlungsfreiheit und einem neuen Wahlrecht – kurz, die Forderung, das Königreich Sachsen in die bürgerlich-demokratische Neuzeit Deutschlands zu überführen, mündeten in die blutigen Maitage 1849.

Faksimile aus dem „Dresdner Anzeiger" vom 25. Mai 1844

Theatergebäude im Park von Reisewitz in Plauen (Rekonstruktion des Zustands 1850 von A. Schwarze)

Dresden.
(Sommertheater in Reisewitz.)

Direktor und Unternehmer: Hr. Mathes. Regisseur der Posse: Hr. Christl. Inspicient und Theatersekretair: Hr. Willig. Souffleur: Hr. Engelhardt. Theatermeister: Hr. Becher. Garderobier: Hr. Kühn. Zettelträger und Beleuchter: A. Mathes. Requisitrice: Fr. Becher. Vier Billetabnehmer. Vier Theaterarbeiter.

Darstellende Mitglieder.
Herren:
Appelt, Nebenrollen. Christl, Lokalkomiker. Hoffmann, komische Rollen, Juden. Köhler, Nebenrollen. F. Mathes, komische Rollen. Piening, gesetzte Liebhaber, Helden. Riedl, Väter, polternde Alte, komische Rollen. Schmidt, Liebhaber, Chevaliers, Tenorparthieen. Stein Bedienten. Wexel, Intriguants, Charakterrollen. Willig, komische und chargirte Rollen.

Damen:
Mad. Appelt, komische und serieuse Alte. Dlle. Cosel, zweite Gesangsparthieen, bedeutende Nebenrollen. Mad. Mathes, erste Liebhaberinnen. Mad. Piening, Mütterrollen. Mad. Schmidt, Anstandsdamen. Dlle. Stegmann, Soubretten.

Faksimile aus dem „Almanach für Freunde der Schauspielkunst" Berlin 1845

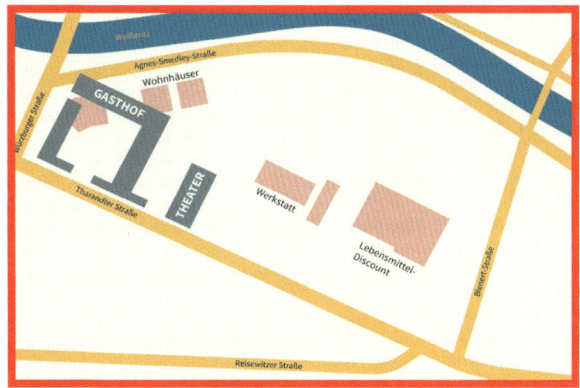

Ungefähre Lage von Gasthof und Theatergebäude (heute Tharandter Str. 61/63) auf dem Gelände des ehemaligen Parks zu Reisewitz und der Standort 2015 (Rekonstruktion/Foto: A. Schwarze)

Eine Gruppe bürgerlicher Intellektueller, darunter Richard Wagner und Gottfried Semper, und die Proletarier aus den Vorstädten nutzten die Abwesenheit der sächsischen Armee, die im deutsch-dänischen Krieg stand, zum revolutionären Aufstand. Sie übernahmen die Macht im Rathaus. Die Bürger verschanzten sich in ihren Häusern und Geschäften. Rund um Schloss, Altmarkt und Zeughaus entbrannte eine grausame Schlacht zwischen den vom König gerufenen preußischen Truppen und den Volksmassen auf den Barrikaden. In den engen Straßen wurde mit Geschützen auf Wohnhäuser gefeuert, Rebellen und unbeteiligte Bewohner wahllos niedergemetzelt, Teile des Zwingers und das Opernhaus in Brand gesetzt. Die Preußen machten die Frauenkirche zum Gefangenenlager für 400 Revolutionäre, folterten und exekutierten.

Viele Tote wurden in die Elbe geworfen. Insgesamt starben wohl 191 Aufständische und 31 Soldaten während der Kämpfe. Am 9. Mai war alles vorbei, das alte Regime hatte über die befürchtete „rote Republik" gesiegt. Nun sorgten Kriegsrecht und Verfolgung noch eine Zeit lang für Angst und Schrecken unter der Bevölkerung. Führende Köpfe und prominente Mitstreiter der Erhebung, unter ihnen Wagner und Semper, waren entkommen und wurden steckbrieflich gesucht. Dennoch entsandte die Bürgerschaft eine Delegation auf die Festung Königstein, die den dorthin geflohenen Landesherrn mit einer hündischen Ergebenheitsadresse um Rückkehr in die Residenz bat. Die Dresdner strömten derweil zu den Platzkonzerten der Kapellen der preußischen Regimenter, die eben noch im Stadtzentrum gewütet hatten, auf der Brühl'schen

Terrasse. Sie hatten sich entschieden, für Königstreue und höfischen Glanz, für Kunst, Industrie und Wissenschaft, für Verdienen und Vergnügen. Und die Gedanken blieben ja schließlich frei.

Unterhaltung in der alten Residenz

Ich kam also in eine Stadt, in der man von Veränderungen und Einflüssen von außen genug hatte. Von deren Bürgern mit höchster Wichtigkeit diskutiert wurde, ob der Schauspieler Devrient in der nächsten Premiere einen roten oder blauen Gehrock tragen würde. Die Künstler des Hoftheaters wurden vergöttert, viele Städter pflegten ihr vermeintliches oder vorhandenes dramatisches Talent in Theatervereinen wie „Laetitia", „Thalia" oder „Concordia". Diese Liebe zu Musik und Schauspiel bestärkte mich in meinem Vorhaben. Die Hassliebe zwischen dem katholisch geprägten Hof und der protestantischen Bürgerschaft gab mir allerdings zu denken, denn ich wollte als Ausländer und Katholik mit höfischer Protektion ein Volkstheater errichten, ein vollwertiges „Zweites Theater" für Dresden. Versuche dazu hatte es schon einige gegeben. Nach den Unruhen erteilte die Regierung etwas schneller Theaterkonzessionen, sicher mit dem Hintergedanken: „Wer lacht, schießt nicht!" Schon am 14. Juli 1849 eröffnete der Strumpfwirkermeister Ferdinand Voigt hinter dem böhmischen Bahnhof im Garten des Hofzahnarztes Ruschpler ein Tivoli-Theater. Er hatte einigen Bürgern mit Renditeversprechungen Geld dafür abgeschwatzt. Es gelang Voigt, die Truppe von Matthes auftreten und dem Reisewitzer Theater Konkurrenz machen zu lassen. Aber sein mangelndes Fachwissen, seine Geldgier, schlechtes Wetter und die daraus folgenden Einbußen, und nicht zuletzt der Qualm und Lärm der Dampfwagen und Reisenden auf dem nahen Bahnhof ließen das vollmundig als „Stadttheater" beworbene Unternehmen schon 1850 untergehen.
Ebenso erging es dem „Volkstheater" im Polnischen Brauhause und dem „Tivoli" im Reußischen Garten in Neustadt. Matthes zog wieder nach Plauen. Er und seine Nachfolger Titze und Schermann hatten auf Reisewitz großen Erfolg mit spektakulären Sommerfesten, bei denen Theateraufführungen, Ballonstarts und Feuerwerke die Zuschauer in Atem hielten. 1852 wurde sogar Webers Oper „Der Freischütz" gegeben.

Standort des „Tivoli-Theaters" von Ferdinand Voigt vor dem Plauenschen Schlage, heute Bergstraße 2 (Foto: A. Schwarze)

Deftige Späße boten die Komödianten der legendären Witwe Magnus, die mit Ritterstücken und Schauerdramen durch die Kneipen zogen. Die besser zahlenden Gäste im Parkett durften lautstark ins Geschehen eingreifen, die Inhaber der billigen Plätze auf der Galerie hatten den Mund zu halten. In vielen Gaststuben wurde zur Freude und oft auch zum Leide der Gäste „launige Abendunterhaltung" geboten, Kapellmeister Hugo Hünerfürst war der König der Tanzböden und Freiluftkonzerte.
Einen besseren Konzertsaal gab es im „Hôtel de Pologne" in der Schlossstraße. 1852 gastierte dort der junge Tanzkapellmeister Johann Strauss aus Wien auf der Durchreise mit seinem Orchester. Im Gewandhaus vermietete der Stadtrat Säle über den Fleischbänken an reisende Gesellschaften und Schausteller aller Art. Die Wahrheit war jedoch, dass es in der alten Stadt außer den königlichen Theaterbauten keinen größeren, repräsentativen Raum oder gar eine Bühne für Veranstaltungen gab. Alle Versuche der Schaffung eines Neubaus blieben im Dilettantismus stecken, so wie 1851 der Plan für die Errichtung des Konzert- und Ausstel-

lungspalastes der Gesellschaft „Ossian" an der neuen Prager Straße. Ein Konsortium von Bürgern mit Haushofmeister Carl Schöne an der Spitze hatte eine Aktiengesellschaft gegründet, die Zeichnungsbereitschaft der Dresdner hielt sich jedoch sehr in Grenzen.

In der Zeitung wurde gewettert, dass Veranstaltungen seit eh und je in der Altstadt stattgefunden hätten und man niemandem zumuten könne, zum Ball oder zum Konzert bis vor den Dippoldiswalder Schlag hinauszugehen. Das öffentlich gezeigte schöne Modell wurde nie Wirklichkeit.

Ich musste es klüger anstellen, um von Anfang an sowohl die Unterstützung der Beamten in den Königlichen Ministerien als auch die Herzen des künstlerisch bewanderten und vergnügungssüchtigen Publikums zu gewinnen. Agnes und ich waren fest entschlossen, das unstete, getrennte Leben mit Engagements in verschiedenen Städten aufzugeben und in Dresden Fuß zu fassen. Wir setzten alles auf eine Karte, pachteten 1854 das Stadttheater in Freiberg bei Dresden und erlangten dank meiner ausgezeichneten Zeugnisse für den Sommer eine Konzession für das Theater auf Reisewitz am Eingang zum Plauenschen Grund.

Im Saale des Hôtel de Pologne

Mittwoch, den 6. October 1852

GROSSES INSTRUMENTAL-CONCERT

gegeben von dem Kapellmeister

Johann Strauss

mit seiner

eigenen Kapelle auf der Durchreise nach Paris.

PROGRAMM.

Erste Abtheilung:
1) Ouverture zur Oper: Die lustigen Weiber von Windsor, componirt von Otto Nicolai
2) Sängerfahrten, Walzer
3) Nocturne-Quadrille
4) Blumenfest-Polka
5) Nebelbilder, grosses Potpourri

   } componirt von Johann Strauss.

Zweite Abtheilung:
6) Ouverture zur Oper: Raymund, componirt von A. Thomas
7) Liebeslieder, Walzer
8) Annen-Polka
9) Frauenkäferln, Walzer
10) Jäger-Marsch

   } componirt von Johann Strauss.

Billetts zu numerirten Sitzen à 1 Thlr., zu den übrigen Plätzen à 20 Ngr. sind in der Kunst- und Musicalien-Handlung von Louis Bauer, große Brüdergasse im Hôtel de Pologne, so wie Abends an der Casse zu haben. **Einlass 6 Uhr. Anfang 7 Uhr. Ende gegen 9 Uhr.**

Faksimile aus dem „Dresdner Anzeiger" vom 4. Oktober 1852

Ein „Zweites Theater" für Dresden

Mit einem tüchtigen Ensemble bereiteten wir in Freiberg zugkräftige Stücke mit Musik für die entscheidende Sommersaison in Plauen vor.

Das feste Theatergebäude im Park von Reisewitz, vergrößert 1850, ließ ich apart renovieren und mit neuen Lampen und Kulissen ausstatten.

Am 4. Mai 1854 eröffneten wir unseren festlich erleuchteten Musentempel mit meinem eigens für diesen denkwürdigen Tag verfassten Festspiel und der Gesangsposse „Stadt und Land" von Kaiser. Die Leute kamen in Scharen, waren neugierig und froh gestimmt. Man erinnerte sich sehr freundlich meiner Gastspiele 1853 in Reisewitz sowie 1850 am Hoftheater und natürlich meiner „Zillerthaler", welche dort 1851 sehr gut aufgenommen worden waren. Allgemeine Bewunderung erregte der Umstand, in einem Sommertheater ein durch Regie geführtes, eingespieltes Ensemble und eine saubere und gediegene Ausstattung mit Kostümen und Dekorationen vorzufinden. Reichlich Applaus, eine wohlwollende Presse und volle Kassen waren unser Lohn. Wir hatten die Dresdner überzeugt und jede Aufführung wurde ein Siegeszug unserer Darsteller.

Doch verlor ich auch mein eigentliches Ziel nicht aus den Augen. Zum Geburtstag des Königs arrangierten wir eine große Festvorstellung. „Der 18. Mai, oder: Thaliens Glückwunsch" nannte ich mein Festspiel in einem Akt, dem dann das Lustspiel „Zwei Häuser voller Eifersucht" von Altmann folgte. Agnes hatte die Idee, an diesem Tag Kindern in Begleitung Erwachsener freien Eintritt zu gewähren - und damit die Familienvorstellung erfunden. Das Geschäft lief so gut, dass wir die gedeckte Freilicht-Arena neben dem Theatergebäude gleichfalls ganz neu herrichten und am 4. Juni mit meiner Gesangsposse „Der Schuster in floribus" eröffnen konnten.

Bald wurde unser Bürgertheater in einem Atemzug mit dem im Linckeschen Bade genannt, also mit dem dort gastierenden Hoftheater verglichen. In höfischen Kreisen sollte sich unser Erfolg ja auch herumsprechen. Es war an der Zeit, beim König um eine Theater-Konzession für Dresden zu ersuchen. Doch mit einem Mal wurden alle Lorbeeren, wel-

Theaterzettel von Nesmüllers Theater 1854 (SLUB Dresden/aus: Dramat.0005.d)

che ich in den letzten Jahren bei Hofe sammeln konnte, scheinbar wertlos. Anfang August verunglückte der König Friedrich August II. tödlich in den Bergen von Tirol. Dieses tragische Ereignis sollte meinem Schicksal eine unerwartete glückliche Wendung verschaffen. Denn sein Bruder Johann, der nun den Thron bestieg, war nicht nur ein auf vielen Gebieten beschlagener Staatsmann und ein Freund und Förderer der Künste, sondern auch ein getreuer Verbündeter Österreichs.

Nach der Trauerzeit mobilisierte ich wieder alle Kräfte für die Fortsetzung der Erfolgsserie in meinem Theater am Ufer der Weißeritz, obwohl durch das zunehmend nasse und kalte Wetter die Tücken des Standorts offenbar wurden und die Einnahmen zurückgingen. Ab Oktober 1854 konnte ich dem entzückten Publikum zwei Sterne der Bühne aus der Theaterhauptstadt Wien präsentieren: Fräulein Marie Geistinger und Herr Josef Böhm gastierten in der Gesangs- und Tanzposse „Die falsche Pepita" von Adolf Müller sen. Ganz Dresden sang und tanzte daraus alsbald „La Madrilena" und „El Ole".

Gleichzeitig legte ich dem neuen König schriftlich meine Ideen und weitreichenden Planungen für ein wahrhaftes Volkstheater und den Gebrauch der dramatischen Kunst zum Heil und Segen des Staates und zum Nutzen und Wohle der geringer gebildeten Volksklassen dar.

Schließlich verhalfen mir all die finanziell risikoreichen Bemühungen, die Anerkennung unseres Tuns in weiten Kreisen der Bevölkerung, die solide Ausstrahlung meines Unternehmens auf die Staatsbehörden und vielleicht auch persönliche Sympathien des gebildeten Herrschers für mich als ambitionierten, vielseitigen und weitgereisten Theatermann aus Österreich zur Verleihung der „Konzession zur Errichtung eines Zweiten Theaters für die Alt- und Neustadt in Dresden".

Im November 1854 hielt ich meine Zukunft in Form dieser Urkunde in meinen Händen, nunmehr Direktor eines großen Volkstheaters in der Residenzstadt, das vorerst nur in meiner Phantasie existierte.

Dresdner Erfahrungen

Ich wollte den Erfolg vom Sommer nutzen und mit meiner wohlerprobten Truppe möglichst schnell in der Stadt in Erscheinung treten. Aber es war kein bespielbarer Raum aufzutreiben außer dem niedrigen, kleinen Saal im zweiten Stock des Neuen Gewandhauses. So begann alles in einem stickigen Interimstheater ohne Bühnenmaschinerie und mit viel zu wenigen Plätzen. Am 25. Dezember 1854 fand mit zwei Schauspielen des französischen Autors Michel Masson in der Übersetzung von Julius Meißner die Geburt meines bürgerlichen Volkstheaters im alten Dresden statt. Auf „Die Fruchthändlerin" und „Der Wasserträger von Paris" folgte das musikalische Spektakel „Satan, oder: Die Hölle von Paris" von Beauvoir. Mit den Zeitbildern aus der fernen Weltstadt lockte ich die Dresdner die steile Treppe hinauf in mein Theater.

Doch der Zulauf versiegte jäh, als in unmittelbarer Nähe auf dem verfüllten Jüdenteiche am 6. Januar 1855 der weltberühmte Zirkus Renz mit 110 Mitwirkenden, darunter einige bekannte Pariser Artisten, seine Tore öffnete. Wir spielten trotzdem wacker weiter, aber der Billettverkauf deckte nicht einmal die immensen Heizkosten in jenem strengen Winter. Verzweifelt wandte ich mich Ende Februar 1855 an den König. Das Ende meines Traums war abzusehen und ich bat um die Verpachtung des Theatergebäudes auf dem Linckeschen Bade. Eine kontinuierliche Nutzung der Bühne, welche vom Hoftheater höchstens an 30 Tagen im Jahr bespielt wird, sollte doch auch im finanziellen Interesse der Eigner sein.

Mit diesen Briefen setzte ich mich krachend zwischen zwei Stühle. Schon längst misstrauisch vom Rate beäugt, ob ich denn weiterhin die Pacht für seinen Gewandhaussaal aufbringen würde, traten mir nun meine Feinde im Hoftheater entgegen. An ihrer Spitze Hofschauspieler Gustav Räder, erfolgreichster Lokalkomiker, Schwankdichter und Liebling der Dresdner, der Platzhirsch im Fach Gesangsposse. Unsere gegenseitige herzliche Abneigung hielt bis zu seinem Tode 1868 an. Die Eigner des Linckeschen Bades wollten auch nicht auf die Adelung durch die Gastspiele der Hofbühne und das damit verbundene wohlsituierte Publikum verzichten und drohten mit einer astronomischen Pachtsumme. Ich hatte in meiner Not mit dieser Schnapsidee ziemlichen Schaden angerichtet.

Der König wollte natürlich keine Spannungen mit seiner Intendantur, hatte jedoch den Wert und die Notwendigkeit eines unterhaltsamen bürgerlichen Volkstheaters mit ernsthaften künstlerischen Grundsätzen und einem Bildungsanliegen erkannt. So genehmigte er mir als Kompromiss für 1855 eine Fläche für die Errichtung eines Sommertheaters im Königlichen Großen Garten. Bedauerlicherweise waren Agnes und ich durch die verpatzte Winter-Saison dermaßen abgebrannt, dass wir diesen Gnadenerweis ausschlagen mussten und mit unserer Truppe bis zum Herbst durch die Lande zogen.

Die heitere Muse im Großen Garten

Mit dem erspielten Kapital wagten wir ab Oktober einen zweiten Anlauf im Interimstheater. Die Wahl der Stücke war wohl glücklich, die Leute aufgeschlossen. Ich verkündete den Plan für einen Neubau. Bis zum Frühling kamen fast 20.000 Taler Aktienanteile zusammen. Zu wenig für ein neues festes Theaterhaus in der Stadt. Aber der Bau eines respektablen Sommertheaters im Großen Garten konnte am 14. April 1856 zuversichtlich in Angriff genommen werden.
Gemeinsam mit dem Baumeister Sonntag jun. entwickelten wir eine ansehnliche, heitere Baulichkeit, die sich opportun in die liebliche Parklandschaft einfügte. Zuschauerraum und Bühne waren auf einer Gesamtfläche von fast 1000 Quadratmetern untergebracht, das Bühnenhaus mit Garderoben, Türmen und Lagerräumen war 22 Meter breit und 20 Meter tief. Die imposanten Türme rahmten das reich verzierte Bühnenportal von sieben mal sieben Metern ein und kündeten mit wehenden bunten Flaggen weithin von der neuen Vergnügungsstätte. 400 Steh- und 1680 Sitzplätze, davon 1200 überdacht, füllten die elegante und bequeme Arena, in der natürlich auch Königsloge und Salon nicht fehlten. Mit 26 Solisten, 18 Orchestermusikern und 35 emsigen Angestellten hinter den Kulissen zogen wir aus der gelungenen Winterspielzeit hinaus in die Freiheit der Natur. Mit der Berliner Gesangsposse „Er ist Baron, oder: Unter den Linden und in der Reezengasse" von Rudolf Hahn mit der Musik von Hauptner begannen wir unter lebhaftester Anteilnahme und Begeisterung unserer wachsenden Anhängerschaft am 2. Juli 1856 mit den Vorstellungen im Großen Garten.

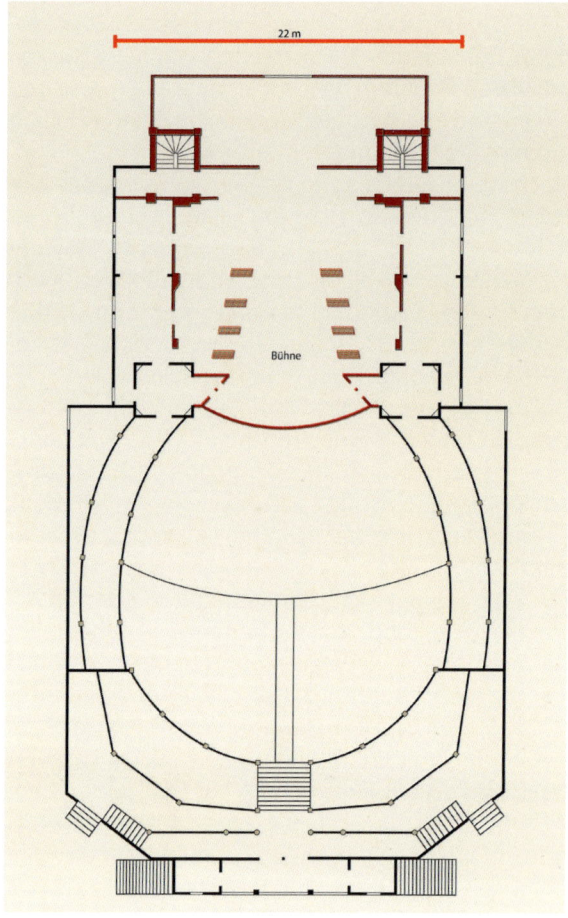

Grundriss des Sommertheaters im Großen Garten (Rekonstruktion von A. Schwarze nach einer Zeichnung im Bestand 10923/68 des Staatsarchivs Dresden)

Auf der Welle des Erfolges

Ermutigt vom Vertrauen seiner Majestät und meiner Gläubiger, angespornt vom Zuspruch des Publikums und in Erwartung des nächsten Winters brachte ich nun meinen Plan zum Umbau des Gewandhauses vor den Stadtrat. Der hatte längst das Klingeln der Taler in meiner Kassa bis zum Altstädter Rathaus gehört.
Auch wollte man bei der Unterstützung eines offensichtlich vom König protegierten und privilegierten Unternehmens nicht hintanstehen. Die Herren erkannten die Chance zur Errichtung eines

Das zweite Theater im großen Garten

wurde am gestrigen Nachmittag und Abend (d. 2. Juli) trotz der Ungunst des Wetters nach einem Prolog, gesprochen von Herrn Carlstein, mit der Posse: „Er ist Baron" eröffnet. Der Eindruck des überaus praktisch, bequem und elegant gebauten, in jeder Beziehung trefflich eingerichteten Hauses überraschte und befriedigte ersichtlich alle Anwesenden sehr erfreulich. Dagegen halten wir es sowohl zum Vortheil des Unternehmens als zu dem des Publicums für Pflicht, der allgemeinen Stimme dahin öffentlichen Ausdruck zu geben, daß die vorläufig von der Direction angesetzten Einlaßpreise für fast alle bessern Plätze unverhältnißmäßig hoch für den Wirkungskreis einer derartigen Bühne sind und dem zahlreichen Besuch desselben Abbruch thun müssen.

Faksimile aus dem „Dresdner Journal" vom 4. Juli 1856

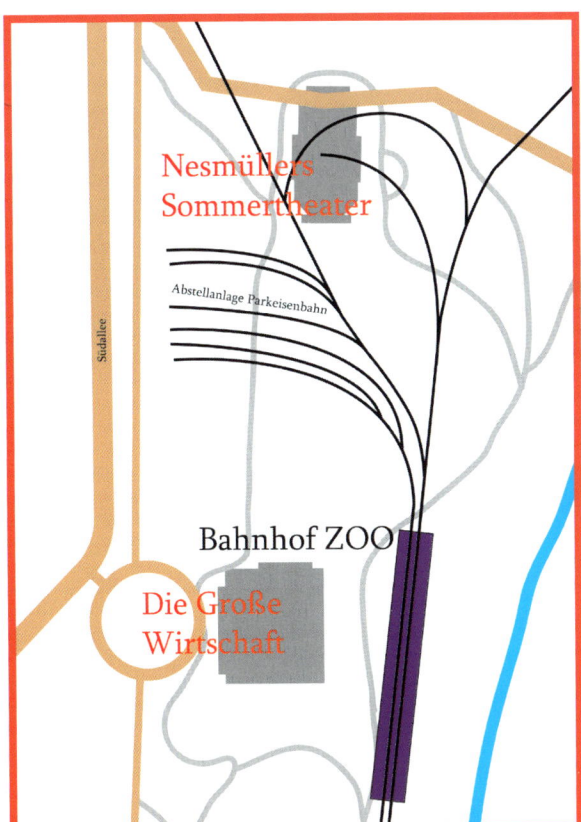

Ungefähre Lage des Sommertheaters (Grafik: A. Schwarze)

attraktiven städtischen Theatersaales und genehmigten nicht nur das Vorhaben, sondern schossen sogar die Bausumme vor. Dass wir zu dieser Zeit im Sommertheater gerade die Gesangsposse „100.000 Thaler, oder: Börsenglück" von Kahlisch und Gärich auf die Bretter brachten, war reiner Zufall.

Vom 7. Oktober 1855 bis zum 1. Oktober 1856 hatten wir über 100 Stücke auf unseren Bühnen, die besten Original-Lustspiele, Gesangspossen, Genrebilder mit Gesang und Tanz, komische Charaktergemälde und Vaudevilles aus Vergangenheit und Gegenwart. Als die Sommerspielzeit zu Ende ging, waren die Bauarbeiten im Gewandhaus in vollem Gange. So mussten wir noch einmal den Thespiskarren beladen und die Hauptstadt für zwei Monate in Richtung Bautzen und Zittau verlassen. Die Kunde von unseren Triumphen vor dem Dresdner Publikum hatten die Zeitungen längst auch in diese Ecke Sachsens gebracht, sodass wir durchweg vor vollen Häusern spielten.

Als wir heimkehrten und erwartungsvoll die Stufen zum Gewandhaussaal hinauf gestiegen waren, vermochte keiner aus unserer verschworenen Künstlerschar die Ausrufe höchsten Erstaunens und ehrlicher Begeisterung zurückzuhalten. Die Decke zwischen erster und zweiter Etage war herausgebrochen und der entstandene hohe Raum in ein vollwertiges Theater mit Logen und Galerie verwandelt. Die Bühne war 8 Meter tief und 12 Meter breit und verfügte über fünf Gassen. 600 Zuschauer fanden in dem stilvoll ausgestatteten Auditorium Platz. Agnes und ich fielen uns von Herzen gerührt in die Arme und schämten uns nicht unserer Tränen. Jetzt waren wir angekommen, jetzt nannten wir zwei wunderbare Orte des Theaters, der Musik und des Frohsinns unser eigen und hatten es in unserer Hand, den Musen darin eine wahre Heimat zu geben.

Zur feierlichen Eröffnung am 14. Dezember 1856, zwei Tage nach Königs Geburtstag, fanden sich auch Bürger der gebildeten Stände ein – der Ritterschlag für ein Kunstinstitut in Dresden. Mit einem würdigen Prolog und der Sachsenhymne huldigten und dankten wir unserem gnädigen König Johann, unserem weisen Gönner, bevor dann zum allgemeinen Gaudium das Original-Lustspiel

„Tantchen Unverzagt" von Körner über die noch jungfräulichen Bühnenbretter ging. Agnes lieferte die Hauptrolle überlegen und mit „lebenstreuer Charakteristik" ab, wie das „Dresdner Journal" nicht umhin kam, höchst anerkennend festzustellen.

Mit großem Enthusiasmus und unerschütterlicher Loyalität zu unserer Leitung ging das Ensemble ans Werk, um den Erfolg des Sommers zu befestigen. Wieder überraschten wir die Residenz mit amüsanten Novitäten.

In dem Einakter „Die Wiener in Berlin" von Holtei ließ ich böhmische Musikanten aufspielen. Als Weihnachtsstück wählte ich „Eine Schwabenfamilie, oder: Das Mädchen vom Dorfe" von Krüger, mit der Musik von Kapellmeister Stiegmann. 30 Einzelrollen, Chöre und Statisten wirbelten in 5 Aufzügen über die Bühne und die Leute rissen uns die Billetts aus den Händen.

Auf Verlangen des Publikums studierten wir „Damenkrieg, oder: des Geistes und des Herzens Waffen" von Scribe ein und erfüllten so den Begriff „Volksbühne" mit neuem Leben. Die wienerische Musik Carl Binders geleitete uns in der Gesangsposse „Des Teufels Zopf, oder: Folgen eines Maskenballes" leichtfüßig ins Neue Jahr.

Es war ein berauschender, glücklicher Beginn, der für die kommenden Zeiten das Beste hoffen ließ.

Die Operette kam mit der Eisenbahn

Politisch waren die Uhren in unserer Wahlheimat Dresden auf die Zeit vor dem Blutmai 1849 zurückgedreht worden. Eine beschauliche Handwerkerstadt mit kleinen Industriebetrieben in lieblicher Landschaft mit Bewohnern, denen die Obrigkeit jegliche politische Betätigung ausgetrieben hatte und die sich keine Gesinnung mehr leisten wollten – das blieb Dresden nun bis 1866. Fleißig und sparsam, gesittet und harmoniebedürftig pflegten sie mit Hingabe ihre Begeisterung für Theater und Musik und vergnügten sich in den unzähligen Gastwirtschaften, auf Konzertplätzen und in Tanzsälen. Es wurde ein Erholungsort für Fremde, welche hier von den aufregenden Umbrüchen in Politik, Industrie und Handel ausruhen konnten, um dann mit

Lage des Theatersaales (orange) im Gewandhausgebäude (Fotografik: A. Schwarze)

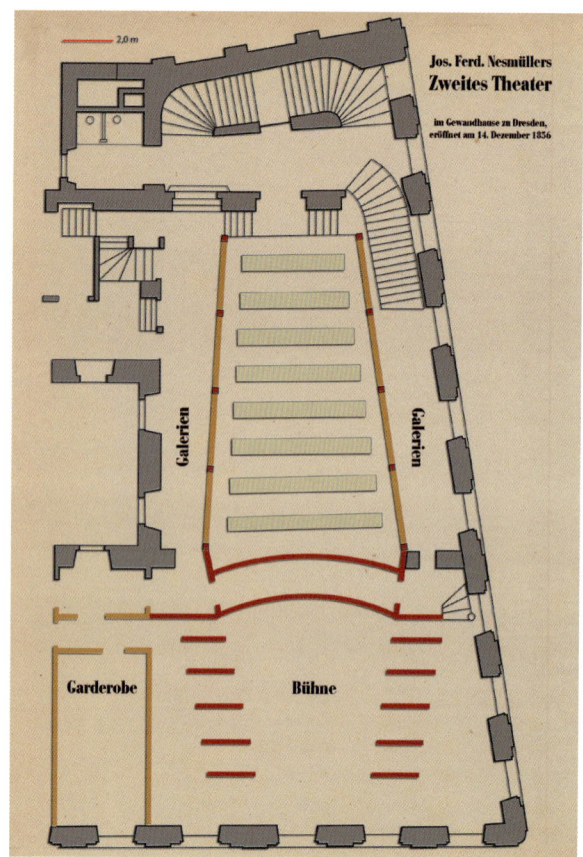

Theatersaal im Gewandhaus (Rekonstruktion von A. Schwarze unter Verwendung einer Bauzeichnung aus dem Stadtarchiv Dresden, Bestand 2.3.10 B. A. G 6, I/II)

frischen Kräften und Ideen in die Orte des pulsierenden Lebens in Europa zurückzukehren.

Meine Bühnen hatten dermaßen Zuspruch, dass ich bereits 1859 das Gewandhaustheater fesch und einladend renovieren lassen konnte. Bei dieser Gelegenheit ließ ich eine hochmoderne Gasbeleuchtung mit acht Bouquets an den Logenbrüstungen und eine Fremdenloge einbauen.

Im November stand die Stadt ganz im Zeichen der Würdigung von Schillers 100. Geburtstag. Als Volkstheater zeigten wir die anregend-heitere Seite des Dichters und gaben seine Lustspiele „Der Neffe als Onkel" und „Der Parasit". Und noch im Dezember desselben Jahres hielt mit der Gesangsposse „Gervinus, der Narr von Untersberg, oder: Ein patriotischer Wunsch" die Wiener Operette des Meisters Franz von Suppé Einzug im Gewandhaus. Seine Kompositionen standen von da an jahrelang in der Gunst des Publikums an vorderster Stelle.

Ich nutzte für mein Geschäft die Neuerungen der Zeit, denen sich auch die Residenz nicht verschließen konnte. Der technische Fortschritt im Verkehrs- und Postwesen eröffnete dem Theaterbetrieb ganz neue Möglichkeiten. Schon 1851 hatte der Musikdirektor Biehr in der Sporergasse die erste Künstleragentur mit Kopieranstalt und Notenverleih gegründet. Längst agierten viele dieser Büros in Dresden und weltweit und vermittelten Künstler zu ständig wechselnden Gastspielen. So konnte ich sie alle in unseren Spielstätten präsentieren: Bühnenstars aus Wien und Berlin wie Albin Swoboda, Marie Geistinger, Carl Friese oder Ottilie Genée, französische und englische Artisten, spanische Tänzer oder die Zwergenschauspieler Jean Piccolo, Jean Petit und Kiß Joszi. Die fauchenden Stahlrösser der Eisenbahnen brachten Sänger, Schauspieler und Musiker und mit ihnen die neuesten Musik- und Tanzstile in jede Stadt.

Die besten Jahre

Die Vielfalt der Darbietungen und Ensembles, die durch Europa tourten, verstärkten natürlich auch den Konkurrenzdruck und forderte all unsere geistigen und körperlichen Kräfte, um unser Publikum ständig aufs Neue zu faszinieren. In der Som-

Eisenbahnverbindung Leipzig-Paris
Faksimile aus dem „Dresdner Anzeiger", 5. Juni 1857

Einweihung des Böhmischen Bahnhofes in Dresden am 6. April 1851 (SLUB / Deutsche Fotothek, Kolorierte Lithografie von Riedel nach E. Müller)

mersaison spielten wir bis zu drei Vorstellungen täglich, sowohl im Großen Garten als auch, bei kühlem Wetter, im Stadttheater. 1860 konnte ich die Überdachung des Sommertheaters mit Glas und Steinpappe bewerkstelligen und erreichte dadurch eine vorzügliche Akustik. Auch erhielt ich vom König eine zusätzliche Fläche am Theater zur

Zweites Theater im Gewandhaus zu Dresden (Archiv Staatsoperette)

Anlage eines französischen Gartens mit 300 seltenen Rosensorten und einem Obstpark. Auf 200 Meter Promenadenwegen konnte das Publikum lustwandeln und die von mir entwickelte und redigierte Zwischenaktzeitung mit Theaterzettel, Inseratenteil (eine gespaltene Zeile für 5 Pfennige) und Feuilleton studieren. Es entstand ein Treffpunkt der eleganten Gesellschaft.

1861 gelang mir der Coup, in der Faschingssaison trotz der vielen verlockenden phantastischen Maskenbälle ausverkaufte Vorstellungen im Gewandhaus zu spielen. Meine Gesangsposse „Ein Theaterskandal", in der überraschend Schauspieler aus dem Publikum heraus in die Handlung eingriffen und ich mit lokalen Anspielungen im Text offensichtlich ein gutes Händchen bewies, vollbrachte dieses Wunder und erlebte in jenem Jahr 71 Aufführungen. Der König verfolgte unser Wirken weiterhin wohlwollend und erneuerte am 18. Februar 1861 meine Konzession zur Errichtung eines stehenden Theaters in Dresden.

Ein Glanzpunkt jenes Jahres war das Gastspiel meines Schwagers Eduard von Leuchert, der es inzwischen zum k. k. Hofburgschauspieler gebracht hatte. Mit der Aufführung von Schillers „Räubern" wagten wir viel – und gewannen! Im Herbst 1861 wurde uns anlässlich eines Jagdaufenthaltes seiner Majestät in Zittau die Ausgestaltung des Zittauer Stadttheaters zur Jagdlaube und die Darbietung einer Festvorstellung überlassen. Anschließend absolvierten wir dort noch 25 bejubelte Aufführungen.

Die Fachpresse, namentlich die „Deutsche Schaubühne" Feodor v. Wehls, rümpfte die Nase, kam aber nicht umhin, über die vollen Häuser, die brillante Ausstattung und die beispiellosen Vorstellungsserien zu berichten, die wir mit Gesangspossen und Lustspielen zu Wege brachten.

Inzwischen war das Gewandhaustheater ziemlich verschlissen. Auch kamen die baulichen Tücken des alten Hauses zum Vorschein. Im September 1864 konnte ich beim Stadtrat eine weitere Verlängerung des Mietvertrages und eine Renovierung erreichen. Man gewährte sogar einen Baukostenzuschuss, erhöhte aber natürlich den Mietzins. Am 22. Oktober ging in unserem neuen, strahlenden Theaterraum „Therese Krones" von Haffner und Müller über die Bühne. Ich spielte auch an diesem glücklichen Abend wieder den Ferdinand Raimund, eines meiner großen Vorbilder aus dem Wiener Volkstheater.

Einen bedeutenden Anteil an all diesen Erfolgen hatte meine wunderbare Agnes, die nicht nur mit Umsicht hinter den Kulissen viele Fäden zog und meinen Überschwang in fruchtbare Bahnen lenkte, sondern mittlerweile eine von den Dresdnern höchst anerkannte und verehrte Bühnenkünstlerin geworden war. Außerdem überraschte sie als Dichterin origineller Märchenstücke und rief in der Landhausstraße 7 ein Kindertheater mit jugendlichen Akteuren ins Leben. Zu jeder Vorstellung füllte eine staunende und fröhliche Kinderschar die leider viel zu kleine Räumlichkeit bis auf den letzten Platz. Ich gönnte ihr diese Freude von Herzen, denn kinderlieb waren wir beide, aber das Schicksal hatte uns eigene Kinder versagt.

Um die Beständigkeit des Erfolgs fürchtend, taten wir alles, um uns weiterhin der königlichen Gnade zu versichern und unseren Platz neben dem Hoftheater zu behaupten. Reservierte Vorstellungen für die Prinzen und das Offizierskorps, Fest- und Freivorstellungen zu höfischen Ereignissen, dem Allerhöchsten gewidmete Prologe und eigens komponierte Hofballtänze unseres Kapellmeisters Marcus brachten viel Ehre, kosteten uns aber einige Sympathien bei kritischen Bürgern.

1865 konnte ich dank königlicher Huld das Sommertheater erwerben. Prachtvoll renoviert, präsentierten wir es mit ganzseitigen Zeitungsanzeigen als „Nesmüllers Sommertheater" und eröffneten am 4. Juni 1865. Vor jeder Vorstellung gab es nun eine Stunde Konzert im duftenden Rosengarten. Ein Zugstück jenes Sommers war „Tannhäuser, oder: Die Keilerei auf der Wartburg", Große Zukunftsposse mit vergangener Musik, gegenwärtigen Gruppierungen, Tanz, musikalischen Aufzügen in einem Vorspiele und 3 Abteilungen von Johann Nestroy mit der Musik von Karl Binder. Unser Theaterhimmel hing voller Geigen.

Die Zeiten ändern sich

Während wir uns in Dresden wie unter einer Glasglocke bewegten, war draußen in der Welt das Leben weitergegangen. Alles drängte zum Nationalstaat, nun war die Führung in Deutschland auszumachen.

1866 geriet deshalb die friedliche Dresdner Idylle in größte Gefahr. Denn entschieden wurde zwischen Preußen und dem Deutschen Bund mit der Führungsmacht Österreich. Und mein König war Verbündeter der Habsburger. Nach erfolgter Kriegserklärung überschritten drei preußische Armeecorps in der Nacht vom 15. zum 16. Juni die sächsische Grenze. Unsere Armee hatte sich gemäß dem österreichischen Kriegsplan nach Nordböhmen zurückgezogen. Ich schloss mein Sommertheater am 16. Juni. Der Morgen des Tages sah einen endlosen Zug der Dresdner Hausfrauen zur Hofmühle nach Plauen pilgern, um Lebensmittel zu ergattern. Am 18. Juni besetzten die Preußen kampflos die Stadt und beschlagnahmten Quartiere und Nahrungsmittel. Der Reisewitzer Park, Platz unbeschwerten Theatervergnügens, wurde zum Artilleriedepot. Plötzlich stand alles auf dem Spiel, von einem Tag zum andern konnte unser ganzes Sein der Vernichtung anheimfallen, das zivile Leben der letzten Jahre verlor jegliche Bedeutung. Die Preußen befestigten Dresden, das doch eben erst durch Niederlegung der alten Stadtmauern zu atmen begonnen hatte, mit 10 riesigen Schanzen, ausgebaut mit Beton und Eisenbahnschienen. So sahen wir das Grauen des Krieges heraufziehen. Doch die Zerstörung blieb unserer herrlichen Stadt erspart. Die Entscheidungsschlacht fand bei Königgrätz statt und der vollständige Sieg Preußens ersparte weitere Kampfhandlungen. Leid und Verbitterung erfasste die Familien der Toten und Verwundeten der sächsischen Armee, die auf der falschen Seite gestanden hatte und mit Österreichs Herrschaftsanspruch untergegangen war. Nun wurde in Gaststuben und Vereinszimmern wieder politisiert und offen über Preußen als Macht des Fortschritts und der Aufklärung gesprochen.

Anfang September 1866 ließ ich im Gewandhaus den Vorhang wieder aufgehen, es waren Benefizvorstellungen vonnöten, um Geld zu sammeln für die Behandlung jener meiner treuen Schauspieler, die sich mit zerschossenen Gesichtern und Gliedmaßen vom Feld der Ehre heimschleppen konnten.

Ich mochte nicht glauben, dass die aufkommende nationale Stimmung Auswirkungen auf mein künstlerisches Wirken in Dresden haben könnte.

Aber die Sympathie der Bürger galt diesmal den Besatzern und nicht den Verbündeten, das katholische Österreich ward als Hort der Reaktion gebrandmarkt und Preußens hell leuchtender Stern wies den Weg zu einem geeinten Deutschland. Ich gehörte doch irgendwie zum alten System und wollte nun alles daransetzen, mein Volkstheater in die neue Zeit hinüberzuretten.

Spektakuläre Gäste, neue Operetten und technische Raffinessen gehörten auf die Tagesordnung, wenn meine Bühnen weiterhin Bestand haben sollten.

So engagierte ich die erstaunlich wandlungsfähige Charaktertänzerin Madame Stella von der Oper in Moskau, die in Herren- und Damenkostümen zwischen den Lustspielakten mitreißende Tänze aufführte, darunter auch den frivolen Can-Can aus Frankreich.

Am 9. Juni 1867 offerierte ich den staunenden Dresdnern im Sommertheater erstmalig meine Kalospinthechromokrene – die farbig beleuchtete Wunderfontäne. Mit der Aufführung der Operette „Die Zaubergeige" begann ich mich den Werken Offenbachs zuzuwenden. Ab August ließ ich den Rosengarten nach der Vorstellung mit einer elektrischen Sonne beleuchten. Jeden Tag gab es Nachmittags- und Abendvorstellungen mit bis zu vier verschiedenen Stücken und vorausgehendem Konzert. Höchste Anerkennung zollten Presse und Publikum der Schauspielaufführung „Prinz Friedrich" von Heinrich Laube. Beifall und Hervorrufe unterbrachen mehrfach die Vorstellung, die Leistung von Agnes als Königin Sophie Dorothee war in aller Munde. In den Zeitungen wurde gefordert, der Theaterkritik für uns den gleichen Platz wie der für das Hoftheater einzuräumen. Meinem Unternehmen wurde eine exzellente Saison bescheinigt, der Rückzug meiner Feinde prophezeit.

Die Leute strömten herein und amüsierten sich, ich stand strahlend im Mittelpunkt der applaudierenden Gesellschaft und des beglückten Ensembles, welches in mir den Vater und den finanziellen Gönner erblickte. Zahlreiche junge Schauspielerinnen von verschiedensten Theatern sprachen bei mir vor, um sich in Dresden zu beweisen und Fuß in meiner Truppe zu fassen. In diesem euphorischen Hochgefühl von Künstlerruhm und materiellem Erfolg ging ich einen Schritt zu weit auf eine karrierewillige junge Schönheit zu. Ohne Verstand brachte ich alles Erreichte in Gefahr und kränkte meine einzigartige und treu liebende Agnes zutiefst. Mit Ende der Sommersaison enteilte sie nach Bad Warmbrunn, nur mit Mühe konnte ich eine Scheidungsklage abwenden. Agnes verkehrte nur noch brieflich mit mir und ließ sich vorerst auch durch Bitten des Publikums nicht zu einer Rückkehr auf meine Bühne bewegen.

Nun stürzte ich mich erst recht in die Arbeit. Ausgerechnet mit dem Charaktergemälde mit Gesang „So sind die Weiber" von Pohl und Conradi gelang mir ein Riesenerfolg, ich spielte selbst darin den Luckenwalder Spießbürger Goldmann. Mit dem Kapellmeister Altmann verpflichtete ich einen Dirigenten von Rang, der unserem Orchesterklang zu einer bisher nicht erreichten Qualität verhalf. Frohen Mutes kaufte ich daraufhin alle Offenbachschen Operetten für das nächste Jahr ein. Für das Jahresende hatte ich die Idee einer großen Weihnachtsausstellung im Theater, einer von Dekorationsmalern aus Berlin erschaffenen Zauberwelt mit brillanter Gasbeleuchtung. So etwas hatte Dresden noch nie gesehen. Um den Eindruck noch zu verstärken, ließ ich Tiroler Sänger mit Zither und Glasglocken in den grandios ausgeführten Kulissen musizieren. Bis Ende Januar 1868 drängten sich vormittags Schulklassen und danach bis zehn Uhr abends die erwachsenen Besucher durch die anrührenden Märchenbilder und die blau schimmernde Tropfsteingrotte.

Mit dem Schwank „Das Jahrmarktsfest zu Plundersweilern" von Goethe und den Operetten „Fitzliputzli, oder: Die Teufelchen der Ehe" von Zajc, „Zehn Mädchen und kein Mann" sowie „Flotte Bursche" von Suppé gingen wir anspruchsvoll und modern ins Neue Jahr. Der durchschlagende Erfolg beim Publikum und die guten Kritiken waren durchaus verdient, denn eine Claque, wie sie anderweitig in Dresden üblich war, konnten wir uns gar nicht leisten. Man bescheinigte uns ausdrücklich „superbe Sänger", ein „klangvolles, exaktes Orchester" und eine „noble Ausstattung".

Im März kam meine Agnes in ihrer Paraderolle als „Wirtin von Fischbach" an unser Theater zurück, von nun an verkehrte sie mit mir nur auf freund-

Nesmüllers Sommertheater im Großen Garten
(Kupferstich-Kabinett, Staatliche Kunstsammlungen Dresden, Foto: Herbert Boswank)

schaftlicher Basis. Ich war ihr unendlich dankbar, dass sie das Unternehmen weiterhin mit ihrem großartigen dramatischen und geschäftlichen Talent unterstützte.

Für die Bühne im Großen Garten beschaffte ich neue Dekorationen und eine neue Beleuchtung. Dieser Sommer sollte Offenbach und seinen grandiosen komischen Opern gehören. Im Juni 1868 brachten wir „Orpheus in der Unterwelt" nach Dresden, ich gab den Jupiter. Im Juli verzauberten wir die Zuschauer mit „Pariser Leben", ich genoss es, den Gondremark zu spielen und das Werk errang in Dresden einen Erfolg „der Wien und Berlin an die Seite zu stellen ist", wie der „Dresdner Anzeiger" bemerkte. Schon im September 1868 feierten wir die 50. Vorstellung. Als uns die Engagements von einem gefälligen Tenorbuffo und einem lyrischen Tenor gelangen, bescheinigte man uns ein Ensemble, welches auch eine Oper ins Werk setzen könnte. Auch moderne dramatische und spannende Schauspiele hielten Einzug in unserem Volkstheater.

All dies gelang nur durch ständiges Jonglieren mit den Finanzen, die sich immer am Rande des Abgrundes bewegten. Denn so euphorisch Regie und Ausstattung in der Zeitung gelobt wurden, so niederschmetternd war der Blick auf die Zuschauerzahlen bei einaktigen Operetten auch bekannter Komponisten. Große Gesangspossen und mehraktige Operetten fanden indes lebhaften Zuspruch.

Die Fortentwicklung unseres Theaters in jenem Jahr spornte Neider und Gegner zu immer wütenderen Ausfällen an. Spott und Verleumdungen gegen meine Person und abfällige, hochmütige Kritiken in einigen Blättern hatten nicht gefruchtet. Wir hatten ein passables und kultiviertes Publikum und standen als „Zweites Theater" neben und nicht unter dem Hoftheater.

Faksimile aus dem „Dresdner Anzeiger" vom 12. Juli 1868

Der Anfang vom Ende

So traf mich am 30. Dezember 1868 wie ein Blitz die Kündigung des Gewandhaustheaters durch den Stadtrat zum 1. Januar 1870. Begründet wurde der Schritt mit finanziellen Unregelmäßigkeiten meinerseits und der Brandgefahr durch ein Theater. Ja, ich hatte immer zuerst die Künstler und die Ausstattung bezahlt, um die Qualität und den Betrieb überhaupt zu sichern. Doch ich war dem Stadtrat am Ende niemals einen Taler schuldig geblieben. Und die Brandgefahr hatte zwölf Jahre lang keine Rolle gespielt. Die aus schlechtem Gewissen gegenüber den Dresdnern gewährte Frist begründete man scheinheilig damit, dass ich somit genug Zeit hätte, mir in Dresden eine andere Lokalität zu suchen oder ein neues Theater zu bauen. Beides war aussichtslos und damit war die Beseitigung meines Unternehmens garantiert. Irrigerweise meinte ich damals, durch besonders erfolgreiche Weiterführung des Theaters den Stadtrat letztendlich umstimmen zu können und legte mich 1869 mächtig ins Zeug. Ein Lieblingskind Offenbachs, „Die schöne Helena", berauschte am 28. Januar 1869 zum ersten Mal das Dresdner Publikum. Der Kritiker des „Dresdner Anzeigers" kam ins Schwärmen: „…steht den Aufführungen in Hamburg. Berlin, Wien und selbst Paris in nichts nach, bei der Premiere auserlesenes Elite-Publikum, deshalb ist der Erfolg um so höher zu bewerten, Minna Hänsel als Helena ist großartig, ihre Kostümierung gehörte zu dem Glänzendsten, Reizendsten und Geschmackvollsten, was wir seit lange auf der Bühne gesehen und contrastierte wundervoll zu der burlesken Bonzen-Figur dieses Calchas, eine Meisterleistung von Nesmüller, eine epochale Leistung dieser Bühne, sehr sorgfältige Regie, splendide, fast überreiche Ausstattung wie im Hoftheater, das Zweite Theater ist entschlossen und im Stande, diesem Weg weiter zu folgen."

So angespornt, machten wir mit ungeheurer Energie weiter. Das Sommertheater ließ ich renovieren und den Zuschauerraum umbauen. Nun präsentierte ich „Blaubart" und zog als König Bobèche alle Register meines schauspielerischen Könnens. Bravorufe für das gesamte Ensemble und hasserfüllte Leserbriefe waren das Ergebnis. Das letzte Kind des Meisters Offenbach, welches meine Sommerbühne betrat, war die „Großherzogin von Gerolstein", mein General Bumm riss das Publikum, in dem immer zahlreiche Uniformen blitzten, zu Lachsalven hin. Ich war in jenen Tagen der populärste Mann Dresdens und beantragte siegessicher die Rücknahme der Kündigung meines festen Theaters in der Stadt.

Da geschah im königlichen Opernhaus am Mittag des 21. September 1869 das Unfassbare. Beleuchtungsgehilfen hantierten auf dem Kronleuchterboden über dem Zuschauerraum bei der Herstellung von flexiblen Gasschläuchen aus Leinwand und benzinhaltiger Dichtmasse mit offenem Feuer. Züngelnde Flammen breiteten sich rasend schnell aus und fraßen sich durch die mit Ölfarbe getränkten Holzeinbauten des Zuschauerraums. Die Wassertanks der Flutungsanlage im Dach waren leer. So versank die Oper im Inferno und wurde bis auf die Außenmauern zerstört.

Schon einen Tag später bot der Stadtrat dem Hof mein Theater im Gewandhaus als Ausweichspielstätte an, wenn denn die Räumlichkeit dem Hoftheater genüge, so würde man mich schon zum vorfristigen Auszug bewegen. Sie genügte nicht, ich durfte zu Ende spielen und ließ noch einmal richtig die Puppen tanzen. Fürsts Operettengesellschaft aus Wien erregte mit ihren österreichischen Volksstücken nervenerschütterndes Gelächter. Am 1. Dezember wurde die Kündigung trotz erfüllter Zahlungsverpflichtungen bestätigt. In der Begründung stand nun die Brandgefahr an erster Stelle. Wie verlogen! Einen anderen Saal im zweiten Stock des Gewandhauses hatte der Stadtrat gerade an „Bergheers Theater" vermietet. Dafür wurde eine spezielle Gasbeleuchtung neu installiert, denn das Institut präsentierte Geister- und Gespenstererscheinungen. So etwas konnte dem Hoftheater nicht gefährlich werden und spülte weiter Miete in die Kassen der Stadt. Der Veranstaltungsbetrieb in mehreren Räumen des Gewandhauses ging dann noch jahrelang weiter.

Und das war noch nicht alles. Im Angesicht dieser Jahrmarkts-Scharlatanerie wurde meinem Theater „mangelnde Qualität und Ästhetik für ein städtisches Gebäude in Dresden" vorgeworfen. Und dann ließen die hohen Stadtverordneten die Katze aus dem Sack. Man kündigte mir „wegen der mit Vorliebe gegebenen, einer sehr zweideutigen Moral huldigenden Offenbachiaden und deren keineswegs discreter Darstellung." Nach diesen Aussagen, nachzulesen im „Dresdner Anzeiger" vom 8. Dezember 1869, spielte ich in den letzten Tagen meines Theaters mit grimmiger Freude sechs Offenbach-Stücke hintereinander.

Nun besaß ich nur noch mein Sommertheater. Am 1. Mai 1870 betrat ich wieder als Sebastian Hochfelder in der Posse „Stadt und Land" meine Bühne, wild entschlossen, auch ohne festes Haus in der Stadt als Theaterunternehmer zu bestehen. Schon am 19. Juli musste ich wieder schließen, denn der Deutsch-Französische Krieg war ausgebrochen. Nach Sieg und Reichsgründung war es mit der Dresdner Beschaulichkeit vorbei. Im Lande regierte bald der militärisch orientierte König Albert und in aufstrebenden Städten wie Dresden König Mammon. Der Kapitalismus explodierte, nicht geistiger, nein, finanzieller Gewinn wurde zum höchsten Ziel allen Strebens.

Agnes und mir gelang es, unser Volkstheater noch zehn Sommer gegen die Konkurrenz neuer Theater und Varietés fortzuführen. Vom Stammpublikum als Darsteller geliebt, vermittelten wir in vielen bekannten und neuen Rollen unsere künstlerische Sicht auf die Welt und das Theater. Realistische Darstellungen, wie mein Dialekt sprechender Trödler im gleichnamigen Stück von Brachvogel, oder die Besetzung des Prinzen Hamlet mit einer Frau wurden als unerhörte Angriffe auf die Dresdner Theaterästhetik gewertet. Ohne festes Haus für die Wintersaison wurde ein kontinuierlicher Ensembleaufbau immer schwieriger und die Qualität unserer Vorstellungen teilweise recht bescheiden. Unbeirrt an meinem Lebenstraum festhaltend, unternahm ich Versuche, eine Winterspielstätte zu erlangen. Aber sowohl die Anmietung des Herminia-Theaters, unsere Direktion des Victoria-Theaters in

Stettin oder mein Theaterprojekt in den Trianon-Sälen am Schützenplatz brachten nicht die erhoffte Sicherheit, sondern wurden zum finanziellen Desaster. Ein Angebot des Direktors Karl vom Residenz-Theater zur Übernahme des Sommertheaters gegen Gewinnbeteiligung schlug ich, vernagelt und stur, zum Leidwesen meiner liebenden Agnes aus. Ich verpasste den rechten Augenblick, um unter meine Dresdner Theaterzeit einen Schlusspunkt zu setzen. So wurde ich ein kurioses Fossil, welches durch die verfallenden Baulichkeiten seines Refugiums im Großen Garten geisterte. Treue Anhänger verehrten in mir den Volksschauspieler mit Warmherzigkeit und begnadetem komischen Talent, Gegner und Konkurrenten verlachten mich als Narren des Königs, der seine Erfolge jahrelang auf Knien rutschend errungen hatte.

Dabei wussten sie alle nur zu gut, dass die Kunst zum Überleben die Gunst der Mächtigen oder des Kapitals braucht. Denn noch hat wohl kein Volk sein Volkstheater, das es unterhalten, bilden und erheben wollte, selbst vollends bezahlt. Machen wir es kurz. Im Juni 1881 wurde ich durch den Entzug der Konzession von meinen Leiden als Theaterdirektor erlöst und am 18. Juli fiel der letzte Vorhang in Nesmüllers Sommertheater im Großen Garten.

Aber das Dresdner Theaterleben entfaltete sich und trieb faszinierende Blüten. Noch einige Male gastierte ich, inzwischen wieder Hamburger geworden, im Residenz-Theater und erfreute mich an ihnen. Erleben Sie, geneigter Leser, im Folgenden die Schicksale der Künstler, die nach mir kamen. Die dafür sorgten, dass diese Stadt ein einzigartiger Ort der heiteren Bühnenkunst wurde und ihre Bewohner niemals die Lebensfreude und den Mut verloren.

Viel Vergnügen bei dieser Entdeckungsreise wünscht Ihnen

Ihr ergebenster

Sommertheater und Rosengarten um 1870 (Archiv Herrich)

Verfallenes Sommertheater 1879 (Kupferstich-Kabinett, Staatliche Kunstsammlungen Dresden, Foto: Herbert Boswank)

Ein Traum zerplatzt

Die Geschichte des Herminia-Theaters

„Herr Diregdor, der Kriebel is ni dichte, da ham de Preissen widder gepfuscht!" So schallte es Oswald Baumgart an diesem 25. April des Jahres 1872 entgegen, als er mittags den Zuschauerraum seines neuerbauten Theaters an der Zirkusstraße betrat. Die wenig liebevollen Worte eines Monteurs galten dem soeben aus Berlin gelieferten prachtvollen Gas-Kronleuchter, der dem in vieler Beziehung innovativen Gebäude besonderen Glanz verleihen sollte. Nach dem architektonischen Vorbild des „Théâtre Lyrique" in Paris hatten die Baumeister Schönherr und Stock für Baumgart und seine Frau Hermine Stahlberg ein geräumiges Theater mit 1110 Sitzplätzen geschaffen.

In Eisenskelettbauweise errichtet, strahlte das Ganze eine besondere Leichtigkeit aus. Eiserne Säulen im Zuschauerraum trugen die eisernen Balkenlagen der Logenränge und den kuppelförmigen Plafond samt der eisernen Dachkonstruktion. Aus der Kuppel schauten die neun Musen, angeführt von Apoll und Amor, auf rot ausgeschlagene Logen, samtbezogene Sessel und 27 Wandleuchter an der 1. Galerie herab. Für die Annehmlichkeit des Publikums war das Haus mit Luftheizung und Ventilation ausgestattet. Nach modernsten Gesichtspunkten wurde für den Brandschutz gesorgt: im ganzen Gebäude waren Wasserleitungen verlegt, es gab eine Telegrafenverbindung zur nächsten Feuerwache und als Fluchtwege standen acht Treppen und zehn Ausgänge zur Verfügung. Die Bühne von ca. 180 qm war mit Versenkungen versehen und hatte eine Portalöffnung von 10 m Breite. Ein respektabler Musentempel, ein würdiges neues Theater für die Residenzstadt Dresden harrte nun seiner Eröffnung. Doch Bauverzögerungen, technische Pannen und Schwierigkeiten bei der Beschaffung des notwendigen künstlerischen Personals verzögerten diese immer weiter. Mit blankliegenden Nerven verließ nun Direktor Baumgart sein Unternehmen sofort wieder, um seiner Frau von dem neuerlichen Rückschlag zu berichten. Denn sie, die Sängerin Hermine Stahlberg, war die eigentliche Initiatorin und Ideengeberin des Projektes, weshalb das Theater auch ihren Namen tragen sollte. Um es zu finanzieren, hatte sich das Ehepaar Baumgart-Stahlberg bei Dresdner Geschäftsleuten hoch verschuldet. Was trieb die beiden an, jedes Risiko einzugehen? Waren sie idealistische Träumer oder einfach Hasardeure der Gründerzeit?

Die Herkunft Oswald Eduard Baumgarts liegt im Dunkel. Eine Vermutung ist, dass es sich um den Sohn des Dresdner Gastwirts Eduard Baumgart handelt, welcher 1852 eine Restauration auf der Stiftstraße in der Wilsdruffer Vorstadt eröffnete, in der Nähe genau der Gegend, wo der junge Oswald später eine Wohnung bezog.

Historisch belegt sind seine Spuren ab 1861, als der Schauspieler Baumgart „außerkontraktlich" mit zwei Kollegen das „Reisende Theater Bilin-Komotau" verließ. Das war eine klassische „Schmiere", mit der die zehnköpfige Familie des 82-jährigen Theaterdirektors Suwar zwischen Bilin, Kaaden und Komotau umherzog. Baumgart wurde also – aus welcher Not auch immer – vertragsbrüchig, was seine Chancen auf ein neues Engagement stark verschlechtert haben dürfte.

1867 begegneten sich dann unsere Protagonisten und wurden ein Paar. Herr Baumgart und Fräulein Stahlberg waren gemeinsam am Königlichen Schlosstheater Ansbach engagiert, er als Inspizient, Chargenspieler und Darsteller von Dümmlingen (wirklich eine Fachbezeichnung zur damaligen Zeit), und sie als jugendliche Liebhaberin und II. Soubrette. Endlich Aussicht auf berufliche Karriere und privates Glück. Doch ein Direktionswechsel, der die willkürliche Entlassung des gesamten Personals mit sich brachte, beendete abrupt diese kurze Zeit der Sicherheit. 1868 bis 1869 wirkte Hermine in Olmütz, brachte es schließlich bis zur I. Liebhaberin in Hanau und Oswald wurde Chargenspieler und Chorist an Ferdinand Nesmüllers Theater in Dresden. Die Spielzeit in Hanau lief von Oktober 1869 bis März 1870, von April bis September war Hermine, wie die meisten Bühnenkünstler in dieser Zeit, arbeits- und damit brotlos. Oswald hatte es scheinbar besser getroffen, denn Direktor Ferdinand Nesmüller betrieb im Winter das Zweite Theater im Gewandhaus zu Dresden und im Sommer sein 1856 erbautes Sommertheater im Königlichen Großen Garten. So war es naheliegend, dass Hermine nach Dresden zog und Oswalds Ehefrau wurde. Von da an entwickelten sie den Plan für ein eigenes Theater, um dem unsteten und ärmlichen Leben ein für alle Mal zu entfliehen.

Doch sie gerieten in neue Schwierigkeiten. Nesmüller wurde vom Stadtrat die Nutzung des Gewandhauses zum 1. Januar 1870 gekündigt. Als der Deutsch-Französische Krieg ausbrach, musste er auch sein Sommertheater am 19. Juli 1870 vorläufig schließen, wodurch Oswald das Engagement verlor. Es ist anzunehmen, dass sich ohnehin bereits Spannungen zwischen Nesmüller und seinem zukünftigen Konkurrenten Baumgart anbahnten. Denn der trieb sein eigenes Theater-Projekt seit Anfang des Jahres 1870 voran, ermöglicht durch die Ausdehnung der Gewerbefreiheit auf den Betrieb von Theatern durch die neue Gewerbeordnung von 1869.

Wie es dem besitzlosen Künstlerpaar gelang, städtische Befürworter, Finanziers, Architekten und Grundstücksbesitzer für sein hochfliegendes und teures Vorhaben einzunehmen, wird wohl das größte Geheimnis an dieser Geschichte bleiben.

Spätere überlieferte Texte zeigen, dass sich Hermine zu Höherem berufen fühlte und sich die Konzeption eines Spielplans und die künstlerische Leitung eines Theaters zutraute, während Oswald wohl auf seine vielfältigen organisatorischen Erfahrungen und die Einblicke in den Nesmüllerschen Privattheaterbetrieb baute, als er seine neue Karriere als Geschäftsmann und Direktor begann.

So stürzten sie sich in ein Abenteuer mit unabsehbaren Folgen. Als Standort für das Theater wurde ein Areal im ehemaligen Vorwerk Rotes Haus ausersehen, in der sich rasant entwickelnden Pirnaischen Vorstadt.

Bereits der Baubeginn verlief verlustreich. Am 29. November 1870 wurde der Grundstein für das Herminia-Theater gelegt. Es folgte ein schneereicher und harter Winter, erst im März 1871 konnte weitergearbeitet werden.

Auch die Konkurrenz schlief nicht. Am 26. April 1871 erfolgte die Grundsteinlegung für das Alberttheater in Dresden-Neustadt, welches von einer Aktiengesellschaft Dresdner Bürger dem Hoftheater als zusätzliche Bühne errichtet wurde.

Das erhöhte den Zeitdruck auf Direktor und Eigentümer Oswald Baumgart. Eiligst verkündete er seinen Eröffnungstermin. Am 16. Oktober 1871 sollte sich zum ersten Mal der Vorhang im Herminia-Theater heben. Wie auch immer er auf dieses merkwürdige Datum gekommen war, seine Zeitplanung erwies sich bald als viel zu optimistisch. Aber der Termin war gesetzt und der Spott seiner Konkurrenten und aller konservativen Dresdner Bedenkenträger bei Nichteinhaltung war ihm ganz sicher. Mitte September musste Baumgart die bereits abgeschlossenen Engagementverträge wieder kündigen. Bald darauf kam der Weiterbau ganz zum Stillstand.

Sachsen und seine Residenzstadt, welche schon seit 1850 ihr Kleid von Enge und Provinzialität abzustreifen begann, wurden vom frischen Wind der Reichsgründung und ihrer Folgen mit Macht in eine neue Zeit befördert.

Der Deutsch-Französische Krieg war gewonnen und die Dresdner hatten Anfang März die Aufstellung der Modelle des Siegesdenkmals für die Augustusbrücke und der Göttin Germania für den Altmarkt und im Juli die Heimkehr des ruhmbekränzten Kronprinzen Albert an der Spitze seiner Truppen bejubelt. Eigentlich genau der richtige Zeitpunkt für die Neueröffnung eines modernen Theaterbaues für die Unterhaltungsbedürfnisse der sprunghaft anwachsenden Einwohnerschaft. Aber die Arbeiten schleppten sich dahin, zusätzlich erschwert durch Streiks der schlechtbezahlten Maurer und die Umstellung auf die neue Maß- und Gewichtsordnung des Deutschen Kaiserreiches, die am 1. Januar 1872 in Kraft trat. Im Oktober 1871 schritt man endlich zur Überdachung des Bühnenraumes.

Abbildung S. 27: Fassade des Residenz-Theaters (Dresdner Architektur-Album 1875, Tafel 27, Stadtarchiv Dresden)

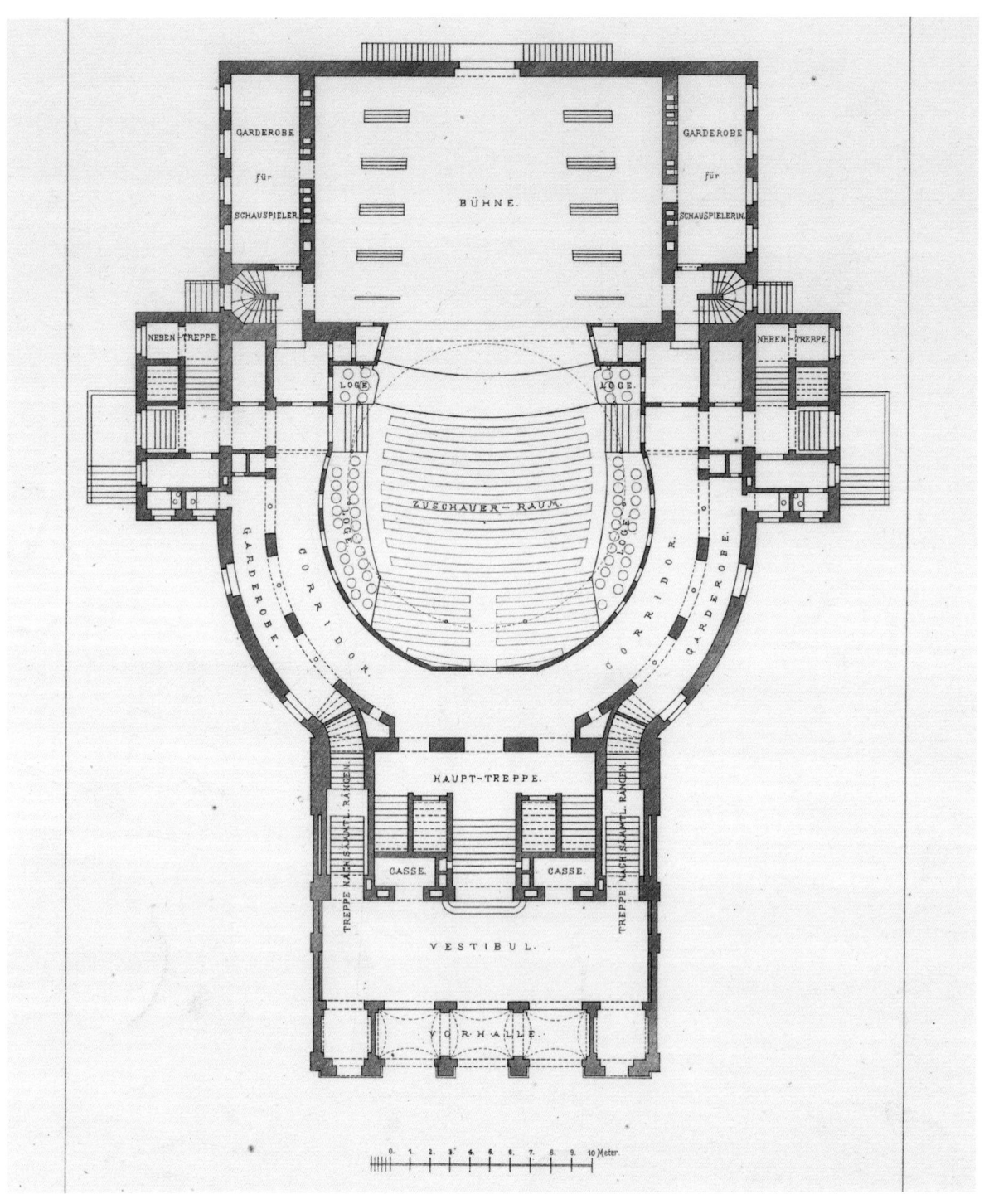

Grundriss des Residenz-Theaters (vorher Herminia-Theater, Dresdner Architektur-Album 1875, Tafel 28, Stadtarchiv Dresden)

Danach sollten die Operette „Mannschaft an Bord" von Zajc, das Lustspiel „Ein Schritt vom Wege", die Posse „Heidemann und Sohn", die neue Operette „Rosa und Reseda" von Max Wolf, das Schauspiel „Der Pfarrer von Kirchfeld" und die Oper „Der Liebesring" von Robert Dörstling das Publikum anlocken. Für zehn Abende im Juni versprach Oswald Baumgart den Dresdnern sogar ein Gastspiel der Wiener Schauspielerin Josefine Gallmeyer und gab damit an, ihr 2000 Taler Honorar zu zahlen. Außerdem leistete er sich für den Anfang neben 30 Mann Orchester, 16 Chorsängern, 25 Technikern und Hilfskräften 25 Solisten, darunter einen Ober-und Schauspielregisseur, einen Regisseur für die Posse und einen Regisseur für Oper und Operette sowie einen Musikdirektor, einen Konzertmeister und einen Kapellmeister. Privat hatte er sich auch verbessert. Von der Bleibe am wenig attraktiven Rosenweg in der Wilsdruffer Vorstadt, direkt neben Obdachlosenasyl und Maschinenfabrik, war das Ehepaar in die Mathildenstraße in der Nähe umgezogen.

Am 18. Mai 1872 war es dann endlich geschafft und die „Eröffnung des Herminia-Theaters fand unter reger Beteiligung des Publikums und der Elite der Residenz statt" („Dresdner Nachrichten", 20. Mai 1872). Die Direktion konnte sich sogar mit dem Besuch des hochverehrten Schauspielers und Hofrats Emil Devrient sowie des Tenors Joseph Tichatschek schmücken, beides Urgesteine des Dresdner Hoftheaters, beide allerdings längst im Ruhestand.

Was sie und alle anderen erwartungsfrohen Zuschauer dann zu sehen und zu hören bekamen, gab den Kritikern Anlass zu verhaltenem Lob. Da ist von „vielfach wackeren Musikern" und von „einer aus allen Theilen Deutschlands zusammen gekommenen Gesellschaft (…) die sich erst selbst kennen lernen muss" die Rede. Das Lustspiel „Fromme Wünsche" wurde für so langweilig erachtet, dass es nicht einmal durch das natürlich ausgezeichnete Ensemble der Hofbühne zu retten gewesen wäre, und der Operette „Mannschaft an Bord" wurde unterstellt, nur der Vorführung der Reize des weiblichen Personals gedient zu haben. Natürlich will niemand dem Herminia-Theater, das unter so großen Opfern der Eigentümer entstanden war, etwas Böses. Aber zu viel Lob wäre übereilt.
Haus: Großartig! Ausstattung und Regie: Sehr anerkennenswert! Künstlerisch: Na ja, wir sind schließlich in Dresden. Wahrscheinlich lag die Wahrheit in der Mitte zwischen künstlerischem Unvermögen des eilig zusammengezimmerten Ensembles, Hoftheater-Dünkel und Nesmüller-Lobby.
Auf jeden Fall stand Oswald Baumgart und Hermine Stahlberg ein steiniger Weg bevor.

Theaterzettel der Eröffnungspremiere (Stadtarchiv Dresden)

Das Spiel beginnt

Die weiteren Vorstellungen des ersten Monats fanden größtenteils sehr wohlwollende Aufnahme und waren trotz des herrlichen Maiwetters gut besucht. Direktor Baumgart hielt sich als Schauspieler von der Bühne fern, Hermine Baumgart-Stahlberg stellte sich in ganz verschiedenen Rollen dem Urteil der Dresdner. Zusammenspiel und Einzelleistungen der Ensemblemitglieder fanden großen Beifall, wurden sogar mehrfach mit denen des Hoftheaters auf eine Stufe gestellt. Nun begann die Frau Direktor – nach ersten positiven Kritiken für ihre Darstellungen – sich in ihrem Theater Rollenwünsche zu erfüllen. So konnte man am 31. Mai 1872 Folgendes über die Aufführung „Drei Staatsverbrecher" in der Zeitung lesen:

„(...) Frau Baumgart-Stahlberg spielte die Marie, die schelmische, ausgelassene Intrigantin des Stücks, mit anerkennenswerther Gewandtheit, doch wollte es uns vorkommen, als ob ihr die Rolle nicht besonders zu Gesicht stände, ihre Grazie und Schelmerei hatte etwas Künstliches, Gemachtes, Angealtertes, und wenn sie sich selbst nicht mehr liebt als ihr Kunstinstitut, so dürfte sie im Interesse des Letzteren gut thun, nicht allzu oft in Rollen aufzutreten, zu deren glücklicher Durchführung eine gewisse ursprüngliche Natur und der Schmelz der Jugendfrische nun einmal unerläßliche Erfordernisse sind".

Als die Dresdner ihre erste Neugier auf die Einrichtung des Hauses und die zugereisten Künstler befriedigt hatten, trug bald der Drang in die Sommerfrische den Sieg über den Drang zu höherem Kunstgenuss davon. Die Zeitungskritiken der Aufführungen während der Sommermonate 1872 waren sachlich, oft äußerst positiv und voll des Lobes über Hausensemble, Gastdarsteller, Kostüme und Bühnenbild. Leider fanden die mit Geschmack ausgewählten und inszenierten Possen, Operetten und Schauspiele zumeist vor halbleerem Zuschauerraum statt. Hatte ein Stück besonderen Erfolg und Zulauf, musste es oft nach kurzer Zeit abgesetzt werden, weil die Hauptdarsteller Gäste waren und anderweitige Verpflichtungen zu erfüllen hatten. Ein Problem, welches auf die kurzfristige Terminplanung für die erste Saison des lange unfertigen Theaters zurückzuführen war. Zusätzlich gab es Abwerbungsversuche beliebter Darsteller, so lief Herr Alexander im Juni als erster Komiker zum Hoftheater über.

Es wurde ein außergewöhnlich heißer Sommer. Auch die moderne Belüftung des Herminia-Theaters konnte den Publikumsschwund nicht aufhalten, zumal der ständige Zug im Parkett von den Besuchern als ziemlich unangenehm empfunden wurde und der aufgeblähte Vorhang oft für unfreiwillige Komik sorgte. Trotz sinkender Einnahmen scheute die Direktion weiter keine Kosten, um den Spielplan mit seiner ständigen Abwechslung, teuren Gastensembles und opulenter Bühnenausstattung aufrecht zu erhalten und das Haus neben der Hofbühne und Nesmüllers Freilichttheater zu etablieren. So gastierten im Juli Leopold Günther aus Schwerin, Henri Huvart vom Kaiserlichen Theater in St. Petersburg und das Ballett der Berliner Hofoper in Baumgarts Theater.

Ende Juli feierten 6000 Dresdner wieder die Eröffnung der alljährlichen Vogelwiese, die viele Attraktionen, Tanzsalons, Zirkus und Theater bot. Josef Nesmüller sparte auf seiner Sommerbühne auch nicht und präsentierte neben volkstümlichen Possen ein spektakuläres russisches Ballett.

Mit einer Senkung der Eintrittspreise und „bequemeren Plätzen"– also einer Ausdünnung der Parkettreihen – versuchten Oswald und Hermine dieser Konkurrenz Paroli zu bieten. Zusätzlich verlegten sie den Vorstellungsbeginn auf 18 Uhr, um ihrem Publikum noch den Besuch der Feuerwerke auf der Vogelwiese zu ermöglichen.

Es half alles nichts. Stets war der Besuch „den Verhältnissen angemessen immer noch sehr erfreulich (...) zu nennen" („Dresdner Nachrichten", 2. August 1872). Das darstellende Personal des Herminia-Theaters zog auch vor leeren Rängen weiter alle Register und galoppierte durch das Repertoire. Ob Operetten wie „Rosa und Reseda" und „Die schöne Galathée", Lustspiele wie „Drei Paar Schuhe", Dramen wie „Deborah" oder gar die komische Oper „Der Liebestrank"– die Truppe spielte im fliegenden Wechsel um ihr Leben.

Niemand schonte sich in dem Bestreben, das Publikum von der Güte und Notwendigkeit dieser neuen Spielstätte zu überzeugen und eine sichere Position in der Residenz Dresden zu erlangen.

Mit der Präsentation von Donizettis Oper Mitte August 1872 wollte das Herminia-Theater seinen künstlerischen Anspruch als Volkstheater von Rang manifestieren. Sofort fanden sich Rezensenten, welche Vergleiche mit der Qualität der Hofoper anstellten und die Vorstadtbühne auf ihren Platz verwiesen. Den wenigen Zuschauern jedoch bekam der „Liebestrank" sehr gut, man applaudierte begeistert. Auch in der Handelsmetropole Leipzig beobachtete man die Dresdner Theaterszene und hatte eine klare Sicht auf die Dinge. Das „Leipziger Tageblatt" brachte am 28. August 1872 folgenden Artikel:

„Ein seltsames Treiben macht sich in unserer Bühnenwelt geltend. Wer nicht dem Kunstphilisterthum angehörte und dafür nur beim Hoftheater schwörte, freute sich der Eröffnung des Herminia-Theaters, weil er sich davon eine heilsame Rückwirkung auf unsere Hofbühne und einen heilsamen Einfluß auf unser Volksleben versprach. Offenbachiaden hätten wir beklagen müssen, das erklärten wir von vorn herein, aber die Vorführung einer Mannigfaltigkeit von Stücken, die wir hier sonst nicht zu sehen bekommen, das Auftreten von Gästen, welche sonst keine Gelegenheit finden würden, unter uns zur Geltung zu gelangen, konnten wir nur billigen. Die Direction des Theaters mußten wir entschuldigen, daß sie nicht immer Gediegenes und Tadelloses brachte, da sie ja, in den Sommermonaten zumal, zunächst darauf angewiesen war, den Geschmack unseres Publikums zu erforschen und damit ihrem Vortheil nachzujagen. Wenn sie darüber nicht rasch ins Klare kommen kann, so ist der geringe Besuch, der manchem Stück und manchem trefflichen Schauspieler gewidmet wird, daran schuld, denn verwirrend und entmuthigend muß einwirken, wenn redliche Bemühungen nicht mit Erfolg gekrönt werden.

Uns erschien es immer eine besondere Aufgabe der Kritik, einem neuen Unternehmen, wenn dessen Nützlichkeit, trotz der Äußerung eines hiesigen Kunstkritikers, so wenig wie bei dem Herminia-Theater in Frage steht, alle Nachsicht zu schenken und das Publikum zu dessen Unterstützung aufzufordern (...) Nun plötzlich sehen wir, daß die Kritik diesen Weg verläßt. Das Herminia-Theater ist Gegenstand vielfach unverdienter Angriffe geworden, von welchen wir zum Nutzen seines ferneren Gedeihens wünschen, daß sie auf dasselbe keinen Nachteil üben mögen."

Der Gegenwind für Hermine und Oswald wurde stärker. Aus den eigenen Reihen schoss Oberregisseur Benke auf die Direktion und fing an, Hermines Stellung als künstlerische Leiterin zu untergraben. Mit einem bedeutenden Gastspiel zum Beginn der Winterspielzeit wollte sie nun die Plätze füllen und holte das Ensemble des Strampfer-Theaters aus Wien.

Direktor Friedrich Strampfer, gebürtiger Grimmaer, hatte in Wien besonders mit Offenbach-Operetten und Lokalpossen grandiose Erfolge erzielt und sich ein eigenes Theater aufgebaut. Das dreiaktige, mit Musik versehene Lebensbild „Nr. 28" von Berg mit dem 22-jährigen Alexander Girardi, Felix Schweighofer und einem Frl. Finaly statt Josefine Gallmeyer schlug im Herminia-Theater ein wie eine Bombe und damit der vermeintliche Coup auf Direktor Baumgart zurück: Seht her, DAS ist Theater! Die Finaly – Königin aller Soubretten! Schweighofer – der Gott der Komik! Genial, präzise, dem Souffleur trat keiner zu nahe, noch nie gab es so viel Applaus in diesem Hause, das Ensemble möge sich ein Beispiel nehmen, so macht man das! Die Gazetten überschlugen sich. Umso höher war es den so abgewatschten Mitgliedern des Herminia-Theaters anzurechnen, dass sie den Abwerbungsversuchen Strampfers (es können also keine so schlechten Schauspieler gewesen sein) widerstanden. Nur einer machte sich mit der Truppe auf den Weg nach Wien. Dies war auch ein Beweis dafür, dass sie an ihr Theater und seine Leitung glaubten und mit ihrer Arbeit gegen die Anfeindungen in Dresden kämpfen wollten.

Im September und Oktober 1872 bot man auf der Bühne in der Zirkusstraße musikalische Possen und, dem Zeitgeist nach dem Sieg über Frankreich entsprechend, vaterländische Lustspiele, gekrönt durch Illuminationen und Feuerwerke nach der Vorstellung. Denn neue Vergnügungsstätten zogen das staunende Dresdner Publikum in ihren Bann. Das Varieté „Victoria-Salon" zog vom Böhmischen Bahnhof in die Waisenhausstraße und eröffnete am 14. September 1872 sein neues Domizil mit 50 Bühnenkünstlern, davon 20 Tänzerinnen.

Werbeplakat des Victoria-Salons
(Kupferstich-Kabinett, Staatliche Kunstsammlungen Dresden, Foto: Herbert Boswank)

Anfang Oktober bezog Zirkus Renz am Sternplatz sein Quartier. Beide Etablissements waren näher am Stadtzentrum und näher am Bedürfnis nach leichter Unterhaltung als das Herminia-Theater mit seiner Idee, das Volk unterhaltend zu bilden. Die Schonzeit für Hermine und Oswald war nun endgültig vorbei. Kritiker gaben sich alle Mühe, das Haus in bürgerlichen Kreisen unmöglich zu machen und seine Darsteller zu diffamieren. Der Bau des zukünftigen Albert-Theaters in der Neustadt schritt voran. Dort sollte unter der Regie des Hoftheaters für die gebildeten Kreise gespielt werden!

Und wenn auch dessen Künstler nach dem Theaterbrand von 1869 gerade interimsmäßig auftreten mussten – sie hatten höhere Weihen und machten jede „Bretterbude" zum Hort der Musen!
Wozu also ein privates Volkstheater mit dahergelaufenen Komödianten? Außerdem konnten die Zuschauer jeden Groschen nur einmal ausgeben. Schon Nesmüllers Unterhaltungsbühnen störten, aber da war ja von den Stadtverordneten mit der Entziehung des Gewandhauses bereits der erste Schritt getan…

Im Herbst 1872 erblickte in Dresden eine neue Zeitung das Licht der Welt, die „Dresdner Presse", ein Boulevardblatt. Sie setzte auf Klatschbedürfnis und Sensationsgier der großstädtischen Kleinbürger und wollte sich um jeden Preis am Markt etablieren. In ihrer Nr. 34, die bis jetzt leider nicht mehr aufzufinden ist, fungierte sie als Sprachrohr aller Herminia-Gegner und deckte die wahren wirtschaftlichen Verhältnisse und sonstigen Abgründe an Herrn Baumgarts Theater auf.

Wie ehrverletzend und gefährlich dieser Artikel war, wurde an der Gegendarstellung durch Hermine Baumgart-Stahlberg deutlich. Am 8. November 1872 schrieb sie in den „Dresdner Nachrichten" u.a.:

„*Ruhig nahmen wir gerechten Tadel hin, gehässige Angriffe nicht des Zornes würdigend. Wo der Angriff auf künstlerischen Ansichten beruhte, konnte, mußte man schweigen. (...) Wo aber böswillige Verleumdung, offener Haß soweit gehen, die Ehre eines Menschen anzugreifen, da ist es Pflicht zu reden. Die Sonntagsnummer der Presse brachte einen Artikel gegen das Institut (...) in dem es Verleumdungen und Unwahrheiten unters Publikum streut (...) Das Institut hat Feinde vom Beginn seines Entstehens und zwar sind es einige der Herren „Gründer", die jedes Unternehmen, welches „lucrativ" zu werden verspricht, gern in „Actien" umwandeln möchten. Aber ein Unternehmen ruinieren wollen und können ist zweierlei. Wir sind hier in einem civilisirten Staate, wo es Gesetz und Recht giebt.(...) Ein Institut, das ohne Subvention bestehen muß, kann nur gehoben werden, wenn Achtung für dasselbe im Publikum herrscht, und diese zu erhalten ist das Streben der Direktion.*"

Da lag also der Hase im Pfeffer. Die Solvenz der Besitzer war zweifelhaft und das Theater als Spekulationsobjekt interessant geworden. Die Kampagne zeigte bei einem Hauptgläubiger Oswald Baumgarts Wirkung, er bekam kalte Füße und forderte sein Kapital zurück. Nun nahm die Tragödie ihren Lauf. Am 17. November 1872 fand die letzte Vorstellung unter der Direktion Baumgart statt. Man gab das Lebensbild „Gebrüder Bock" von L'Aronge. Der Direktor konnte keine Gage mehr zahlen, deshalb gingen die Einnahmen an das Ensemble, was von nun an auf eigene Rechnung spielte und damit auf die Gunst des Dresdner Publikums angewiesen war. Mitten in der Winterspielzeit würden sie nirgends ein Engagement erhalten. So quälte sich die Belegschaft durch den November.

„*Die Thätigkeit der Schauspieler ist herabgesunken zu der der wandernden Truppen, wie sie Anfang unseres Jahrhunderts nicht selten von Ort zu Ort zogen, durch harte Entbehrungen sich durchringend und mit sorgenvollem, gedrückten Gemüthe Abends krampfhaft die lachende Lüge auf ihr Gesicht zwingend. Das Publikum schenkte den Vorstellungen der letzten Abende (...) fast gar keine Theilnahme. Einen traurigen Anblick bot das Theater, das früher so freundlich strahlte. (...) Auf den Treppen und Corridors brannte kein Gas, drinnen im Theater grenzenlose Leere und gegenüber solcher Situation-Vorstellung! Die Einnahmen zählen für die Schauspieler (...) nur noch nach wenigen Groschen und die der Capellmitglieder – nach Pfennigen...*"

konstatierten die „Dresdner Nachrichten" am 1. Dezember 1872. Das vor wenigen Wochen noch bejubelte Ensemble saß gestrandet und hungrig mitten in der prosperierenden Stadt Dresden.

Am 4. Dezember begann das geplante Gastspiel des Gothaer Residenztheaters unter der Direktion von Georg Kruse und wurde von den Dresdner Rezensenten sogleich in Grund und Boden kritisiert. Das eigentliche Drama spielte sich aber hinter den Kulissen ab. Denn in ihrer Verzweiflung griffen die verbliebenen Mitglieder des Herminia-Theaters nach jedem Strohhalm. Orchester, Techniker und weiteres Personal des Hauses wurden ja für das Gastspiel der Gothaer Truppe benötigt und forderten vom armen Kruse all das Geld ein, das ihnen die Direktion Baumgart schuldete. Während der Proben und am Vorstellungsabend wurde so lange gestreikt, bis Sofortauszahlungen von Honoraren erfolgten. Von diesem Fiasko bis zur Schließung war es nur noch ein kleiner Schritt. Der Plan für die Übernahme des Theaters für 190.000 Taler durch die Gläubiger und die Überleitung in eine Aktiengesellschaft, somit für die Weiterführung des Theaterbetriebes, wurde vom Hauptgläubiger abgelehnt und Mitte Dezember 1872 das Konkursverfahren gegen Oswald Baumgart eröffnet.

Die Presse vergoss Krokodilstränen: „*Das längst Erwartete, der Concurs des Herminia-Theaters, ist* jetzt leider Thatsache. In welche traurige schwere Lage, in welche Noth die Schauspieler und Schauspielerinnen, die Kapellmitglieder, das gesamte technische Personal durch dieses Ereignis gesetzt worden sind, ist unbeschreiblich. Weihnachten vor der Thür, das Fest der Freude für Jung und Alt, bietet diesen Armen traurige Lage, finstere Zukunft, Verlust über Verlust. Wie viel Thränen der Wuth, stille Verwünschungen, mögen seiten der Betheiligten geflossen und ergangen sein! Licht muß nun werden, wie dieses Theatergeschäft betrieben worden ist, mit Recht werden die von diesem Zusammensturz schwer Betroffenen Aufklärung und Verantwortung über das Gebahren vor Gericht verlangen." (Dresdner Nachrichten, 19. Dezember 1872). Kruse zog sein Gastspiel trotz allen Widrigkeiten bis zum 29. Dezember durch. Wo sollte er auch hin. Außer an den Feiertagen war der Besuch schwach, seine letzte Vorstellung war „Robert und Bertram– die lustigen Vagabunden". Ein Käufer für das Haus war nicht in Sicht.

Noch immer war das Herminia-Theater ein schönes Haus, der einzige funktionierende moderne Theaterbau in jenem Jahr 1872 in Dresden. Sowohl die neue Hofoper als auch das Albert-Theater waren im Bau. So versuchte Josef Ferdinand Nesmüller diese Chance zu nutzen und wieder eine Spielstätte zu beziehen. Er pachtete das Herminia-Theater und engagierte sogar Anna Schramm vom Wallner-Theater aus Berlin als „Zugpferd". Am 26. Januar 1873 begann der Vorstellungsbetrieb unter der Direktion Nesmüller. Das Publikum erschien spärlich, der Theatermann brachte mit moderner Darstellung und gar einem weiblichen Hamlet die Dresdner Kritiker gegen sich auf. Maskenball-Saison, Bockbierfeste und nicht zuletzt Broekmanns Circus- und Affentheater am Böhmischen Bahnhof zogen die Leute weitaus mehr an.

Für den 18. März 1873 wurde die Zwangsversteigerung von Baumgarts Immobilie angeordnet. Nesmüller konnte nicht mitbieten und floh aus der Zirkusstraße. Jetzt war das Haus zum Abschuss freigegeben.

„Wir legen den Finger in eine wunde Stelle, wenn wir aussprechen, dass die rücksichtslose Speculation, die sich unseres gesamten Lebens brutal bemächtigende Sucht, an allem zu verdienen, auch die hoff-

Theaterzettel einer Vorstellung mit Anna Schramm unter der Direktion Nesmüller (Stadtarchiv Dresden)

nungsvollen Keime des Kunstlebens im Herminia-Theater erbarmungslos zerdrückt." Das schrieben die „Dresdner Nachrichten" am 25. Februar 1873. Das Theater kam unter den Hammer und wurde vom Konsortium Heller/ Meyer-Schie ersteigert. Bald stellte sich heraus, dass Lombardbankinhaber Schöne einen Pfandschein auf Oswald Baumgarts gesamte bewegliche Habe vorweisen konnte. Er ließ gnadenlos die gesamte Einrichtung, ja sogar Leitungsrohre und Dielenbretter heraustragen und versteigern. Den neuen Besitzern der leeren Gebäudehülle blieb nichts weiter übrig, als wenigstens das Mobiliar von Dritten teuer zurück zu kaufen. Sie waren Getreidehändler und Bankiers und handelten natürlich gewinnorientiert. Diese Familien engagierten sich jedoch auch sozial und kulturell. Sie wollten das geschundene Haus als Heimstatt des Volkstheaters zu neuem Leben erwecken und scheuten dafür keine Investitionen. So wurde der Stadt Dresden ein Schatz bewahrt, der um ein Haar durch Kleingeist, Ignoranz und Geldgier vernichtet worden wäre.

Die Bühne wurde vertieft und erhielt Versenkungen, der Zuschauerraum wurde umgebaut. Man gewann den Schauspieler, Autor und Regisseur Hugo Müller als Pächter, der das Haus in „Residenz-Theater" umbenannte und im Herbst 1873 Begründer seiner neuen Erfolgsgeschichte wurde.

Nachklang

Am 20. November 1872 hatte sich Hermine in der Zeitung zum letzten Mal öffentlich an ihr Publikum gewandt, verbittert und alle Schuld bei sich suchend:

„Mit Liebe und beseelt für Schönes, baute ich das Theater, das den Namen seiner Gründerin trägt. Daß meine Intentionen gut (waren), daß die Engagements, welche ich abschloss, dem Institute frommten, das bewies der Beifall. (…) Ich weiß nicht, warum ich der „verantwortliche Minister" für Alles bin, was im Theater vorgeht, ich habe seit langer Zeit keine Stimme mehr, weder in artistischer noch administrativer Beziehung. (…) Ich bitte das geehrte Publikum, welches überzeugt sein kann, daß alle Angriffe auf das Institut (…) nur mir gelten, den Unternehmer Oswald Baumgart, sowie die so vortrefflichen Mitglieder desselben durch fleißigen Besuch zu erfreuen. Ich habe nichts mehr zu verlieren, man hat mir meinen Frieden, mein Glück und meine Ehre genommen. Ich will nur nicht, daß Andere unter dem Haß, der mich verfolgt, leiden müssen."

Nachdem der Stern der Baumgarts 1872 untergegangen war, lassen nur noch wenige Zeugnisse die Bitternis ihres weiteren Schicksals erahnen. Sie konnten beide nicht von der Bühne lassen. Nur stand diese nun in Biergärten oder verrauchten Vorstadttheatern.

So begann Hermine 1874 im Victoria-Theater in Plagwitz bei Leipzig ein Gastspiel. Oswald eröffnete im Mai 1876 sein „Volkstheater" im Diana-Garten am Jagdweg in Dresden, in dem auch Hermine gastierte. Auch 1877 versuchte er dort sein Glück und kehrte so noch einmal in seine alte Gegend um den Rosenweg zurück, wo er einstmals mit seiner Frau große Pläne geschmiedet hatte.

Die Aufführungen seiner Truppe vor den Einwohnern der Dresdner Arbeiterviertel bekommen eine gute Presse, aber das Wetter macht dem Unternehmer einen Strich durch die Rechnung. Er bleibt dem Gastwirt die Pacht schuldig, bietet dafür den Schmuck seiner Frau an, den schon vor Jahren Pfandleiher Schöne kassierte, und landet vor Gericht. Nur noch einmal zwinkert uns Theatermann und Glücksritter Baumgart aus der Geschichte zu: als Direktor des Sommertheaters im Gasthof „Potz-Blitz" in Blasewitz, dann verwehen seine Spuren.

Volkstheater im Diana-Garten,
Eingang Florastrasse u. Jagdweg.
Montag, den 29. Mai:
Sonntagsräuschen, Lustspiel in 1 Akt, von Flotow.
Fest der Handwerker, Gemälde aus dem Volksleben mit Gesang und Tanz in 1 Akt, von L. Angely.
Auftreten sämmtlicher engagirten Mitglieder.
Morgen Gastspiel der Frau **Herminia Baumgart-Stahlberg.**
Preise der Plätze:
Numerirter Platz 50 Pf., unnumerirter Platz 25 Pf.
Billetts zu 60 Pf., numerirter Platz, und 30 Pf., unnumerirter Platz, sind in der Tages-Verlaufsstelle bei Herrn Kaufmann Schatz, Wilsdruffer Straße 28, und im Comptoir Jagdweg (Diana-Saal) zu haben.
Die Billetts haben nur für den Tag Giltigkeit, an welchem sie gelöst sind.
Casseneröffnung 6½ Uhr.   Anfang 7½ Uhr.
Oswald Baumgart, Direktor.

Faksimile aus dem „Dresdner Anzeiger"
vom 29. Mai 1876

Sie wollen wissen, was aus dem undichten Kronleuchter im Wert von 2000 Talern vom Beginn unserer Geschichte geworden ist? Er wurde nicht repariert und verrostete ein halbes Jahr im Freien hinter dem Herminia-Theater. Dann wurde er von Schöne gepfändet, von einem Interessenten für 200 Taler ersteigert, repariert, herausgeputzt und verpackt und als neu für 750 Taler an die Albert-Theater-Aktiengesellschaft verkauft. Voilà!

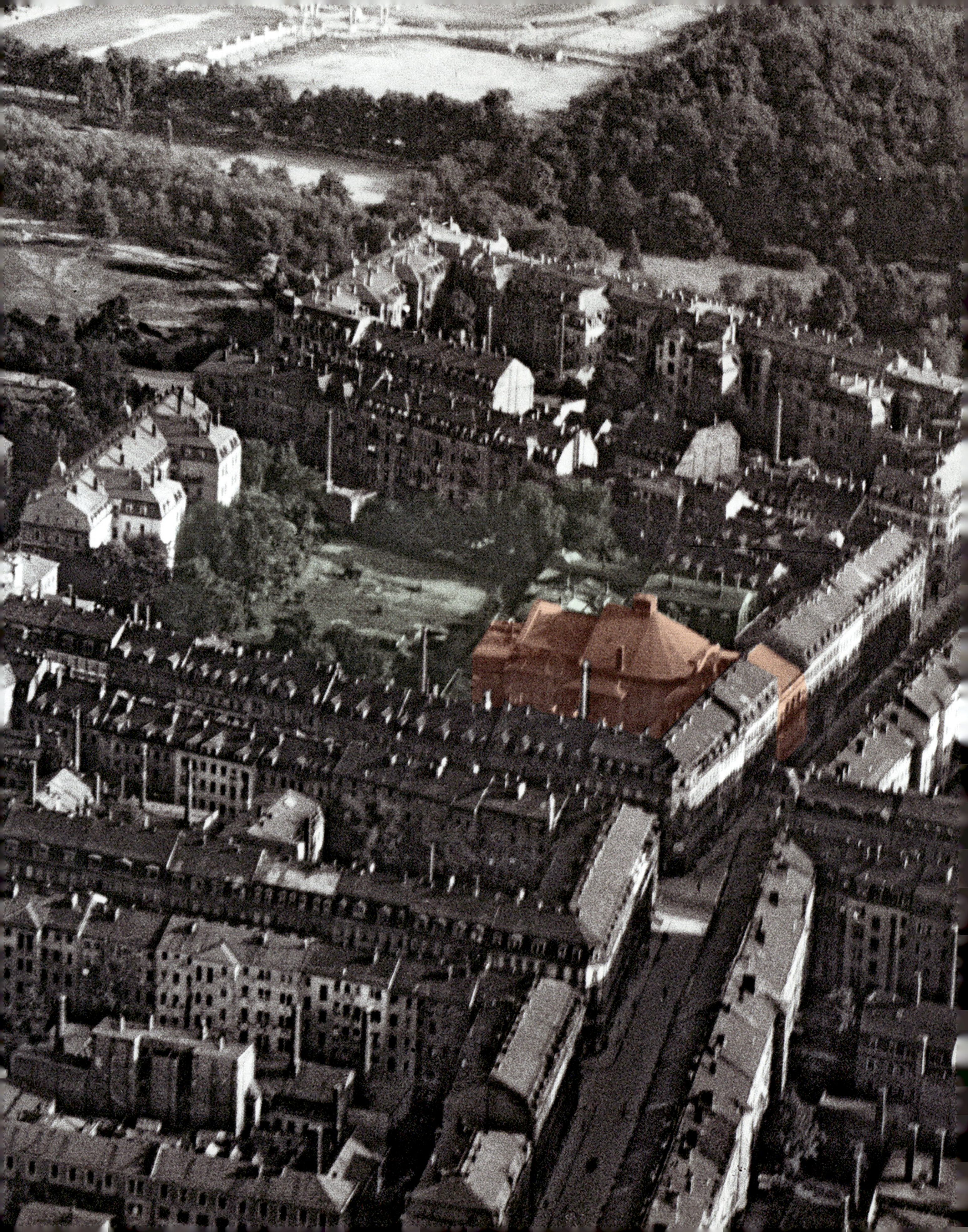

Familienbetrieb mit Herz und Anspruch

Die Geschichte des Residenz-Theaters

Nun kann der alte Haudegen seine Rührung nicht mehr unterdrücken. Tief ergriffen und glücklich blickt Engelbert Karl, Direktor des Residenz-Theaters, in die Runde seines Ensembles und das begeisterte Publikum. Es ist der Abend des 12. Januar 1884 und sein 25-jähriges Bühnenjubiläum. Für diesen Ehrentag wählte er sein Lieblingsstück: „Der Verschwender" von Ferdinand Raimund und spielte selbst den treuen Diener Valentin. Fünf seiner Kinder treten heute mit ihm gemeinsam auf, was den stolzen Vater mit einer großen Glückseligkeit und Dankbarkeit erfüllt. Als nun seine „Theaterfamilie" den Schlusschor des Werkes anstimmt, schämt er sich seiner Freudentränen nicht:
„Wie sind wir doch glücklich, wir stehn auf dem Berg,
Jetzt zeigt sich der Kummer so klein wie ein Zwerg.
Und kommt er uns wirklich auch noch mal ins Haus,
Der Valentin jagt ihn zum Tempel hinaus."

Der Weg des Künstlers Engelbert Karl bis zu dieser herzbewegenden Festvorstellung hatte dem Menschen Engelbert Karl bisweilen sehr viel abverlangt und ihn oft an seine psychischen und physischen Grenzen gebracht. 1841 in eine musikalische Familie hineingeboren, begann er 1859 seine Theaterlaufbahn im Volkstheater Max Schweiger in der Isarvorstadt in München. Dort lernte er neben den damals üblichen Possen bereits Klassiker wie Schillers „Räuber" kennen, erlebte den Kampf der Privatbühnen gegen die Einschränkungen und Angriffe durch das Münchener Hoftheater und wurde von der Idee eines ernsthaft betriebenen Unterhaltungstheaters mit künstlerischem Anspruch

Abbildung vorhergehende Seite:
Zirkusstraße mit dem Residenz-Theater
(SLUB/ Deutsche Fotothek/ Foto: Walter Hahn 1924, Fotografik Theater und Park: A. Schwarze)

Engelbert Karl (Archiv Herrich)

ergriffen. Zuerst als jugendlicher Liebhaber engagiert, wurde sein komisches Talent entdeckt, als er für einen erkrankten Kollegen einsprang.

1866 musste der bereits beliebte Charakterkomiker zum ersten Mal in den Krieg ziehen. Unbeschadet heimgekehrt, konnte er ein Engagement am Aktien-Volkstheater (später „Theater am Gärtnerplatz") in München antreten. 1869 gelang ihm der Sprung als Solist und Autor ans Theater in der Josefstadt in Wien, wo sein Stück „Das Vaterunser in der Christnacht" eine sehr wohlwollende Aufnahme fand. Aus dieser verheißungsvollen Anstellung wurde er abrupt durch die Einberufung zur Landwehr herausgerissen. Nun musste Engelbert Karl um sein Leben spielen. Sein Charakter, welcher von Glauben, Aufrichtigkeit, Königstreue und Pflichtbewusstsein geprägt war, ließ bei ihm keinerlei Zweifel an der Rechtmäßigkeit und Notwendigkeit seines Einsatzes aufkommen. Auf eigenen Wunsch als Unteroffizier im Bayerischen Leib-Infanterie-Regiment kämpfend, wurde er mit grauenhaften Erlebnissen im Deutsch-Französischen Krieg konfrontiert. Von August bis Dezember 1870 nahm er an den Schlachten von Wörth, Sedan und Orleans teil, welche allesamt Berge von Leichen und tausende Verwundete hinterließen. Der junge Schauspieler tat sich durch Tapferkeit und unerschrockenes, besonnenes Handeln hervor und erhielt entsprechende Auszeichnungen. In den Kampfpausen studierte er mit Kameraden kleine Possen und Operetten ein, um sie aufzumuntern. Am 8. Dezember 1870 traten bei Beaugency im lieblichen Tal der Loire 44.000 Deutsche gegen 112.000 Franzosen an. Am Ende der dreitägigen Schlacht waren auf bayerischer Seite 7000 Tote zu beklagen und auch Engelbert Karl schwer verwundet. Diese Erlebnisse konnte er nie vergessen und spendete Zeit seines Lebens immer wieder bedeutende Summen für Kriegsinvaliden und andere Bedürftige. Während seines damaligen Aufenthaltes im Lazarett in München lernte Engelbert die 23-jährige Schauspielerin Magdalena Kindermann (*1848, †1924) kennen und schloss mit ihr 1871 den Bund fürs Leben. Magdalena beschenkte ihren Mann im Laufe ihrer zwanzigjährigen Ehe mit neun Kindern und wurde seine unersetzliche Beraterin und Kampfgefährtin.

Engelbert eroberte die Bühnen von Graz und Brünn, bis ihn schließlich 1873 ein Engagement an das Residenz-Theater nach Dresden führte, wo er als Regisseur der Posse und des Singspiels sowie Darsteller erster komischer Gesangsrollen einstieg.

Nach einer turbulenten Anfangsgeschichte als „Herminia-Theater" wurde dieses Haus von Direktor Dr. Hugo Müller geleitet, der es am 2. Oktober 1873 übernommen und in „Residenz-Theater" umbenannt hatte. Der studierte Jurist, der den Staatsdienst quittierte und längst schon im Leben und nun auch auf der Bühne den Bonvivant spielte, hatte bis dahin eine rastlose Theaterkarriere hingelegt. Von Italien bis Riga war er erfolgreich als Schauspieler, Bühnenautor und Regisseur unterwegs, zuletzt am Wallner-Theater in Berlin. Zeitübergreifende Bedeutung erlangte Müller durch seine Funktion als Vorsitzender der konstituierenden Versammlung der Genossenschaft Deutscher Bühnenangehöriger am 19. Juli 1871 in Weimar. Prädestiniert durch seine juristische Ausbildung und europaweite Theatererfahrung, hob er mit 76 Bühnenschaffenden aus ganz Deutschland diese erste gewerkschaftliche Organisation im Theaterwesen aus der Taufe. Als Präsident und später Ehrenpräsident der GDBA erwarb er sich bleibende Verdienste im Kampf für die Schaffung eines Theater- und Konzessionsgesetzes, um die unhaltbaren vertraglichen Zustände an vielen Theatern und die soziale und materielle Not der Künstler und Mitarbeiter zu beseitigen.

Nun hatte der weitgereiste Lebemann seine bisherige Karriere mit einer Direktion in Dresden gekrönt und spielte selbst als 1. Salon- und Charakterdarsteller, seine Gattin Clara gab die 1. Salondamen. Selbstverständlich legte er seinen Spielzeitbeginn hinter den des Neustädter Albert-Theaters als königliches Schauspielhaus, dessen Eröffnungspremiere „Iphigenie auf Tauris" am 20. September trotz allem Gepränge des Hofes eine äußerst lauwarme Angelegenheit wurde. Um weiterhin der Gunst der Hoftheater-Direktion sicher zu sein, welche Theaterstücke von ihm gern zur Aufführung brachte, schwor er schon vor seiner Eröffnung in einer großformatigen Zeitungsanzeige demütig der Darbietung klassischer oder sonstiger höherer dramatischer Werke ab und erklärte sie zum alleinigen Eigentum der Hofbühnen. Das Lustspiel, die nicht verletzende Posse und das komische Singspiel sollten am Residenz-Theater Einzug halten und „die Blume der Zerstreuung zu einer möglichst duftigen machen" sowie „in diesen ernsten Zeiten" dem Publikum „die willkommene Abwechslung eines heiteren Abends" verschaffen (Dresdner Anzeiger, 28. September 1873). Die Dresdner, gebeutelt durch Choleraepidemie und Gründerkrach, strömten erwartungsvoll in den Zuschauerraum und bekamen nach der unverzichtbaren Jubel-Ouvertüre von Weber, einer Dankesrede an – und Hochrufen auf das Königshaus ein Drama von Direktor Müller, die alte Alpenszene „Das Versprechen hinterm Herd" von Baumann und eine kurze Operette, „Des Löwen Erwachen" von Johann

Brandl, geboten. Inszenierung und Darstellung erfüllten alle Erwartungen und das Haus sah endlich erfolgreichen Jahren als Boulevard- und Gastspieltheater entgegen.

Bis zum Ende der Direktion Müller 1877 gab es einige künstlerische Glanzpunkte mit Gastspielen von Marie Seebach, Marie Geistinger, Josefine Gallmeyer, Felix Schweighofer und der Operettengesellschaft Albin Swobodas, die hier 1876 „Fatinitza" von Suppé und – zum zweiten Mal in Dresden – „Die Fledermaus" von Strauß auf die Bühne brachte. Den Riesenerfolg der Erstaufführung in der sächsischen Residenz konnte sich ausgerechnet das Hoftheater auf die Fahnen schreiben – sie hatte schon am 18. April 1875 als Gastspiel des Friedrich-Wilhelmstädter Theaters Berlin im Königlichen Schauspielhaus Dresden-Neustadt stattgefunden und einen Massenansturm des Publikums ausgelöst.

Bereits ab 1875 geriet Hugo Müller in finanzielle Schwierigkeiten, die er auch durch die Geschäftsbeteiligung seines Kapellmeisters Drache und die zusätzliche Übernahme der Direktion des „Berliner Stadttheaters" nicht überwinden konnte. Gesundheitlich angegriffen, gab er 1877 auf.

Erst am 21. September 1878 hob sich wieder der Vorhang in der Zirkusstraße, der ehemalige Hofschauspieler Ferdinand Dessoir hatte den Direktionssessel eingenommen. Mit einer erfreulich kurzen und sympathischen Ansprache startete er seine Amtszeit. Die „Chemie fürs Heiraten" – so hieß der Eröffnungsschwank von Kneisel – schien allerdings nicht so ganz zu stimmen. Schon im Mai 1879 verabschiedete sich der Schauspieler ans Deutsche Theater in Prag.

Der Beginn einer Ära

Engelbert Karl hatte inzwischen Abstecher nach Breslau und ans Dresdner Hoftheater gemacht. Nun sah er seine Stunde gekommen, fest entschlossen, als neuer Direktor dem kriselnden Residenz-Theater in Dresden den Platz zu verschaffen, der ihm gebührt, als prägender Gestalter des Theaters zu einer Bühne von Rang. Er engagierte als Mitstreiter den Kapellmeister und Komponisten Carl Pleininger und am 27. September 1879 begann mit der Dresdner Premiere der Operette „Jeanne, Jeanette, Jeanetton" von Lacôme die Ära des Hauses als Familientheater der Künstlerdynastien Karl und später Witt. Hier finden in den folgenden Jahren die Erstaufführungen vieler weltbekannter Operetten für Dresden statt. Unter der künstlerisch fundierten und menschlich klugen und rechtschaffenen Leitung Engelbert Karls formierte sich ein leistungsfähiges und anerkanntes Ensemble. Die Publikumserfolge von „Madame Favart" von Offenbach oder „Boccaccio" von Suppé, „Indigo" oder auch „Das Spitzentuch der Königin" von Strauß widerlegten glänzend die Meinung, dass es in Dresden keinen Platz für die moderne Operette gäbe. Daneben fanden die bühnenwirksamen und humorvollen Eigenproduktionen von Karl und Pleininger begeisterte Aufnahme, ihre „Reise durch Dresden in 80 Minuten" macht 1880 Furore. Außerdem etablieren sie auch mit eigenen Stücken die Tradition der, bis zum Jahr 1944 meist von den künstlerischen Leitern der Dresdner Privattheater sorgfältig verfassten, musikalischen Weihnachtsmärchen für Kinder.

Glück und Leid liegen in diesen Zeiten eng beieinander. Die Karls verlieren Weihnachten 1880 ihre kleine Tochter Helene im Alter von 10 Monaten. Engelbert setzt dennoch seine neue Idee, die sicher auch zur Freude seiner Kinder gedacht war, in die Tat um. Um das Theater noch attraktiver zu machen, überrascht er die Großstädter im Mai 1881 mit einer prachtvollen Gartenanlage im unbebauten Hof hinter dem Bühnenhaus. Der Loschwitzer Landschaftsgärtner Götze zaubert Kieswege und Blumenbeete zwischen regenfesten Kolonaden mit Sitzgelegenheiten und Weinspalieren, der Dekorationsmaler Pfeiffer verkleidet die Tischlerwerkstatt des Theaters als Bauernhaus und beleuchtet wird das ganze Arrangement mit modernen Gaslampen. In diesem „Sommer-Foyer" empfängt das Orchester die Zuschauer jeden Tag vor Theaterbeginn mit einem einstündigen Konzert.

Am 6. Mai 1882 findet schon die 1000. Vorstellung unter der Direktion Karl statt. Mit Gastspielen der berühmten Meininger und des Richard-Wagner-Theaters, vielen mit Geschick und Talent inszenierten Lustspielen, mit „Bettelstudent" und „Eine Nacht in Venedig" und der Geburt des Sohnes Felix 1882 vergehen die Jahre wie im Fluge bis zu jenem anfangs geschilderten rührenden Bühnen-Jubiläum Engelbert Karls am 25. Januar 1884. Ein paar Wochen später heftet der Herzog von Meiningen sein „Verdienstkreuz für Kunst und Wissenschaft" an die bereits mit Orden geschmückte Brust des Theaterdirektors. Am Ostersonntag präsentiert Karl die deutsche Erstaufführung der Operette „Gasparone" von Millöcker, die Tänze werden von Eleven des Hoftheater-Ballettcorps ausgeführt. Am Morgen des 3. Mai 1884 steht Engelbert mit einer Abordnung seines Ensembles auf dem Böhmischen Bahnhof, um zum wiederholten Male den Wiener Bühnenstar Alexander Girardi zum Gastspiel zu begrüßen. Nach nur einer Verständigungsprobe spielt dieser am Abend die Titelrolle in Karls Inszenierung der Operette „Rip-Rip" von Planquette. Der König von Sachsen und das Prinzenpaar von Hohenzollern beehren mit ihrer Anwesenheit das Residenz-Theater. Es konnte nicht besser laufen.

Mitte Mai machen plötzlich Gerüchte über eine baldige Aufgabe der beliebten und erfolgreichen Direktion Karl in Dresden die Runde. Am 1. Juni bestätigt Engelbert Karl den Wechsel an der Spitze des Residenz-Theaters: im September soll Direktor Franz Steiner aus Wien die Geschäfte übernehmen. Über die Gründe für dieses unabsehbare abrupte Ende wurde viel spekuliert. Neben Unstimmigkeiten mit den Eignern des Hauses wurde als weiterer Grund für den Ausstieg die Kostensteigerung durch die Einführung der Billettsteuer vermutet. Gerade waren nämlich die wirtschaftshemmenden Chausseegelder und Brückenzölle abgeschafft, jedoch eine Abgabe von 50 Pfennigen auf jede Eintrittskarte ab 3 Mark Verkaufspreis vorgeschrieben worden. Natürlich nur für die seit 1871 zahlreich entstandenen privaten Theater und Vergnügungsetablissements. Engelbert Karl selbst führte stets gesundheitliche Gründe und die kurzfristige Abkömmlichkeit des Fachmanns Franz Steiner als Ursache an. Dies erscheint am plausibelsten.

Die Leitung und solistische Mitwirkung an seinem Theater und die Versorgung der großen Familie zehrten an seinen Kräften, die Nachwirkungen seiner Kriegsverwundung verstärkten sich wahrscheinlich im Laufe der Jahre, der liebevolle Vater spürte, dass er seine Sprößlinge nicht mehr aufwachsen sehen würde, wenn er so weitermachte wie bisher. Vielleicht wurde ihm in dieser Jubiläumsvorstellung mit seinen Kindern im Januar 1884 schmerzlich bewusst, dass er sich zwischen seinem Lebenswerk, dem Residenz-Theater, und seinem Lebensglück an der Seite Magdalenas entscheiden musste. Am 7. August 1884 gab Engelbert Karl, vom Publikum gefeiert und verehrt, zwei Abschiedsvorstellungen und spendete den Erlös bezeichnenderweise für die Dresdner Kinderheilanstalt. Sein Theater wusste er bei dem erfahrenen und weltläufigen Direktor Steiner aus Wien in guten Händen und hoffte, damit die Zukunft vieler Mitarbeiter gesichert zu haben.

Residenz-Theater.
Direction Franz Steiner.
Sonnabend den 13. September 1884
Eröffnungs-Vorstellung.
Mit glänzender Ausstattung.
Novität. **Nanon.** Novität.
Komische Operette in 3 Acten von Richard Genée.

Faksimile aus dem „Dresdner Anzeiger" 9. September 1884

Franz Steiner war 30 Jahre jung, mit Angelika, der ehemaligen zweiten Frau von Johann Strauß liiert und vor seinem Dienstantritt in Dresden Direktor des „Theaters an der Wien". Als dieses an Jauner verkauft und er finanziell abgefunden wurde, war er frei und konnte mit einem Teil des Geldes das Dresdner Haus pachten. Bürochef wurde, wie schon in Wien, sein Bruder Gabor. Künstler aus der k. k. Weltstadt an der Donau als Macher im kleinen Residenz-Theater an der Elbe – eine vielversprechende Perspektive für die heitere Muse in der Pirnaischen Vorstadt! In glänzender Ausstattung eröffneten die Österreicher am 13. September mit der Operette „Nanon" von Zell und Genée, der am 18. September selbst dirigierte. Ein Stück, das zur Zeit Ludwigs XIV. spielt, eine Barockoperette für Dresden – wie herrlich! Die Hochstimmung war jedoch nur von kurzer Dauer. Denn die Profis aus dem Süden betrachteten Dresden lediglich als Zwischenstation auf dem Weg in die sich atemberaubend entwickelnde deutsche Hauptstadt. Als 1885 das „Walhalla-Theater" in Berlin winkte, war in der engen Zirkusstraße in Dresden schnell alles zusammengepackt und das Wiener Trio verschwunden. Engelbert Karl arbeitete, nach einer Erholungsphase, inzwischen wieder einige Monate im Jahr als Direktor des Thalia-Sommertheaters in Chemnitz. Ein Aus für „sein" Residenz-Theater konnte er nicht ertragen und kehrte, erholt, aber nicht genesen, im September 1885 auf seinen Posten als Direktor zurück. Gleichzeitig führte er das Chemnitzer Engagement noch eine Weile erfolgreich weiter. Zur Premiere der Operette „Der Feldprediger" von Millöcker am 19. September 1885 bereiteten ihm die Dresdner einen überaus herzlichen Empfang. Jetzt blieben dem integeren und großherzigen Theatermann noch sechs Jahre an der Spitze seines Ensembles. Im Juli 1890 schenkte ihm Magdalena als neuntes Kind seine Tochter Paula (*1890, †1946), die spätere Ehefrau Carl Sukfülls (*1876, †1957). Nach langem, schwerem Leiden schloss der „gute Mensch und vortreffliche Künstler" (Nachruf von Ferdinand Gleich) Engelbert Karl am 11. Oktober 1891 die Augen. Seine tapfere und kluge Magdalena, die sich gern Madeleine nennen ließ, musste damit in kurzer Zeit den zweiten Schicksalsschlag hinnehmen. Denn am 6. März war bereits ihr Vater, der berühmte Kammersänger Kindermann, in München gestorben.

Dennoch begann sie 1892 in aller Stille, sich mit Tatkraft und Geschick in die Direktionstätigkeit einzuarbeiten, die vorerst vom loyalen und erfahrenen Chefregisseur Felix Lüpschütz für sie ausgeübt wurde.

Als Magdalena dann selbst an die Spitze trat, war sie entschlossen, das Residenz-Theater nicht nur zu retten, sondern es gesellschaftlich neu zu verankern. Die Jahrzehnte zwischen Reichsgründung und Weltkrieg brachten Dresden nicht nur einen exorbitanten Bevölkerungszuwachs und Wirtschaftsaufschwung, sondern polarisierten die Stadtgesellschaft sowohl ideologisch und religiös als auch

*Magdalena Karl (*10.Juni 1848 – †16.Juni 1924, Archiv Schwarze)*

politisch und kulturell. Der monarchistische Staat entfaltete zu allen möglichen Fest- und Gedenkanlässen unter begeisterter Anteilnahme und Mitwirkung der Bevölkerung seine ganze buntschillernde Pracht. Kaiserbesuche, Kronprinzenhochzeit, Lutherfeier, Denkmalweihen, Wettin-Jubiläum, deutsches Turnerfest – die vaterländische Begeisterung und Traditionspflege, die Festumzüge, Huldigungen, Ordensverleihungen, Bankette, Festgottesdienste, Illuminationen, Kostümfeste und Feuerwerke nahmen kein Ende. Alle möglichen Verbände und Vereine, von den deutschen Forstmännern bis zum Verband der deutschen Korbmacher, erkoren Dresden zu ihrer Kongressstadt und sorgten damit für einen Hotelboom. Gleichzeitig wurde die Sozialdemokratie in Sachsen besonders unerbittlich verfolgt und mit Gewalt gegen die aufbegehrende Arbeiterschaft vorgegangen. Neugegründete antisemitische Vereine fanden seit 1879 in Dresden eine zahlreiche Anhängerschaft unter dem Kleinbürgertum und bekämpften die „Verjudung" in den bürgerlichen Parteien und in der Sozialdemokratie, staatstreue Parteien stellten die

Wahlsieger. In diesem Klima gedieh natürlich auch der Konservativismus am Theater prächtig. Das Dresdner Hoftheater verabschiedete sich als eines der letzten im Deutschen Reich von der sogenannten „Schönsprechschule" und wagte zögerlich einen „gemäßigten Idealismus" in der Darstellung. Magdalena Karl schwebte im Gegensatz dazu eine modernere Bühne vor. Neben Singspiel und Operette sollten die aktuelle Dramatik und sogar die volkstümliche Oper in der Zirkusstraße einziehen und dem Publikum einen klassenübergreifenden Kunstgenuss ermöglichen. Zeitgemäße Werke und Darstellungsweisen konnten hier, wo auch Angehörige des Königshauses, der Regierung und des Militärs gern zu Gast waren, hoffähig gemacht und das Residenz-Theater künstlerisch wieder an die Privatbühnen in München, Hamburg, Wien und Berlin angenähert werden.

Als erstes verordnete die Frau Direktor ihrem Institut eine farbliche Verjüngungskur und ließ eine elektrische Beleuchtungsanlage installieren. Wirklich entscheidend für die Erfolge der nächsten Jahre war jedoch das neue Leitungsteam, welches sie den Zuschauern am 16. September 1893 präsentierte. Da standen sie, die „lachenden Erben" des Prinzipals Engelbert Karl, im donnernden Schlussapplaus der gleichnamigen Operette: Regisseur und stellvertretender Direktor Alexander Rotter, Kapellmeister Rudolf Dellinger, eine glücksstrahlende Madeleine Karl und ein frisches Ensemble.

Rotter, 1848 in Budapest geboren, hatte sich als Baß-Buffo und Regisseur bereits einen Namen gemacht und war vom Carl-Schultze-Theater aus Hamburg ins Ensemble gekommen. Der 1857 in Böhmen gebürtige Dellinger, bereits geschätzter Komponist und gern gesehener Gastdirigent in Dresden, wirkte vorher ebenfalls am Hamburger Operettenhaus und brachte dort 1885 seine Operette „Don Cesar" auf die Bühne. Der Dritte im Bunde wurde der Charakterkomiker und Regisseur Carl Friese vom Stadttheater Hannover. Zusammen mit fähigen Solisten setzten sie künstlerische Akzente, welche dem Residenztheater volle Kassen und große Aufmerksamkeit in der Theaterwelt bescherten. Neben Dellingers eigenen Werken, wie „Capitan Fracassa" oder „Die Chansonette"(1894 uraufgeführt in Dresden) waren viele international erfolgreiche Operetten in Dresden zum ersten Mal auf dieser Bühne zu sehen.

Als Paukenschlag zu ihrem Einstieg 1893 wagten sie die Inszenierung der Oper „Die verkaufte Braut" von Bedřich Smetana – ausschließlich mit Kräften des Hauses! Im Ensemble Regisseur Alexander Rotter als Heiratsvermittler Kezal und Carl Friese als Theaterdirektor Springer. Die Aufführung geriet zwar viel zu lang, wurde aber vom Publikum, unter das sich viele neugierige Dresdner Künstler gemischt hatten, freundlich aufgenommen.

1896 kommt der „Dresdner Schwiegersohn" ins Spiel. Carl Witt (*1862, †1930), weitgereister Sproß

Alexander Rotter (Archiv Schwarze, 3)

Rudolf Dellinger

Carl Sukfüll

einer großen Schauspielerfamilie, heiratet Julie Karl und wird 1898 Ensemblemitglied. In diesem Jahr wird auch der Schauspieler und Sänger Carl Sukfüll vom Hoftheater Darmstadt engagiert. Ebenso wie die bisher genannten Künstler wird er jahrzehntelang Einfluss auf die Theaterszene in Dresden nehmen.
Diese kreative Gruppe von Theatermachern setzt nun ihre Vision von einem zeitgemäßen bürgerlichen Stadttheater in die Tat um.
Ein wahrhafter Triumph auf diesem Weg wurde die Inszenierung des Gesellschaftsdramas „Nora oder Ein Puppenheim" von Ibsen im Oktober 1898. Für die Titelrolle konnte die charismatische Agnes Sorma vom Deutschen Theater in Berlin als Gast gewonnen werden, die von der Presse zur „bedeutendsten deutschen Vertreterin der modernen Schauspielkunst" erhoben worden war. Mit Bernsteins „Mädchentraum" und Schnitzlers „Liebelei" wurde das Gastspiel fortgesetzt. Die aktuelle Dramatik, dargeboten in fesselnden, realistischen Inszenierungen, sorgte für einen wochenlangen beispiellosen Andrang der Zuschauer, oft musste das Orchester geräumt werden, um Platz zu schaffen.

Carl Witt

Agnes Sorma als Nora (Archiv Schwarze, 2)

Einen großen Anteil an diesem Erfolg hatte Alexander Rotter. „Wir verdanken der feinfühligen Regie des Herrn Rotter eine der vollendetsten, abgerundetsten Darstellungen, welche im letzten Jahrzehnt in Dresden zu sehen waren"– so beschrieb es der Kritiker Leonhard Liehr. Ein Anspruch Rotters auf die Führung des Theaters erschien für ihn nur folgerichtig. Doch zwischen „Opernball" und „Biberpelz", „Charleys Tante" und Johann Strauß-Zyklus, „Fuhrmann Henschel" und diversen Star-Gastspielen reiften im Untergrund Konflikte um künstlerische und konzeptionelle Fragen zwischen den starken Persönlichkeiten der Macher heran. Oft blieben viele Plätze leer.
1900 rückt Carl Witt zum Regisseur des Lustspiels auf. Die öffentliche Meinung, 1901 verkörpert durch die konservative „Dresdner Kunst- und Theaterzeitung", erkennt die Qualität des hauptstädtischen Privattheaters wohl an, vermisst aber eine klare Ausrichtung und wünscht sich moderne (nicht französische!) Lustspiele, Possen und Schwänke. „Politik, soziale Frage, alles kann, ja soll behandelt werden, aber mit Humor in leichter Form, mit ein paar guten Couplets, ein paar kleinen Tänzen fürs Auge und lieblicher Zwischenaktsmusik, zum Wohl und zur Unterhaltung der arbeitenden Menschen." Mit seinen „Dresdner Bildern" liefert Schwiegersohn Witt prompt das Gewünschte und erfüllt die „Sehnsucht der Menschen nach harmloser Heiterkeit". Am 28. Februar 1901 findet sich im Residenz-Theater eine ganze Korona deutscher Bühnengrößen zu einer Benefizvorstellung für die Altersversorgungskasse des Vereins „Dresdner Presse" zusammen: Adalbert Matkowsky, Felix Schweighofer, Jenny Groß, Klara Salbach, Otto Schelper und Enrichetta Grimaldi machen Raimunds „Verschwender" zum Ereignis. Die Operette „Blitzmädel" von Millöcker mit dem absoluten Gastspiel-Liebling Felix Schweighofer erregt im März 1901 gleichfalls allgemeines Entzücken. Alles unter der „genialen und vorzüglichen Regie" Rotters.
Hinter der Fassade rumort es allerdings kräftig. Am 4. Oktober 1901 platzt die Bombe. Während der Generalprobe von Dellingers Operette „Jadwiga", deren Erfolg sich schon abzeichnet, kommt es zum Bruch zwischen Regisseur Alexander Rot-

ter, der die Direktion fordert, und den anderen künstlerischen Leitern des Residenz-Theaters. Rotter verlässt wütend das Haus, boykottiert an diesem Abend auch seine eigene, bejubelte Premiere und kehrt nie wieder in die Zirkusstraße zurück. Im Januar 1902 beantragt er in Dresden die Konzession für ein eigenes Stadttheater, welche abgelehnt wird. Notgedrungen übernimmt er daraufhin die freigewordene Direktionsstelle am Central-Theater.

Das Familientheater

Madeleine Karl entscheidet sich für ihren Schwiegersohn als Mitdirektor, Witt und Friese bestimmen von nun an das Profil des Theaters. 1903 wird Leopold Jessner, der spätere „Theaterrevolutionär" der Weimarer Republik, als Regisseur für Drama und Schauspiel und als Schauspieler engagiert. Nach weiteren erfolgreichen Spielzeiten geht am 20. Oktober 1906 Lehárs „Lustige Witwe" über die traditionsreichen Bretter. Das geschätzte Publikum wird fürsorglich darauf hingewiesen, dass das Werk keine Ouvertüre hat und ausnahmsweise um pünktliches Erscheinen gebeten. Unter der Regie von Carl Friese und der Stabführung Dellingers begeistern Käte Hansen und Oskar Aigner als Hanna und Danilo.

Die Dresdner Kritik bezeichnet den Komponisten als „wenig originellen, aber geschmackvollen Tondichter, dem der Reiz der Erfindung abgeht, der sich aber an Volksmelodien geschickt zu bedienen weiß". Das Libretto wurde als „künstlerisch nicht hochstehend, aber besser als andere", der Orchesterpart als „reizvoll, voller pikanter Effekte" bewertet (Dresdner Journal vom 22. Oktober 1906). Die Theatergänger waren von Stück, Ausstattung und Regie regelrecht hingerissen und feierten das Ensemble. Eine Million Mark Reingewinn „vermachte" die „Lustige Witwe" dem schon oft klammen Privattheater. Direktorin Karl und der dynamische Karl Witt kauften daraufhin im Vertrauen auf eine rosige Zukunft das Haus von Bankier Hellers Erben. Kurz danach überließ Madeleine ihrem Schwiegersohn die alleinige Direktion.

1909 endet eine musikalische Ära. Rudolf Dellinger, geschätzter Meister der klassischen Operette, muss die Stabführung an den Komponisten

„Jadwiga" 1901 6. Szene mit Portrait von Dellinger (Archiv Schwarze)

und Kapellmeister Friedrich Korolanyi übergeben. Eine tückische Nervenkrankheit führt zu Umnachtung und Tod des Orchesterleiters am 24. September 1910.

Am 9. Mai 1912 folgt ihm Vizedirektor, Charakterkomiker und Regisseur Carl Friese. Nach 428 Rollen in 5760 Vorstellungen in 19 Jahren hatte er wenige Tage zuvor seine Abschiedsvorstellung im Residenz-Theater gegeben und wollte in der neuen Spielzeit ans Albert-Theater wechseln.

Beiden Künstlern waren zeit ihres Wirkens stets die Herzen des Publikums und des Ensembles zugeflogen, beide hatten rastlos und pflichtbewusst mit ihrer ganzen Kraft und ihren außergewöhnlichen Talenten ein wahrhaftes Volkstheater geschaffen.

Oscar Aigner in seinem Arbeitszimmer (Salonblatt 1907, Stadtarchiv Dresden)

Käte Hansen und Oscar Aigner 1906 (Archiv Schwarze)

Carl Friese in „Waldmeister" 1896 (Archiv Herrich)

*„Ein Walzertraum" 1908 Reli Witzani und Robert Hellwig
(Archiv Schwarze)*

Die städtische Umgebung des renommierten Hauses war inzwischen nicht wiederzuerkennen. Dresden hatte sich architektonisch, kulturell, gesellschaftlich und wirtschaftlich zu einer glanzvollen und modernen Metropole entwickelt. Dem prunkvollen Schloss der Wettiner mit seinem prägnanten Hausmannsturm hatte die selbstbewusste Bürgerschaft ihr neues Rathaus mit einem ebenso wirkungsvollen Turm und glänzend-prachtvoller Innenausstattung gegenübergestellt. Von hier aus wurde ein durch Eingemeindungen inzwischen stark vergrößertes Stadtgebiet mit einer halben Million Einwohner regiert. Rund um das alte Zentrum, das durch Straßendurchbrüche und Abriss alter Bausubstanz neu strukturiert und verkehrstechnisch modernisiert wurde, entstanden unablässig neue Villenviertel, Hochschulen, Kasernen, Fabriken und Wohnsiedlungen. Zwischen dem neuen Hauptbahnhof und dem Albertplatz wurden mondäne Hotels, glitzernde Geschäfts- und Warenhäuser, opulente Kulturbauten und kunstvolle Brunnen und Denkmäler in großer Anzahl errichtet. Das 1898 zunächst als Varietétheater konzipierte grandiose Central-Theater direkt an den Flaniermeilen Waisenhaus- und Prager Straße hatte inzwischen außerhalb der Varieté-Spielzeit auch Operetten im Programm und war unter der Direktion Alexander Rotters zum Hauptkonkurrenten des Residenz-Theaters geworden. Unter seinen Nachfolgern Gordon und Lang wuchs dieser Druck weiter an. In solchen Etablissements verbanden sich für das Publikum die Vorzüge der Varieté-Konzession nach § 32 und 33 a der Gewerbeordnung – durchgehende Gastronomie und Raucherlaubnis im Zuschauerraum – mit dem Genuss von leichten Theaterstücken, „bei denen ein höheres Interesse an Kunst und Wissenschaft nicht obwaltet". Also genau die Art von Unterhaltung, welche ein breites

*Eintrittskarten aus dem Residenz-Theater
(Archiv Grohmann)*

Publikum anzog. 1912 eröffnete Sarrasani seinen Rundbau für 3860 Zuschauer am Carolaplatz. An der Ostra-Allee stand die Einweihung des technisch unschlagbar hervorragend ausgestatteten Großen Schauspielhauses bevor. Aber die größte Bedrohung für das überkommene, durch viele Vorschriften, Vertragszwänge, Abgaben und Nebenkosten geplagte Theaterwesen war das Kino. Diese alberne Zauberei aus Licht lockte die Massen in neue Filmpaläste und umfunktionierte Läden, Ballsäle und Hinterhäuser, mit geringem Aufwand und ohne Auflagen war Kino überall möglich. Mit

Zur Situation der Künstler 1912

An deutschen Theatern im Reichsgebiet sind ohne Unterschied des Kunstwertes ihrer Leistung in den verschiedensten Sparten mindestens 25 000 Menschen tätig. Das also sind die erwerbenden Köpfe; rechnet man dazu die Familienangehörigen, so ergibt sich nach einwandfreier Schätzung die Summe der zehrenden Köpfe als rund 50 000. Einbegriffen sind dabei rund 10 000 Chormitglieder, etwa 2000 Orchestermitglieder, 10 000 – 11 000 Schauspieler und Sänger, dann das Ballettpersonal, technische und Kanzleipersonal. Die Hälfte aller dieser Bühnenangehörigen hat ein **Jahreseinkommen** von weniger als 1000 Mark, weitere 20 Prozent haben ein Einkommen von 1500 bis 2000 Mark, weitere 20 Prozent von 1500 bis 3000 Mark, und nur 10 Prozent beziehen mehr als 3000 Mark. Die allermeisten Theater spielen nur bis Palmsonntag. In diesem Jahr ist also für die Hälfte aller Schauspieler das Winterengagement am 31. März zu Ende gewesen. Der kleinste Teil nur hat Sommerengagement, der größere Teil also ist somit brotlos bis Anfang oder Mitte September! Von dieser Gage sind nun zu zahlen die Auslagen für Berufsaufwendungen: Reisen ins und aus dem Engagement, Gepäck, Schminke, Friseur, moderne Garderobe bei Herren, die gesamte Kostümierung bei den Damen, gewöhnliche bürgerliche Kleidung, Wohnung und Essen. Dazu kommen Strafen, Versicherungs- und Vereinsbeiträge, früher, bis zum Erlassen des Stellenvermittlungsgesetzes, auch noch die in der Regel 5 Prozent der Gage betragende Vermittlungsgebühr an den Agenten, welche jetzt geteilt wird zwischen Direktor und Mitglied.

Dr. Maximilian Pfeiffer
„Salonblatt" vom 6. Juli 1912

„Berlin bleibt Berlin" 1910 (Archiv Männchen)

„Die kleine Freundin" 1912 (Salonblatt, Stadtarchiv Dresden)

In der Garderobe um 1900 (Archiv Schwarze)

Carl Sukfüll als Regisseur, Friedrich Korolanyi und Bruno Brenner als musikalischen Leitern und 34 Solisten (von denen 20 auch im Chor singen mussten), 20 Chorsängern, 30 Mann Orchester und 53 technischen Mitarbeitern stellte sich Carl Witt in seinem gemütlichen, bejahrten Familientheater all diesen Herausforderungen. Er strich die Sparte Schauspiel und setzte nur noch auf Operette. Erfolgsstücke von Jean Gilbert, Georg Jarno, Oscar

Straus und Leo Ascher ließen den Zeitgeist auf der Bühne einziehen. Dennoch musste Carl als Schauspieler am Hoftheater hinzuverdienen. Wenn man weiß, dass allein 1911 32 Theater in Deutschland in Konkurs gingen, ist seine Leistung um so höher einzuschätzen. So tanzten „Die keusche Susanne", das „Autoliebchen" und die „Kleine Freundin" mit den „Töff-Töff Leutnants" in „Alt-Wien" auf dem „Ball bei Hof" ihre letzten Runden in der todgeweihten Welt des Kaiserreiches. Als im strahlenden August 1914 der Sensenmann im leichten Sommeranzug mit flotter Kreissäge auf dem kahlen Schädel an die Türen des alten Europa klopfte, dachten wohl viele an einen „Lustigen Krieg". Die grausamen Ereignisse an den Fronten und die radikale Umstellung des wirtschaftlichen und gesellschaftlichen Lebens in Mitteleuropa belehrte Soldaten und Daheimgebliebene bald eines besseren. Die Völker wurden in riesige Kriegsmaschinen verwandelt. Die Frontsoldaten, die in den „Stahlgewittern" des industriellen Vernichtungskrieges verbluteten, hatten statt der in der Heimat propagierten „Großen Zeit" das Ende der Zivilisation vor Augen.

Das reale Grauen der Jahrhundertkatastrophe blieb der glanzvollen, kultivierten Landeshauptstadt diesmal erspart und erreichte deren Bewohner nur virtuell – in erschütternden Feldpostbriefen, triumphierenden Fotoreportagen in den Illustrierten, Propagandafilmen und sich häufenden Todesmeldungen in den Tageszeitungen. Krankenhäuser und Reservelazarette füllten sich mit Verwundeten. Auch im Stolz der Stadtverwaltung, dem pompösen Ausstellungspalast, regierten nun statt rauschender Ballmusik und industriellem Fortschritt Knochensäge und Rollstuhl. Die Künstler Dresdens, sofern sie nicht im Felde standen, stellten ihr Schaffen in den Dienst am Vaterland und verherrlichten Kriegsbegeisterung und Heldentod.

Ganz im patriotischen und menschlich-verantwortungsvollen Geiste der Familie Karl verhielt sich Theaterdirektor Witt. Obwohl ihm das Kriegsrecht die Möglichkeit dazu gegeben hätte, entließ er sein Ensemble nicht. Er kündigte zwar die bestehenden Verträge, überließ jedoch sein Theater bis zum 1. September 1914 den Künstlern, um auf eigene Rechnung zu spielen. Er zahlte privat die Nebenkosten. Zur Winterspielzeit erhielten sie neue Verträge mit Gagenminderungen von 10-50 Prozent. So blieb das Residenz-Theater spielfähig und die Mitarbeiter von Erwerbslosigkeit verschont.

Die Familie Witt-Karl sah es als ihre vaterländische Pflicht an, Bevölkerung, Fronturlaubern und verwundeten Soldaten gerade in diesen schweren Zeiten Erhebung, Unterhaltung und Gemeinschaftserlebnisse zu ermöglichen. So war das Residenz-Theater in den ersten Kriegsmonaten das einzige spielende Theater in Dresden.

Stücke im Sinne der „geistigen Mobilmachung", so „Das eiserne Kreuz" von Ernst Wichert oder „Königin Luise" von Margarete Siegmann wechseln sich mit Operetten wie „Die Försterchristel" von Georg Jarno oder „Der Feldprediger" von Carl Millöcker ab. Während der Vorstellungen werden aktuell eingehende Kriegsnachrichten verkündet. Carl Witt tritt am 1. September 1914 mit dem Geleitwort „Mit Gott zum Sieg" vor das Publikum. Willy

*An die deutsche Theaterwelt, an die Theaterdirektoren und Schauspieler richten die Direktoren der Münchner Kammerspiele, Erich Ziegel und Benno Bing, folgenden Aufruf: „Mitglieder deutscher und österreichischer Bühnen, verzichtet für die Dauer des Krieges freiwillig auf den größten Teil Eurer Gage und begnügt Euch mit dem notwendigen Zehrpfennig für Speise und Trank. Direktoren, tut desgleichen und setzt außerdem den technischen Etat so weit wie möglich herab. Spielt deutsche und patriotische Stücke zu mäßigen Preisen! Autoren, verzichtet auf Tantiemen oder ermäßigt wenigstens dieselben so weit wie möglich. Theaterbesitzer! Kommt den Bühnen mit der Pacht entgegen! Behörden! Stört den Theaterbetrieb nicht, sondern unterstützt ihn! Theater! Führt dann den bei solch gemeinsamer Opferwilligkeit sicheren Reingewinn ungekürzt dem Roten Kreuz und anderen vaterländischen Sammlungen zu! So werden alle, die nicht ins Feld ziehen dürfen, wenigstens ihre Kunst in den Dienst des Vaterlandes stellen. Deutscher Bühnenverein und Genossenschaft Deutscher Bühnenangehöriger, reicht Euch zu diesem Werk die Friedenshand!

Faksimile aus dem „Dresdner Anzeiger" 9. August 1914

Karl (1878-1930), seit 1910 im Ensemble, schmettert am 13. September als Huldigung an Wilhelm II. das „Kaiserlied" von Sudermann und Hartmann. Es folgt das unsägliche Machwerk „Immer feste druff!" eines Berliner Autorenkollektivs. „Nach Paris – heißt die Losung dieses Jahr! Nach Paris – wies Anno siebzig war! Nach Paris – tönt begeistert unser Ruf! Nach Paris – Kinder, immer feste druff! Wir Deutsche lieben unsern Kaiser und fürchten niemand auf der Welt! Am Helm die deutschen Eichenreiser ziehn wir begeistert in das Feld! Steht auch die ganze Welt in Flammen, wir Deutschen haben frohen Mut! Wir halten fest und treu zusammen bis auf den letzten Tropfen Blut!" – so tönt es im knackigen Marschtempo von der Bühne. Das erste Kriegsjahr wird in der Zirkusstraße mit einem vaterländischen Weihnachtsmärchen für die inzwischen vielfach vaterlosen Kleinen beschlossen. „Kriegers Weihnacht" heißt das Troststück von Carla Krummbiegel und Kapellmeister Brenner. Die Erwachsenen sollen mit den „Extra-Blättern", „heiteren Bildern aus ernster Zeit" mit der Musik von Walter Kollo, während der ersten Kriegsweihnacht bei Laune gehalten werden.

Die elende Realität der folgenden Kriegsjahre, das daraus resultierende Ablenkungs- und Unterhaltungsbedürfnis der Menschen und die zunehmende Ohnmacht des Systems machen diesen makabren Auswüchsen des Volkstheaters ein Ende und verhelfen der schon totgesagten Operette zu einem sensationellen Aufschwung. Die Komponisten Kollo, Gilbert, Nelson, Eysler, Straus und Victor Hollaender sind die Männer der Stunde. Eine Episode dieser Zeit ist 1915 das kurze Engagement des jungen Hans Albers, des späteren deutschen Filmstars, als Operettenbuffo am Residenz-Theater. Nach wenigen Wochen wird er eingezogen und an der Westfront schwer verwundet.

Als am 11. November 1918 der Erste Weltkrieg mit dem Waffenstillstand im Wald von Compiègne endet, sind Dresden und Sachsen längst in hellem Aufruhr. Nach Massendemonstrationen am 8. November sind das Generalkommando des Heeres,

Faksimile aus dem „Dresdner Anzeiger" 29. Oktober 1914

Theater der Feldgrauen 1915 (Ensemble des Königshof-Theaters Dresden unter Leitung von Richard Bendey, im Sommer im Residenz-Theater tätig. Archiv Schwarze)

das Polizeipräsidium und die Regierungsgebäude besetzt und der Vereinigte Revolutionäre Arbeiter- und Soldatenrat erklärt am 10. November 1918 den König für abgesetzt. Herrmann Fleißner (SPD) ruft im Zirkus Sarrasani die Republik aus. Während König Friedrich August in Moritzburg eiligst die Koffer packt und in der Residenzstadt das Chaos ausbricht, taumelt im Residenz-Theater allabendlich der versammelte Operettenadel walzerselig über die Bühne. „Der verliebte Herzog" von Jean Gilbert und Georg Onkonkowski wurde auch vom 8. bis 12. November 1918 gegeben.

Mit solchen ewig gleichen „modernen" Operetten ging es nach dem gesellschaftlichen Umbruch weiter. Nach dem Krieg kämpfen in Dresden 11 Theater und Ensembles ums Überleben. Der sich verschärfenden wirtschaftlichen Krise, die durch städtische Steuern noch angeheizt wird, versucht Carl Witt mit der Verpachtung an Dr. Walther Schreiber zu begegnen, der zugleich Betreiber des Stadttheaters Freiberg und der Kammerspiele Dresdner Bühnenkünstler ist. Ignaz Janda, Willy Karl und Carl Sukfüll sind die Spielleiter, Ernst Schicketanz und Heinrich Kunz-Krause schwingen den Taktstock und Adolf Gassert führt das Ballett. Da im Central-Theater von 1922 bis 1925 keine Operetten gespielt werden, steht das Residenz-Theater in diesen schweren Jahren konkurrenzlos da. In der angespannten politischen Situation nach dem Mord an Walter Rathenau im Juni 1922 arrangiert Schreiber ein Gastspiel des Friedrich-Wilhelmstädter Theaters aus Berlin mit dem gesellschaftskritischen Skandalstück „Der Reigen" von Arthur Schnitzler. 1924 übernimmt Witt gemeinsam mit Josef Groß wieder die Direktion. Weihnachten 1925 können sie mit einer glänzenden Aufführung von Kálmáns „Gräfin Mariza" an alte Erfolge anknüpfen. Viele Künstler, welche im heiteren musikalischen Theater des 20. Jahrhunderts in Dresden maßgebliche Rollen spielen werden, sind schon in den Anfangsjahren des Jahrhunderts an diesem Haus zu finden: Ida Kattner, Theo Modes, Gertrude Gründig, Carl Sukfüll, Kurt Wildersinn, Georg Wörtge und Martin Kleber. Es entsteht das Phänomen eines Kreises miteinander bekannter Künstler, die zur Kaiserzeit, in der Weimarer Republik, der Nazidiktatur und im Sozialismus ihren Beruf in Dresden ausüben und zu allen Zeiten vom Publikum geliebt und verehrt werden, gleichgültig, welche politische Haltung sie einnehmen. Als Gäste sieht man am Ende der „Goldenen Zwanziger" den Komponisten Fred Raymond als Dirigenten und die Stars Richard Tauber und Käthe Dorsch in Lehárs „Friederike" im Residenz-Theater. Die Rezession und die folgende Weltwirtschaftskrise führen 1929 zur Gründung der „Vereinigten Dresdner Operettenbühnen" aus Residenz- und Central-Theater. Pächter ist die Deutsche Schauspiel-Betriebs-GmbH von Alfred und Fritz Rotter aus Berlin. Hauseigentümer Carl Witt bleibt „Dresdens liebenswürdigster Theaterdirektor", bis ihn am 17. Mai 1930 ein Hirnschlag ereilt. Seine Frau Julie springt in die Bresche und übernimmt die Leitung. Als Anfang 1933 das Rotter-Imperium in Konkurs geht, ist das betagte Haus endgültig in seiner Existenz bedroht.

„Autoliebchen" o.J. (Archiv Schwarze)

Ida Kattner (Archiv Grohmann)

Carl Witt (Archiv Herrich)

Meister Franz Lehár mit Käthe Dorsch (in der Titelrolle) und Richard Tauber (als junger Goethe)

„Friederike" 1928 (Archiv Schwarze)

Im schönen Dresden flattern inzwischen die Hakenkreuzfahnen, die NSDAP erhält zur Reichstagswahl am 5. März 1933 187.759 Stimmen, 50.000 mehr als 1932. Zwei Tage später wird GMD Fritz Busch aus der Oper verjagt. Carl Sukfüll und Georg Wörtge übernehmen Pacht und Direktion des Residenz-Theaters und am 1. Oktober 1933 auch des Central-Theaters. Die beiden versuchen, das bürgerliche Volkstheater und die beschwingte Welt der alten Operette in die neue Zeit zu retten. Trotzig spielen sie die Werke anfangs noch mit Namensnennung aller, auch der jüdischen Autoren. Da hat Ministerpräsident Göring schon seine „Richtlinien für Theaterdirektoren" verkündet und die Gleichschaltung eingeleitet, welche dann im Mai 1934 mit dem neuen „Reichstheatergesetz" befestigt wird. Der Theaterfriseur Franz Heger, politischer Beauftragter der NSDAP für die Theater in Sachsen, wird zum Direktor bei der Generalintendanz der Dresdner Staatstheater berufen. Am 13. April 1934 singen Martin Kleber als Falke, Georg Wörtge als Frank, seine Frau Grete Eckart als Adele, Carl Sukfüll als Frosch und Kurt Wildersinn als Dr. Blind in der Premiere der „Fledermaus" im Residenz-Theater: „Glücklich ist, wer vergisst, was doch nicht zu ändern ist…". An diese Maxime werden sie sich in den nächsten Jahren halten. Am 18. Mai 1934 kehrt noch einmal der Danilo der legendären „Lustigen Witwe" von 1906, Oscar Aigner, als Gast in der Rolle des vertrottelten Ministers Ypsheim-Gindelbach auf die populäre Dresdner Privatbühne zurück. „Wiener Blut" von Johann Strauß ist die letzte Premiere im Residenz-Theater. Mehrfach wurde das behagliche Theater ansprechend renoviert, aber die Bausubstanz ist marode, der Brandschutz mangelhaft. Julie Witt verfügt nicht über die Mittel zur grundlegenden Rekonstruktion und muss aufgeben. Am 30. Juni 1934 endet mit „Wiener Blut", was am 18. Mai 1872 mit „Fromme Wünsche" und „Mannschaft an Bord" begonnen hatte. Das baupolizeilich gesperrte, zwangsversteigerte und zuletzt als Lagerhaus genutzte Theater existierte noch bis zur Bombennacht 1945. Sein Geist jedoch lebte über dieses Schicksalsdatum hinaus nicht nur in vielen Künstlern und Zuschauern, sondern auch in seinen wertvollen Kostümen, Dekorationen und Möbeln weiter, welche 1936 ans „Theater des Volkes" in der Neustadt verkauft und ab 1945 in den Nachkriegstheatern weiter verwendet wurden.

Luftschutzübung in Dresden / 7./8. Oktober 1933

Zeitungsanzeige 1933

Abbildung folgende Seite: Fassade des Central-Theaters (Archiv Schwarze)

CENTRAL THEATER

Ein Warenhaus der Unterhaltung

Die Geschichte des Central-Theaters

Der Selfmade-Millionär und die Kunst

Es ist ein kühler Spätsommertag, dieser 26. August des Jahres 1906. Auf dem Trinitatisfriedhof in Dresden haben sich in großer Zahl erste Bürger der Stadt versammelt, um einen der ihren würdig in die Ewigkeit zu verabschieden. Sie trauern um den Hofjuwelier Heinrich Mau, der mit seinen Geschäftsideen und Bauprojekten die Residenzstadt ein ganzes Stück auf dem Weg zur europäischen Großstadt vorangebracht hat und von dessen Unternehmungen sie alle profitierten. Unter den hunderten Gästen sieht man den Architekten und Direktor der Kunstgewerbeschule, Professor Lossow, die Direktion und die Aufsichtsräte der Bank für Bauten, den Vorsitzenden des Fremdenverkehrsvereins, viele andere Architekten, Bauunternehmer und Handwerker, eine Abordnung des Central-Theaters mit Direktor Rotter und zahlreiche Vertreter des Kunstgewerbe- und des Altertumsvereins. Außer den Stadträten Baumeister Richard Kammsetzer und Fabrikant Richard Kändler, beides persönliche Freunde des Juweliers, findet sich kein offizieller Vertreter des Rates in der Trauergemeinde. Das Ableben Heinrich Maus, des Erbauers des Viktoriahauses, des Central-Theaters und der Central-Theater-Passagen ist für Oberbürgermeister Beutler kein Anlass, die Verdienste des geschäftstüchtigen und weitgereisten Visionärs zu würdigen.

Die Familie Mau kam aus Dörnigheim im Maintal nach Dresden und eröffnete 1831 ein Juweliergeschäft in der Moritzstraße. Dort kam Heinrich 1843 zur Welt und erlebte als Fünfjähriger die Brutalität der Barrikadenkämpfe am Neumarkt. Die schrecklichen Erinnerungen belasteten ihn sein ganzes Leben. Für die Schule war er nicht geschaffen, auch die Erziehung in einem Heim der strengen „Herrnhuter Brüdergemeine" brachte keinen Erfolg. Seine Begabung war die Phantasie, verbunden mit einem ausgeprägten Geschäftssinn und dem richtigen Gespür für die Zeichen der Zeit und die Bedürfnisse der Kundschaft. Er lernte sein Handwerk im elterlichen Geschäft und begann bald, eigene Schmuckstücke in hoher zeichnerischer und künstlerischer Qualität zu entwerfen. 1863, nach dem frühen Tod beider Eltern, übernahm Heinrich Mau im Alter von 20 Jahren die Firma und entwickelte sie in den folgenden Jahrzehnten zu einem deutschlandweit agierenden Unternehmen zur Herstellung hochwertiger Silberwaren und Schmuckkreationen. Die Gründung des Kaiserreiches brachte Handwerk, Handel und Industrie zum Aufblühen und war auch für Heinrich Mau eine Sternstunde. Das selbstbewusste Bürgertum kam zu Geld und lechzte nach standesgemäßer Ausstattung seiner Haushalte, prachtvollem Geschmeide für die Damen der Gesellschaft, Preispokalen und edlem Vereinsbedarf aller Art. Die Angehörigen des Königshauses verlangten nach modernem, stilvollem Schmuck und Tafelsilber und benötigten ständig neue Ehrengeschenke für verdienstvolle Adlige und Bürger oder die Sieger von Pferderennen und Wettbewerben. Mau und seine Mitarbeiter entwarfen, fabrizierten und lieferten bis zur Erschöpfung. Die Inspirationen für ihre Produkte holten sie sich in Wien, Paris, Berlin und London, um den konkurrierenden Hofjuwelier Elimeier am Neumarkt ständig mit eigenen Neuheiten zu übertreffen. Von diesen Reisen brachte Heinrich auch viele Antiquitäten, einige moderne technische Entwicklungen und Eindrücke von weltstädtischer Handels- und Vergnügungskultur mit in seine Heimatstadt. Bald erkannte er, dass die Prager Straße die beste Geschäftslage Dresdens werden würde, erwarb 1888 das zwischen Waisenhaus- und Ringstraße freiliegende Grundstück mit dem alten Viktoria-Hotel und ließ 1891/92 an seiner Stelle in modernster Eisenskelettbauweise ein repräsentatives Wohn- und Geschäftshaus errichten – das Viktoria-Haus. Die prächtige Renaissance-Fassade am Eingang zur Prager Straße, sieben Stockwerke, Zentralheizung, elektrisches Licht, ein Lift bis ins vierte Geschoß und große Räume machten das Gebäude zu einer der teuersten, aber auch gefragtesten Gewerbeadressen der Stadt. Entworfen wurde das Ganze in enger Zusammenarbeit mit dem Bauherrn von William Lossow und Hermann Viehweger, die seit 1880 mit ihrem Architekturbüro viele bedeutende Bauten in Dresden realisierten. Im vierten Stock wurden die Atelier- und Werkstatträume eingerichtet. Neben seinem vornehmen Laden mit separatem Kabinett für exquisite Kunden wie Kronprinzessin Louise von Toscana etablierte der lebensfrohe Juwelier ein weitläufiges Münchner Bierrestaurant im Parterre und im ersten Obergeschoss. Als die Küchendüfte aus dem Keller die Kundschaft vor den Schaufenstern belästigten, wurde die Küche ins Dachgeschoss verlegt und Speiseaufzüge eingebaut. Für seine Familie schuf Heinrich Mau im 3. Stock eine stilvoll eingerichtete 8-Zimmerwohnung mit allem Komfort.

Hofjuwelier Heinrich Mau (Archiv Lachmann)

Von dort hatte er einen schönen Blick über das gegenüberliegende Areal zwischen Waisenhaus- und Prager Straße, welches wie geschaffen war für die neuen, noch viel größeren Pläne, die bereits im Kopf des erfolgreichen und umtriebigen Meisters Gestalt annahmen. 1896 kaufte er die Grundstücke Waisenhausstraße 4,6,8 und 10 und Prager Straße 6. Das Eckhaus Prager-Waisenhausstraße, die Prager Straße 2, hatte sich schon der Kaufmann Heinrich Esders für sein Konfektionskaufhaus gesichert. Gleichzeitig begann Mau mit Lossow und Viehweger die Planungen für ein luxuriöses Ensemble aus Einkaufsmeile, Gewerberäumen, gediegener Gastronomie und einem Unterhaltungstheater mit 2000 Plätzen – seinem großen Traum.

Die Architekten hatten inzwischen ihr Büro in der Waisenhausstraße 35 und konzipierten gleich ihre neue Geschäftsstelle im Neubau Waisenhausstraße 8 mit. Keiner der Beteiligten hatte damals Skrupel, die vorhandene Bebauung inklusive des barocken Palais Boxberg mit Gartensaal und Park der profitablen Modernisierung zu opfern. Die Konzession für das gewünschte Operettentheater wurde allerdings vorerst von der Behörde verweigert, da doch das Residenz-Theater in der Zirkusstraße auf diesem Gebiet für Dresden ausreiche. Sicher spielte bei dieser Entscheidung aber auch die direkte Konkurrenz zum nahen Hoftheater eine Rolle. Also wurde das Central-Theater als Varieté mit Theaterbetrieb geplant und 1897 mit dem Bau begonnen.

Das ganze Vorhaben war ein Millionenprojekt, das Heinrich an seine finanziellen und physischen Grenzen brachte. Tag und Nacht beschäftigte er sich mit Korrekturen und Verbesserungen an den Bauplänen. Er musste Hilfe von Geschäftsfreunden annehmen, sein Prokurist Karl Denzel vermittelte einen Millionenkredit des Bankhauses Gebr. Arnhold zur Deckung der ausufernden Baukosten. Bei der Gestaltung und künstlerischen Umsetzung des Projektes überließ man Mau das letzte Wort. Denn seinem Gespür für Farben und edle Materialien, seiner weltläufigen Kenntnis zeitgemäßer Geschäfts- und Theaterbauten und seinem Konzept von der Verbindung aller Annehmlichkeiten des Industriezeitalters für die zahlungskräftige Kundschaft aus nah und fern konnte man vertrauen. Ein Nerven-

Erdgeschoss des Central-Theater-Cafés und Geschäftspassage zur Prager Straße (Archiv Lachmann)

zusammenbruch im Frühjahr 1898 zwang Heinrich dazu, das Sanatorium Dr. Pearsons (Pierson) in Coswig aufzusuchen. Nach längerem Aufenthalt dort und einer Erholungsreise mit der ganzen Familie in die Schweiz war es ihm dann vergönnt, an der Eröffnung seines Central-Theaters teilzunehmen.
Am 21. November 1898 war es soweit, und am Ende einer brillanten Eröffnungspremiere konnte der volkstümliche und bescheidene Geschäftsmann die Ovationen des dankbaren Dresdner Publikums entgegennehmen. In den folgenden Jahren nahm er weiterhin persönlich Einfluss auf die Vervollkommnung seines Projektes. Das Central-Theater-Café, eröffnet am 5. November 1899, wurde nach seinen Intentionen und mit Gemälden und Antiquitäten aus seiner Privatsammlung gestaltet. Auch in die künstlerische Leitung des Theaters brachte Mau bis zu seinem Tode seine internationalen Erfahrungen und viele persönliche Wünsche und Veranstaltungsideen ein.
Als One-Man-Show war der Betrieb, die Verwaltung und Vermietung des Gebäudekomplexes natürlich nicht umsetzbar. Deshalb wurde am 28. August 1899 die Bank für Bauten AG gegründet und Karl Denzel zum Direktor berufen. Heinrich Mau blieb im Aufsichtsrat, bis der Diabetes seinem Leben bereits im 63. Jahr ein Ende setzte.
Inzwischen hat es auf dem Friedhof in der Dresdner Johannstadt zu nieseln begonnen. Nach der Gedächtnisrede von Pfarrer Kautsch ergreifen noch Maus Weggefährte Stadtrat Kammsetzer, der Vorsitzende des Fremdenverkehrsvereins, Landtagsabgeordneter Behrens, und William Lossow das Wort. Dann wird der „Wohltäter und hervorragende Mitbürger Dresdens", der „schlichte und liebenswürdige Mann von künstlerischem Geiste", dessen Name „für immer mit der Baugeschichte Dresdens verknüpft" bleiben wird, unter großer Anteilnahme ins Grab gesenkt.
Und vergessen.

Das Central-Theater

Die Schöpfer und Erbauer des Hauses hatten der eleganten Dresdner Gesellschaft ein Theater geschenkt, dessen Größe und Ausstattung es sofort zu einer „Sehenswürdigkeit ersten Ranges" aufsteigen ließ. 7,5 Millionen Mark wurden aufgewendet, um das prachtvolle und für das Publikum räumlich großzügige Gebäude zu errichten. Den Wettbewerb um die Fassadengestaltung hatte der junge Architekt Heino Otto mit einem üppigen neobarocken Entwurf gewonnen. Unverkennbar wurde hier der Einfluss Heinrich Maus, der diesen Stil in seiner eigenen künstlerischen Arbeit bevorzugte und auch William Lossow in der weiteren Innengestaltung des Central-Theaters zu Reminiszenzen an das abgerissene Barockpalais Boxberg anregte. Was den Besucher erwartete, wenn er den Eingang durchschritten hatte, schilderte der „Dresdner Anzeiger" einen Tag vor der Eröffnung in aller Ausführlichkeit:

„Sieben Eingänge führen in das Haus, je einer links und rechts zu den Treppen des zweiten und dritten Ranges, die mittleren zu der Eingangshalle, die uns schon einen Begriff giebt von dem, was wir weiter zu erwarten haben: röthliche Fußböden, grüne Thüren, weiße Wände, am Plafond stilgerecht angetragene, dem Zwecke des Raumes entsprechend einfache Ornamentik, ebenfalls in weißer Farbe; das Ganze beleuchtet durch vier Deckenballons und zwei große Feuerschalen in Bronze und Krystall auf Säulen von rothem schwedischen Granit. Links und rechts liegen die Kassen, daneben führen Thüren zu den Treppen des ersten Ranges, deren Rampen aus herrlich schimmerndem Bavenazzomarmor hergestellt sind, während die Thüren geradeaus auf den breiten Umgang münden, der das ganze Parket bis zu den Bühnenräumen in der Breite von 5 m umzieht. Wir betreten weiter das Parket und werden zunächst überrascht durch die Größe des Raumes, welche die jetzt von der Straße aus noch sichtbaren Hofmauern nicht vermuten lassen.

Nicht weniger als 26 m beträgt die Breite des Theaters (5 m mehr als die Breite des Hoftheaters), 17 m hoch erhebt sich die Decke und von der hintersten Wand im dritten Rang bis zur Bühne sind es 32 m. Eigenartig ist sodann die Farbenwirkung: der ganze Raum ist – was wohl hier zum ersten Male bei einem Varieté-Theater und zwar mit bestem Erfolge versucht worden ist – auf Grün gestimmt. Mit dunkelem Tannengrün in den Parketsitzen anhebend, stuft sich die gleiche Farbe nach der Höhe bis zu sanftem Seegrün ab, woran sich dann die bunten Deckenmalereien schließen. Mit diesem grünen Grunde gehen das zarte Crémegrün der Logenbrüstungen, die reichen Vergoldungen und die muschelfarbigen Abschlußgardinen im zweiten Rang trefflich zusammen, und die reiche Farbigkeit der Plafondmalereien giebt dem ganzen einen prächtigen Abschluß. Diese Malereien stammen von Fritz Rentsch d. J. und bezeugen von neuem, wie vorzüglich dieser Künstler derartige Aufgaben zu lösen weiß.

Mit Rücksicht auf die Akustik und lebendige Gliederung ist das Gewölbe durch Stuckornamente in sechs Felder getheilt, durch welche sich die Malereien, eines an das andere anschließend, einheitlich erstrecken. Das Mittelfeld über der Bühne zeigt eine weibliche Figur in durchsichtigem blauen Scheine, beschützt von einer Seeschlange. Ein Mann flüchtet schreiend ins Meer. Über dieser Gruppe fliegt ein Zug Flamingos dahin. Das Grau des Felsens findet in dem grauen Himmel des folgenden kleinen Bildes eine Fortsetzung. Den farbigen Gegensatz bilden die Flamingos, im großen Bilde als Linie, im kleinen als einzelne Flecken. Das Blau des Meeres klingt aus dem blauen Rittersporn des dritten Bildes mit den Birken, um im vierten mit den Pfauen ins violette überzugehen. Der sandige Meeresstrand des Flamingobildes geht in eine üppige Wiese über, in der vor dem Pfau ein nacktes Weib sich ausgestreckt hat. Das fünfte Bild zeigt einen Faun unter einem Kastanienbaume auf einem Stein sitzend. Nachdenklich den Kopf in die Hand gestützt, blickt er nach dem Weibe hinüber. Im Hintergrunde ist Waldinneres angedeutet. Zu den Füßen des Fauns glänzt dunkles Wasser, aus dem ein Feuersalamander herauskriecht. Einzelne Sonnenstrahlen fallen auf die Kastanienblätter und den rothen Waldboden. Das letzte wieder rein landschaftlich behandelte Feld zeigt auf einem weißblühenden Baume zwei tiefrothe Papageien; unten wiederholen sich die Kastanienblätter und der graue Steinton des sich anschließenden großen Feldes. (…)

Die Aufgabe, das Theater ebenso glanzvoll wie praktisch zu beleuchten, ist glänzend gelöst. (…) Hier sind die Brüstungen ganz frei gelassen und die Beleuchtungskörper an die mittleren Säulenbogen verlegt, so daß eine durchaus ruhige vornehme Wirkung erzielt ist. Im Verein mit dem prächtigen Krystallkronleuchter, der in 225 Flammen erstrahlt, die von den facettirten Spiegeln im zweiten Rang tausendfältig zurückgestrahlt werden, erfüllen sie das ganze Haus mit einer glänzenden Helligkeit, in der die farbige Pracht des Hauses aufs wirksamste zur Geltung kommt. (…) Haben wir den prächtigen Gesamteindruck aufgenommen, so fallen bei näherer Betrachtung noch mancherlei Einzelheiten auf. (…) Das Orchester ist vertieft gelegt und für die Besucher des Parketts unsichtbar. Die Bühne öffnet sich in ansehnlicher Breite; zur Breite der königlichen Hofbühne fehlen nur einige Centimeter. Die Anordnung der Parketplätze ist überaus bequem: zunächst am Orchester stehen sieben Reihen Stühle mit Klappsit-

zen, auf denen man mit voller Bequemlichkeit sitzen kann, ohne sich irgendwie beengt zu fühlen. Dann folgen nummerierte Tische mit sechs Stühlen, hinter jeder der fünf Tischreihen wieder eine Reihe Sperrsitze, und dazwischen ebenso wie in der Mitte jedesmal ein breiter Gang, welcher bei einer etwaigen Panik die schnellste Leerung des Saales durch die zahlreichen Ausgänge, den Kellnern aber volle Bewegungsfreiheit gestattet. Die Feuersgefahr ist übrigens unerheblich im Zuschauerraume, denn außer dem Fußboden, den Stühlen, Tischen und Thüren ist so gut wie kein Holz vorhanden, da die Ränge, die Wände und die Decken nur aus Drahtgewebe mit Gips und Kalk (Rabitzsystem) hergestellt sind. (...) Überschauen wir noch einmal das Ganze, so ergiebt sich ein überaus festlicher Eindruck. Farben und Formen fügen sich bei voller Beleuchtung harmonisch zusammen und der Charakter einer den leichtgeschürzten Musen gewidmeten Schaustätte erscheint aufs glücklichste und dabei in nicht gewöhnlicher Weise getroffen. (...)

Besondere Betrachtung verdient hier noch das Foyer des Hauses. Es ist bekannt, daß das Boxbergische Palais, jene reizvolle Schöpfung des achtzehnten Jahrhunderts mit dem so charakteristischen Gartensaale, dem Centraltheater zum Opfer gefallen ist. Es war ein schöner Gedanke des Herrn Lossow, die Erinnerung an das Boxbergische Palais in dem Foyer festzuhalten: die ornamentale Ausschmückung zeigt in stilgerechter Weise die Formen, welche das Boxbergische Palais kennzeichneten. Zwei Medaillons sind in getreuen Gipsabgüssen herübergekommen; im übrigen haben Gipsabgüsse für die Formen als Vorlagen gedient. Eine vornehme Pracht kennzeichnet den Saal, der vermöge einer eingebauten Galerie, auch zu besonderen kleinen Festlichkeiten mit Musik benutzt werden kann. (...) Für die festliche Beleuchtung sorgen nicht weniger als 680 Glühlampen, die mit Bronze und Glas überdeckt in langen Ketten an den Wänden und der Decke sich dahinziehen. (...)

Die Einrichtung des Bühnenraumes zeugt von der gleichen Sorgfalt; die Prospekte sind von den ersten Theatermalern in Berlin, Breslau und Wien (Hartwig, Handrich, Kautzky) gemalt; auch für die maschinellen Vorrichtungen, den eisernen Vorhang u.s.w. sind die hervorragendsten und erfahrensten Firmen herangezogen worden. Die elektrische Beleuchtung (von Siemens und Halske) wird durch eine 380-pferdige Dampfmaschine versorgt, für die Heizung sind drei Dampfkessel aufgestellt."

Das Central-Theater 1898 in Zahlen:

Zuschauerraum:	530 m², 17 m hoch, 26 m breit, 3 Ränge, vier Proszeniumslogen 2000 Plätze
Kronleuchter:	225 Glühlampen
Bühnenhaus:	Schnürbodenhöhe 20 m
Bühne:	18 m breit, 11 m tief, Versenkung 5 m tief
Bühnenportal:	12,5 m breit, 10 m hoch
Hinterbühne:	11 m breit, 3,50 m tief
Beleuchtung im Kleinen Saal:	680 Glühlampen

Wintergarten des Restaurants (Archiv Lachmann)

Zuschauerraum (Archiv Praefcke)

Bühnenportal mit dem gemalten Haupt-Vorhang von Hans Unger (Archiv Praefcke)

Aufgang zum 1. Rang (Archiv Lachmann)

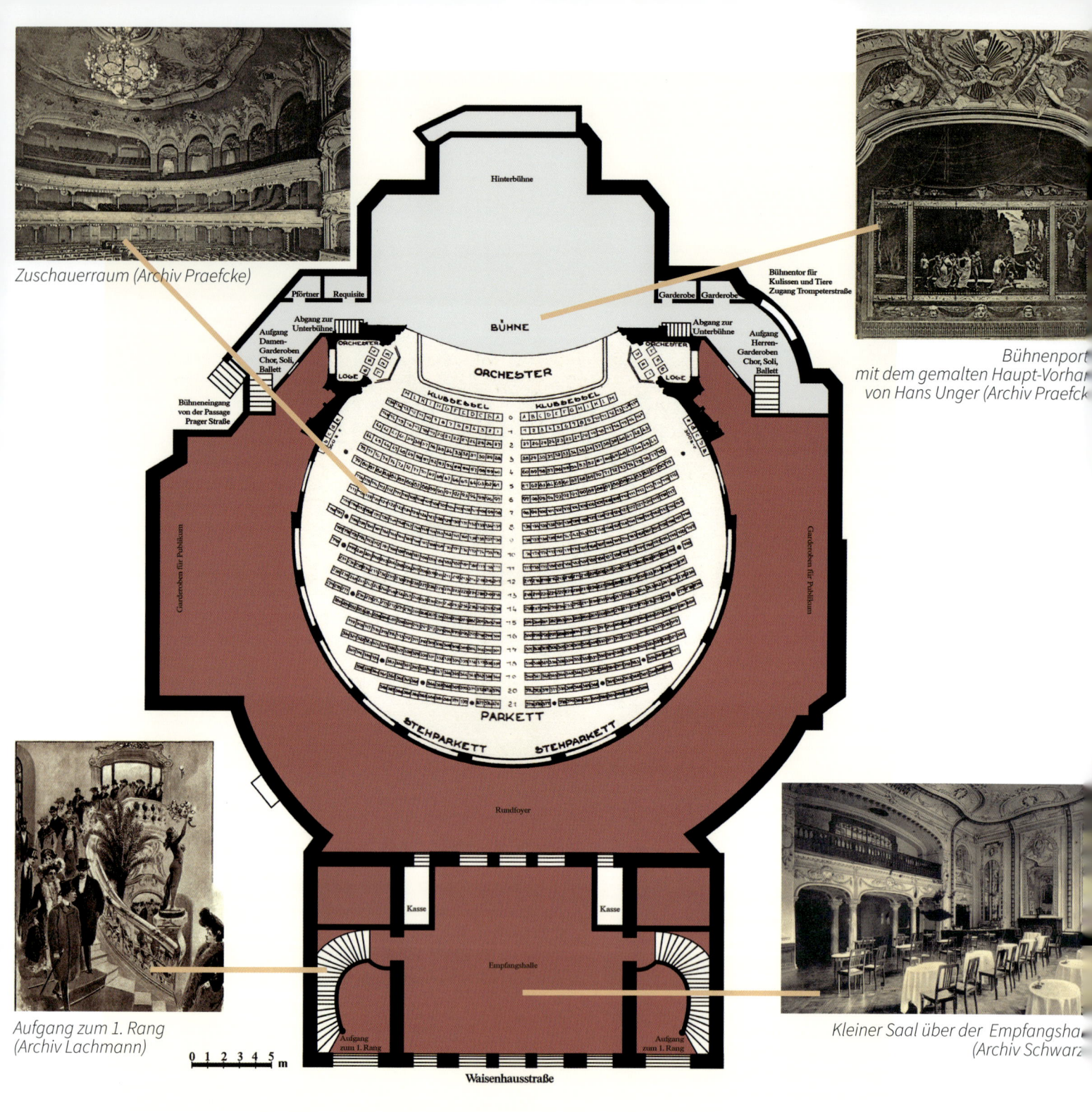

Kleiner Saal über der Empfangshalle (Archiv Schwarze)

*Grundriß des Central-Theaters, Rekonstruktionsversuch von A. Schwarze
(unter Verwendung des Meßtischblattes IR 25 1933, des Sitzplanes aus dem Adressbuch der Stadt Dresden 1943/44, Zeitungsberichten und Beschreibungen von Zeitzeugen)*

Auftakt

Als erster Direktor des Etablissements fungierte seit 1897 der Schauspieler Gustav Kammsetzer. Er hatte 1890 seine Karriere als jugendlicher Held und Liebhaber in Hanau gestartet und landete dann nach einer Zwischenstation in Posen als Mit-Direktor, Regisseur und Schauspieler am Lobe-Theater in Breslau. 1894 heiratete Gustav die zwanzigjährige Käthe Basté, deren ältere Schwester Charlotte am Dresdner Hoftheater engagiert war. Das junge Glück zog nun gleichfalls nach Dresden, in das Haus von Gustavs älterem Bruder Richard in der noblen Fürstenstraße, seines Zeichens Baumeister und Stadtverordneter. Mai bis August 1895 bespielte Gustav als Direktor und Regisseur des Lustspiels mit einem Ensemble das Residenz-Theater in Dresden. 1896 stieg Richard zum Stadtrat auf. Gustav wurde Direktor des landschaftlich subventionierten Theaters auf Helgoland, Spielzeit Juli bis September, mit 35 Mitarbeitern und 500 Plätzen. Das alles genügte offensichtlich als fachliche und gesellschaftliche Qualifikation, um dem nun 30-jährigen Kammsetzer die Leitung des größten und schönsten Theaters Dresdens anzuvertrauen.

Die Eröffnungsvorstellung des Central-Theaters am 21. November 1898 zog die Spitzen der Gesellschaft in Scharen an. Aristokratie, Offizierscorps, Staats- und Stadtbeamte und die gutsituierten Bürger ergriffen begeistert Besitz von Parkett und Rängen. Nach Handel und Technik würde endlich die Kultur der neuen Zeit in der alten Residenzstadt einziehen, glitzernd, modern, international und ein bisschen verrucht. Aber das königliche Dresden hatte seine Prinzipien. Und so musste sich das erwartungsvoll raunende Publikum noch zehn Minuten gedulden, denn es erklang auch zu dieser Eröffnung pflichtgemäß die „Jubelouvertüre" von Carl Maria von Weber, welche er 1818 zum 50-jährigen Jubiläum des Regierungsantritts des Königs von Sachsen komponiert hatte. Am Dirigentenpult stand der 41-jährige Dominik Ertl, ein waschechter Wiener, der seine Laufbahn als Kapellmeister schon mit 17 Jahren in „Danzers Orpheum" begonnen hatte, später Vizedirigent bei den Hoch- und Deutschmeistern wurde und nach seiner Militärzeit mit einem eigenen Orchester durch Europa tourte. Seine Spezialität waren eigene Marsch- und Tanzkompositionen. Temperamentvoll und fesch erweckte er nach Ouvertüre und Prolog mit seinem „Central-Theater-Marsch" die Varietébühne zum Leben. Es folgte ein abwechslungsreicher Reigen von Darbietungen, mit denen Künstler aus ganz Europa das staunende Publikum zu immer neuen Beifallsstürmen animierten. In modernster Bühnenbeleuchtung und geschmackvollen Dekorationen agierten die Trapezartistin Clara Ballerini, das französische Tanzquartett Orfeo Salvaggi, die Gigerlakrobaten Joscary, die Serpentintänzerin Valentine Petit und viele andere und lieferten eine berauschende Vorstellung von hohem Niveau und weltstädtischem Charakter.

Die Elite der Bürgerschaft feierte sich und ihren Musentempel an jenem Abend voller Glückseligkeit. Es war ein Theater für die wohlhabenden Einwohner, denn der Spaß hatte seinen Preis. Normale Eintrittskarten waren zu 5 Mark für die Proszeniumsloge und zwischen 4 und 1,50 Mark im Parkett zu haben, Stargastspiele kosteten bis zu 20 Mark pro Platz. Die gefragten Artisten kassierten, abhängig von ihrem Unterhaltungs- und Kuriositätswert, 1.000 – 2.000 Mark im Monat. Humoristen hatten eine Durchschnittsgage von 800 – 1.200 Mark monatlich. Das Durchschnittseinkommen eines Arbeiters lag um 1900 bei 70 Mark im Monat, ein Kilo Schweinefleisch kostete 1,50 Mark, ein Anzug 10 bis 75 Mark.

Die ersten Jahre

Die ganz besondere Ausstrahlung und internationale Atmosphäre des Central-Theaters lebt in den Aufzeichnungen einer Zeitzeugin fort. Gertrud Seif, Tochter von Heinrich Mau, erinnert sich:

„(...) Die ersten Monate wurde Varieté gespielt, viele internationale erstklassige Künstler traten auf, unter anderem die berühmten spanischen Tänzerinnen Tortajada und die schöne Otero, die Engländerin Saharet, ein entzückendes zartes Persönchen, deren Tanz an Akrobatik grenzte. Später trat auch als erste Barfußtänzerin Isadora Duncan auf, die später in Hellerau bei Dresden die erste Schule für Ausdruckstanz wie nach ihr Mary Wigman gründete. Als Tanzgruppen kamen die Barrison- und die Lor-

risson-Sisters, die ersten englischen Girls, die Vorläuferinnen der späteren Revuetänzerinnen. Als Einzeltänzerin kam Cléo de Mérode, in schlichtem griechischen Gewand, ein edles Gesicht, mit schwarzem, gescheitelten Haar ohne besondere künstlerische Begabung, sie verblüffte durch ihre sprechenden, schönen Augen, außerdem war sie die Freundin von König Leopold von Belgien. Auch die berühmte französische Diseuse Yvette Guilbert gab ein Gastspiel, ihr Äußeres war in seiner Einmaligkeit frappierend, brennend rotes Haar, ein langes, weißseidenes Abendkleid, dazu lange schwarze Lederhandschuhe, der Vortrag bestand aus kleinen Chansons und pikanten gesprochenen Prosa-Zeilen mit leiser Musikbegleitung. Von berühmten Schauspielerinnen gastierte die Italienerin Eleonora Duse als Kameliendame und Gioconda, ihr edles Gesicht mit den melancholischen braunen Augen und ihre schönen ausdrucksvollen Hände sowie ihr schön gesprochenes Italienisch machten tiefen Eindruck.

Trotz der für damalige Zeit hohen Eintrittspreise (der Platz 20,-) waren alle Vorstellungen ausverkauft. Weiterhin wurde im Winter Varieté gespielt und im Frühjahr und Sommer folgten Gastspiele von Wien und Berlin. Angeregt durch eine Reise nach Wien und den Besuch einer dortigen Redoute kam Vater die Idee, so etwas auch einmal in Dresden zu veranstalten. Die Parkettreihen des Theaters wurden entfernt und der Zuschauerraum als Tanzfläche hergerichtet, zur Bühne hinauf gingen Stufen über den überdeckten Orchesterraum weg, auf der Bühne spielte das Tanzorchester. Sämtliche Räume wie das Theater, die Wandelgänge, das Kaffee, Weinrestaurant, Foyer und der Keller waren von Künstlern mit Blumen und zusätzlicher Beleuchtung wunderbar geschmückt worden. Das war im Februar 1901. Im Jahre 1902 wurde das Fest wiederholt in dem gleichen, vielleicht noch prunkhafteren Stil. Die großen Modewerkstätten hatten sich im Entwerfen kostbarer, farbenprächtiger Toiletten und Masken überboten, erst um 12 Uhr war Demaskierung. Die erste Gesellschaft der Stadt und die Industriellen der Umgebung zeigten bei dieser Gelegenheit, dass sie verstanden, viel Geld auszugeben. Der Eintrittspreis betrug die für damals hohe Summe von 20 Mark, die Logenplätze wurden gegen nochmalige Zahlung vergeben. Die Herren waren in Frack oder Smoking. Es wurde nur Sekt getrunken und Hummer, Kaviar und Austern in großen Mengen serviert. Alle Künstler von Oper und Schauspiel waren vertreten. Die junge anmutige Opernsängerin Minnie Nast war in einem roten enganliegenden Paillettenkleid erschienen und wohl die schönste Maske des Abends".

(Archiv Lachmann)

Das neue Theater wurde bestens angenommen, wenn auch das Stampfen des Dampfgenerators für die Stromerzeugung bis in den Zuschauerraum zu hören war. Im Sommer 1900 gastierte auf Initiative und mit finanzieller Unterstützung von Heinrich Mau das Ensemble des Karl-Theaters Wien mit einer Serie von ausgezeichneten Operettenaufführungen, darunter „Der Vogelhändler", „Die Fledermaus" und „Wiener Blut". Bald wurden Stimmen laut, die eine Verbannung des Tingel-Tangels aus dem prachtvollen Central-Theater und seine Ausrichtung auf moderne Operette und Lustspiel forderten. Da die Auslastung der bejubelten Vorstellungen die Eigner nicht befriedigte (was aber wohl der Sommerhitze geschuldet war), wurde das Geschäftsmodell nicht geändert. Weiterhin bevölkerten Morcaschani, das australische Mannweib, Farini, der Gentleman-Jongleur, Houdini „The King of Handcuffs" und all ihre Kollegen die Bühne des Rauchtheaters und sorgten für kolossale Gastronomie-Umsätze.

Allerdings hatte Direktor Kammsetzer zwar ein gutes Händchen für furiose Programme und glamouröse Bälle, aber nicht den rechten Überblick bei den Finanzen. Zwei Jahre lang gelingt es dem Sekretär Schulze, insgesamt 12.000 Mark aus der Programm- und Garderobenkasse zu unterschlagen. Als der Übeltäter Anfang 1902 erwischt wird, verlässt Kammsetzer, hochgeehrt von Personal und Publikum, im Mai 1902 Dresden und wird Direktor des Wintergarten-Varietés in Berlin. Zwei Jahre später wird ihm dort sexuelle Nötigung von Artistinnen vorgeworfen, woraufhin er im April 1904 Selbstmord begeht.

Die Direktionen Rotter und Gordon

Am 22. Mai 1902 übernimmt der bekannte und erfolgreiche Regisseur und Schauspieler Alexander Rotter, welcher 1901 im Streit das Residenz-Theater verlassen hatte, die Direktion des Central-Theaters. Er würde hier gern seinen Traum von einem vollwertigen Stadttheater verwirklichen, bleibt aber an die Regelung einer Winter-Varietésaison und einer Sommer-Theatersaison gebunden. Diese wird mit Gastspielen gefüllt. Im Juni 1902 kann man beispielsweise das Emil-Messthaler-Ensemble aus München mit modernen Dramen erleben, darunter Hauptmanns „Weber", Ibsens „Gespenster" und Tolstois „Die Macht der Finsternis". Spektakuläre Varietéprogramme, Sportwettkämpfe, Bälle, Filmvorführungen und Gastspiele der Weltstars Coquelin aîné, Sarah Bernhardt, Eleonora Duse, Isadora Duncan und Yvette Guilbert machen das Central-Theater zur ersten Adresse des Show-Geschäfts in Dresden. Als Direktor Rotter am 20. Februar 1906 sein 40-jähriges Bühnenjubiläum begeht, wird er mit Ehrungen und wertvollen Geschenken überhäuft. Berühmte Künstler aus Wien, Berlin und Dresden, darunter Felix Schweighofer und Mila Theren, veranstalten für ihn ein „Elite-Kabarett". Es wird mit einer Ouvertüre des beliebten Kapellmeisters Georg Pittrich eingeleitet, der 1904 Dominik Ertl am Pult abgelöst hat. Am sich anschließenden Fest-Bankett kann auch das Publikum gegen einen Obolus von 4 Mark teilnehmen und „seinen" Künstlern ganz nah sein. Der Sommer 1906 bringt ein Gastspiel des „Apollo-Theaters" Berlin mit „Venus auf Erden" von Paul Lincke und eine Eigenproduktion, das Lustspiel „Telefon-Geheimnisse" mit Schauspielern aus 13 Theatern in Deutschland, England und Amerika. Die Varieté-Saison 1906 eröffnet dann der Berliner Star-Humorist Otto Reutter. In den folgenden Jahren erreicht Rotter eine Verkürzung der Varieté-Saison zu Gunsten der Theaterspielzeit und inszeniert noch einige Operetten, die imposante Aufführungszahlen erreichen. „Der fidele Bauer" und „Die Dollarprinzessin" von Leo Fall und „Der tapfere Soldat" von Oscar Straus zählen dazu.

Am 16. August 1909 erliegt Alexander Rotter einem Nierenleiden. In den „Dresdner Nachrichten" vom 17. August 1909 wird Direktor Rotter als „guter Darsteller, geschickter Regisseur und routinierter Theaterfachmann" bezeichnet. Er sei ein „kühler, klarer Kopf" gewesen, „der die künstlerischen und geschäftlichen Interessen der von ihm geleiteten Kunstinstitute wohl zu vereinigen wusste. (…) Seine Liebe galt dem Theater, sein Ehrgeiz wäre es gewesen, dem Dresdner Publikum im vornehmen Rahmen ein vornehmes, wohl getöntes Ensemble zu bieten."

Dieser letzte Satz spornte vielleicht den Schauspieler und Bühnenautor Heinz Gordon in seinerm Enthusiasmus für die neue Herausforderung an, Direktor des Central-Theaters zu werden. Nach Engagements in ganz Deutschland, 1903 auch als Solist am Central-Theater Dresden, in Frankreich und Amerika war er Chef des Apollo-Theaters in der Berliner Friedrichstraße gewesen. Dort konnte er seine Ambitionen für ein modernes Regietheater, das die heitere Muse ernst nimmt und Unterhaltung auf hohem Niveau bietet, nicht verwirklichen, da die Zukunft des Hauses ungewiss war. Hier, im größten Theater Dresdens, in diesem Vergnügungspalast inmitten von vornehmen Geschäften und Restaurants, hier könnte es gelingen, der modernen Operette neues Leben einzuhauchen und all seine Ideen und Erfahrungen der letzten Jahre weiter zu entwickeln. Er wollte alles geben, um ein gültiges und zukunftsweisendes Theaterkonzept in Dresden umzusetzen. Die „Dresdner Nachrichten" konnten am 5. Dezember 1909 vermelden: „Für das Central-Theater ist in Herrn Heinz

Alexander Rotter (li.) und Heinz Gordon (Salonblatt 1909, Stadtarchiv Dresden)

Gordon, bisherigem Direktor des Berliner Apollo-Theaters, ein neuer, artistischer Leiter gewonnen worden. Die Wahl wird sich voraussichtlich als eine glückliche für das Unternehmen erweisen. Herr Gordon ist nicht nur in hauptstädtischen Theaterbetrieben gründlich erfahren, er hat sich auch als Darsteller, namentlich flotter, überlegener Bonvivants, einen guten Namen gemacht." So sollte es auch weitergehen. Heinz Gordon inszenierte als Weihnachtspremiere 1909 die Operette „Die geschiedene Frau" von Leo Fall und Victor Léon.

Das Stück war andernorts auf Grund seiner „moralisch verwerflichen" Handlung von Stadträten verboten worden – was für eine Werbung für die Einstandsinszenierung des neuen Regisseurs! Gemeinsam mit dem fähigen Kapellmeister und Komponisten Georg Pittrich (*1870, †1934) führte er ein gut aufgestelltes Ensemble zum Erfolg. „Die geschiedene Frau kam, wurde gesehen und siegte!" („Dresdner Nachrichten", 27. Dezember 1909).

Das Publikum applaudierte begeistert für eine glänzende Aufführung mit geschlossenen, geschmackvollen Bühnenbildern, einfallsreicher Regie und reizvoller Musik, deren Gesangs- und Tanznummern „fast alle einschlugen". Besonders gefeiert wurde die Soubrette Mizzi Freihardt vom Johann-Strauß-Theater in Wien. „Sie ist temperamentvoll, eine reizende Tänzerin, schick, fesch, pikant und weiß das Gewagteste mit liebenswürdigem Lächeln und absoluter Harmlosigkeit zu sagen". Auch Paula Linda vom Gärtnerplatztheater in München und Oskar Aigner vom Stammensemble des Central-Theaters wurden für ihre stimmliche und darstellerische Leistung bejubelt. Nach diesem berauschenden Erfolg war das Theater wochenlang ausverkauft und Heinz Gordon hatte die Eigner vorerst von sich überzeugt.

Die Sommerspielzeit eröffnete er mit seinem Schwank „In Vertretung" und wurde als Autor, Schauspieler und Regisseur begeistert beklatscht. Heinz Gordon war auf dem Weg, das Central-Theater zu einem Operettenhaus von überregionaler Bedeutung zu entwickeln. Durch die Verpflichtung von Künstlern wie Mizzi Freihardt, Wilhelm von Ahn, Julius Sachs, Mathilde Dudek, Marie Ottmann, Phila Wolff und Flora Hegner und mit in Szene und Ausstattung modernen und künstlerisch ausgefeilten Inszenierungen versuchte er, sich mit den bekannten Theatern der Metropolen Wien, Berlin oder Hamburg zu messen.

Mit der Kálmán-Operette „Ein Herbstmanöver" erfüllte er wiederum alle Erwartungen. Das Ensemble erntete stürmischen Beifall und Dacapo-Rufe. „Das Fürstenkind" und „Der Graf von Luxemburg" von Franz Lehár (1910), „Die schöne Risette" von Leo Fall (1911), „Die moderne Eva" von Jean Gilbert (1911) oder „Der verbotene Kuß" von Sigmund Vincze (1911) waren weitere Glanzpunkte seiner Arbeit. In letztgenannter Operette gastierte mit großem Erfolg Ralph-Artur Roberts, damals Thalia-Theater Hamburg. Mit dieser mit viel Beifall bedachten deutschen Uraufführung absolvierte das Dresdner Ensemble dann ein längeres erfolgreiches Gastspiel in der Komischen Oper an der Friedrichstraße in Berlin.

Anfang Februar 1912 dirigierte Franz Lehár im Central-Theater die Premiere seiner neuen Operette „Eva". Seine Anwesenheit und die Regie Gordons führten auch dieses eher mäßige Werk trotz dreieinhalb Stunden Dauer zum Erfolg.

Franz Lehár im Orchestergraben des Central-Theaters (Salonblatt 1912, Stadtarchiv Dresden)

Am 23. Dezember 1912 war wieder Weihnachts-Premiere. Die Vierte während der Intendanz Gordon. Diesmal hatte sich der Theaterleiter für die neue Operette „Der liebe Augustin" von Leo Fall entschieden, eine Verwechslungskomödie, die in einem fiktiven südeuropäischen Staat spielt. Bei der Aufführung des Stückes in Prag gab es Pfiffe und Zwischenrufe, weil in dem Libretto angeblich spitze Bemerkungen gegen die Balkanstaaten enthalten seien. Solche Demonstrationen gegen eigentlich harmlose Unterhaltungsstücke waren bereits der aufgeheizten politischen Stimmung vor dem nahenden Krieg geschuldet. Die Premiere mit Käthe Dorsch und Anton Franck als Gästen und Oscar Aigner vom Hausensemble in den Hauptrollen wurde ein überwältigender Erfolg. Die „reizendste Operette der letzten Spielzeiten – eine Festgabe für das Dresdner Publikum. (…) Leo Fall hat das künstlerisch Anmutigste gegeben, das ihm zu Gebote steht. (…) Direktor Heinz Gordon hat alles getan (…) und dem Zusammenspiel jenen Elan verliehen, dessen auch die beste Operette zu ihrer vollen Wirkung bedarf. Besonderes Glück hatte er in der Wahl seiner Gäste. (…) Käthe Dorsch wirkt wie eine Märchenprinzessin, eine der bezauberndsten Erscheinungen, die man seit langem auf der Operettenbühne gesehen hat, und bis in die Fingerspitzen voll Talent" („Dresdner Nachrichten", 25. Dezember 1912).

Es war der Beginn einer beispiellosen Aufführungsserie. Am 18. Januar 1913 spielte das Central-Theater bereits die 25. Vorstellung des „Lieben Augustin". Die nicht nachlassende Begeisterung der Zuschauer „ließ erkennen, daß sich das jetzige Ensemble des Central-Theaters, unter Leitung seines sach- und fachbewanderten, aufwärts strebenden Direktors Heinz Gordon auf einer respektablen Höhe der Leistungsfähigkeit befindet." („Dresdner Nachrichten", 19. Januar 1913).

Dresden feierte sich seit 1910 als Stadt der Innovationen auf allen Gebieten. Neues Rathaus, neuer Schlachthof, neue Augustusbrücke, eine herzige Königsfamilie, ein florierendes Geschäftsleben, Stadt der Kunst und der Wissenschaft, beispielloser Bauboom und beispielloser Ballbetrieb, die größte Militärstadt, Messen, Ausstellungen, Kongresse – und mittendrin sah sich Direktor Gordon mit seinem Central-Theater als Maître de Plaisir für die erwartungsvollen Menschen dieser neuen Zeit. Und dann, für Außenstehende ganz plötzlich, der Bruch. Die Nr. 10 des „Dresdner Salonblattes" vermeldete am 8. März 1913: „ Heinz Gordon, der Direktor des Central-Theaters, hat wegen Meinungsverschiedenheiten mit dem Aufsichtsrate seine Entlassung gefordert, die ihm nach mehrtägigen Verhandlungen (…) gewährt wurde." Die 100. Vorstellung des „Lieben Augustin" Anfang April 1913, dirigiert vom Komponisten Leo Fall, fand ohne ihren Regisseur statt.

Als Grund für diese unerwartete Wendung kann vermutet werden, dass er, beflügelt von den künstlerischen Erfolgen unter seiner Intendanz, die verlockende Vision eines großen Operettentheaters mit eigenem Ensemble und ohne Varieté durchsetzen wollte. Solch einem Plan zur Neuausrichtung des Central-Theaters, der wohl nicht dem Geschäftskonzept der Bank für Bauten entsprach, wollten und konnten die Aufsichtsräte nicht zustimmen. Und Heinz Gordon wollte und konnte seine künstlerischen Ideale nicht aufgeben und beließ es bei dem Erreichten.

Die Betreiber des Hauses setzten Anfang April 1913 S. Rachmann aus Berlin als Direktor ein. Er „repräsentiert den neuen Typ des Bühnenleiters. Er war bisher Impresario und hat in dieser Tätigkeit vielen hervorragenden Talenten den Weg aus dem Dunkel in die Sonne des Ruhms geebnet" (Dresdner Salonblatt, 5. April 1913). Seine Talente waren u.a. der Dresdner Dialektkomiker Paul Beckers und der rheinische Humorist Hartstein. Damit war klar, in welche Richtung der neue Wind im Central-Theater wehte.

Und was wurde aus Heinz Gordon? Er dachte in die Zukunft. Ihn fesselte neben dem Theater das neue Medium Film. Oskar Messter aus Berlin, dessen Firma auch in den Varieté-Vorstellungen des Central-Theaters Filme vorführte, engagierte ihn als Drehbuchautor und Darsteller. Ein von ihm selbst verfasstes Lustspiel schrieb Heinz Gordon zum Filmdrehbuch um und spielte die Hauptrolle, Regie führte Hans Oberländer. Im Juli 1913 kam der Film mit dem Titel „In Vertretung" in die Kinos. Seine erfolgreiche Karriere beim Film unterbrach auch der Weltkrieg nicht, denn für den Tod vor Verdun war er zu alt. Er wurde ein gefragter Autor, beteiligte sich am Libretto zu dem Propaganda-Machwerk „Immer feste druff!" mit der Musik von Walter Kollo, spielte 1916 in dem Film „Eine Walzernacht" mit seinem Star Käthe Dorsch aus dem „Lieben Augustin" und wirkte an verschiedenen Berliner Theatern. In der Tonfilmära arbeitete er mit dem Regisseur Reinhold Schünzel zusammen.

Der letzte Film, für den Heinz Gordon das Drehbuch schreiben durfte, hatte am 26. Juni 1933 Premiere. Der Regisseur hieß Kurt Gerron. Autor und Regisseur konnten die Arbeit an dem Film „Kind, ich freu mich auf Dein Kommen" nicht vollenden und gehörten später zu den vielen deutsch-jüdischen Künstlern, die das Nazireich nicht überlebten. Der einst gefeierte Heinz Gordon wurde am 21. September 1942 mit seiner Frau Selma und achtundneunzig anderen Berliner Juden in einen Transport ins KZ Theresienstadt verfrachtet, wo er 1944 ermordet wurde.

Das Ende einer Epoche

Der neue Direktor Rachmann gibt nassforsche Presseerklärungen ab und startet mit einem „in ähnlicher Reichhaltigkeit noch nie gebotenen Programm der künstlerischen Sensationen" („Dresdner Salonblatt", 30. August 1913) eine Varieté- und Gastspiel-Offensive. Er möchte beeindrucken und Spektakuläres bieten. So organisiert er bereits für den 8. April 1913 ein Gastspiel der Truppe des berühmten Regisseurs Max Reinhardt mit Maurice Maeterlincks Zaubermärchen „Der blaue Vogel", das beim Publikum des Central-Theaters eine eher verhaltene Aufnahme findet. Um Einnahmen bis zum Beginn der Sommersaison am 1. Mai zu sichern, darf Oscar Aigner das musikalische Lustspiel „Das Liebessanatorium" mit Text und Musik von Rudolf Baron inszenieren und am 22. April auf die Bühne bringen. Für die Dresdner Schüler- und Studentenschaft führt eine englische Truppe Shakespeares „Kaufmann von Venedig" in Originalsprache auf, eine Vorstellung in Anwesenheit von Prinz und Prinzessin Johann Georg. Und dann kommt der Mai und es wird endlich richtig Kasse gemacht: Rachmann bringt die Militär-Burleske „Der Stolz der 3. Kompagnie" von Wilhelm Hartstein. „Nie hat Dresden so gelacht!" („Dresdner Nachrichten", 22. April 1913) Weitere Gastspiele, so des Berliner Residenz-Theaters oder des Parisiana-Ensembles mit Georg Alexander und ständig wechselnde Varietésensationen sollen die Menschen ins Central-Theater locken. Das Stammensemble findet sich derweil im „Königshof-Theater" in Strehlen als „Dresdner Schau- und Lustspielensemble"

zusammen und versucht sich mit dem Schwank „Haben Sie nichts zu verzollen?" unter der Leitung von Richard Bendey bis zum Beginn der Operetten-Spielzeit Anfang Januar über Wasser zu halten. Das Publikum will große Operette im Central-Theater sehen. Die bekommt es – Fritzi Massary gastiert im Januar als „Kinokönigin", es folgt der „Juxbaron". Danach wird Gordons „Lieber Augustin" wieder hervorgekramt, mit mäßigem Erfolg, weil schlecht besetzt. Irgendwann Anfang 1914 verschwindet der umtriebige Impresario Rachmann aus Dresden und im April bekommt der dümpelnde Dampfer Central-Theater endlich einen neuen Steuermann: Otmar Lang, den ehemaligen Oberregisseur des Deutschen Operettentheaters Hamburg, der 1912 im Residenz-Theater Dresden die Operette „Kreolenblut" von Heinrich Berthé inszeniert hatte. Der Aufsichtsrat der Bank für Bauten hatte erkannt, dass das Central-Theater einen erfahrenen Bühnenleiter und Theaterfachmann an der Spitze braucht, der dem Haus eine langfristige Perspektive in der Kunstszene Dresdens gibt. Varieté- und Gastspielzeiten bleiben weiterhin bis zur Schließung des Theaters 1944 Bestandteil der Spielpläne. Die Bank für Bauten bzw. ihre Central-Theater-Betriebsgesellschaft sichert damit einen kontinuierlichen und wirtschaftlichen Betrieb des kostenintensiven Hauses. Otmar Lang eröffnet heiter und hoffnungsvoll mit dem Schwank „Müllers" von Fritz Friedmann-Frederich. Aber bald gerät die Welt aus den Fugen und die lebenssprühende, bunte, vergnügungssüchtige Gesellschaft wird mit dem blutigen Ernst des Krieges konfrontiert. Statt Hofnachrichten und Modebildern dominieren Heldengedichte und Pressefotos zerschossener belgischer und französischer Städte die Zeitungsseiten. Der Bank für Bauten-Vorstand Felix Wienrich und sein Theaterdirektor beteiligen sich nicht am allgemeinen Hurra-Patriotismus, schließen am 6. August 1914 das Theater, zahlen die Gagen für die Sommerspielzeit bis Ende August ungekürzt an die Mitarbeiter aus und warten ab. Zweimal tönen dann doch vaterlän-

Otmar Lang (Salonblatt 1914, Stadtarchiv Dresden)

dische Worte von der Unterhaltungsbühne – am 13. September spielt das Ensemble zum Besten von stellungslosen und damit notleidenden Künstlern Paul Heyses Drama „Colberg", am 4. Oktober das Schauspiel „Andreas Hofer" von Karl Domanig. Dabei wird es vom Hoftheater mit Dekorationen, Kostümen und Schauspielern unterstützt. Solche Wohltätigkeitsvorstellungen gibt es in mehreren Spielstätten Dresdens, da das geltende Kriegsrecht die Entlassung von Ensembles ermöglicht und die vermögende GDBA sich vorerst mit Unterstützungszahlungen an ihre Mitglieder zurückhält. Bald kämpfen mehrere Truppen aus freigesetzten Bühnenkünstlern in Spielstätten wie dem „Deutschen Volkstheater" im „Drei-Kaiser-Hof" in Löbtau oder dem „Volkswohl-Theater" in der Ostra-Allee ums Überleben. Erst am 25. Dezember eröffnet das „Central-Theater" seine Wintersaison mit einem neuen Ensemble. „Wiener Blut" von Strauß als Nachmittags- und „Polenblut" von Nedbal als Abendvorstellung stehen auf dem Programm. In den Kriegsjahren konnte Otmar Lang mit einer eingespielten Künstlerschar arbeiten, da seine Hauptdarsteller von Einziehung verschont wurden. Er blieb dem Stil und dem Repertoire der Vorkriegszeit treu und erfüllte so die Erwartungen der Dresdner, die sich im Central-Theater aus der deprimierenden Wirklichkeit herausträumen konnten. Am Ende des Weltkrieges und während der schicksalhaften Novembertage 1918 „erklingen zum Tanze die Geigen" – Jessels „Schwarzwaldmädel" jubiliert in der Waisenhausstraße.

Durch das Chaos in die Partyrepublik

1919 begeisterte ein neuer Buffo die Operettenfreunde: Georg Wörtge betrat als Graf Boni in Kálmáns „Csárdásfürstin" erstmals die Bretter des Central-Theaters. Er blieb vorerst nur bis 1921, dann ging er nach Magdeburg. Die katastrophalen wirtschaftlichen und politischen Verhältnisse der Weimarer Republik führten zu einer radikalen Verschlechterung der Lebensverhältnisse auch in Dresden. Generalstreiks in Dresden und Leipzig, der Meuchelmord am sächsischen Kriegsminister 1919, dutzende Tote nach Auseinandersetzungen

Georg Wörtge als Boni 1919 (Archiv Grohmann)

auf dem Postplatz nach dem Kapp-Putsch 1920 und die Vorboten der Inflation verschärften die Situation täglich. Das sozialdemokratische Kabinett Zeigner beteiligte wegen der Verschlechterung der ökonomischen Lage die KPD an der Regierung, als dann der kommunistische Umsturz drohte, marschierten Reichswehrverbände auf Anordnung des Reichspräsidenten Ebert in Sachsen ein und entmachteten mit Waffengewalt die Landesregierung in Dresden. Die an die Alliierten zu zahlenden Kriegsreparationen verschlangen die Staatseinnahmen. Um den Städten zusätzliche Mittel für die kommunalen Leistungen zu erschließen, gestattete der Reichsrat 1921, dass sie nach eigenem Ermessen Zuschläge auf die Lustbarkeitssteuer erheben dürfen. Am 26. April 1921 verzichtete die Stadt Dresden ausdrücklich auf die Lustbarkeitssteuer bei den Staatstheatern. Gleichzeitig wurde sie für alle Privatbühnen, Zirkusse und Kinos erhöht und rigoros eingetrieben. Das erste prominente Opfer dieser Politik war im Juni 1921 der Zirkus Sarrasani. Trotz machtvoller Proteste der Bevölkerung und der internationalen Artistenloge war der Stadtrat zu keiner Steuererleichterung bereit. Auf dem Dach des weltberühmten Zirkusbaues prangte weithin sichtbar der weiße Schriftzug „Der totgesteuerte Zirkus", als das Ensemble Anfang Juli 1921 seine Wiege Dresden vorerst verließ.

Inzwischen zog die Stadt mit Gewerbe-, Beherbergungs-, Schankerlaubnis- und Musikinstrumentensteuer die Steuerschraube immer weiter an und trieb Theater, Künstler und Unternehmer in den Ruin. Anfang 1922 verlangten die Alliierten von der deutschen Regierung die Streichung der Lebensmittelzuschüsse, um die Reparationszahlungen zu gewährleisten. Brot verteuerte sich um 75 Prozent, die Menschen konnten nur noch Geld für das Lebensnotwendigste aufbringen – wenn sie denn Arbeit hatten.

Im März 1922 entscheidet die Bank für Bauten, den Ensembletheaterbetrieb im Central-Theater einzustellen und es als reines Varieté- und Gastspielhaus weiterzuführen. Am 7. April 1922 erhalten alle Mitarbeiter die Kündigung für das Ende der Spielzeit. Die Öffentlichkeit betrachtet das Haus als ein „Stück guten modernen Dresdner Lebens, die Stätte heiteren, unbeschwerten Kunstgenusses in vornehmem, weltstädtischem Rahmen" (Dresdner Anzeiger, 9. April 1922) und ist geschockt. Denn die Qualität von Langs Inszenierungen und das künstlerisch hochstehende Ensemble haben dem Theater einen maßgebenden Stellenwert in Dresdens Kulturlandschaft verliehen. Proteste erreichen nichts. Am 14. Juni 1922 senkt sich nach Oscar Straus' Operette „Nixchen" der eiserne Vorhang und die Sänger räumen das Feld für Lustspiele und den Kabarett-Unternehmer Peter Sachse aus Berlin. Am 15. April 1924 beginnt ein gewisser Fred Raymond aus Österreich sein Engagement als „Chansonier am Flügel" im Tanz-Kabarett „Regina-Palast" in der Waisenhausstraße 22, von ihm wird man gerade in Dresden noch viel hören.

Erst 1925 kehrt die Operette wieder ins Central-Theater ein. Fritzi Massary gastiert mit eigenem Ensemble als „Madame Pompadour" von Leo Fall. Oscar Straus' Operette „Die Perlen der Kleopatra" dirigiert der Meister selbst. Danach halten das Berliner „Deutsche Künstlertheater" und sogar Moskaus „Tairoff-Theater" auf der Bühne Einzug. Ebenfalls 1925 findet die Uraufführung von Gilberts Operette „Der Lebenskünstler" hier statt – ein Omen für das Schicksal des Hauses in den folgenden Jahren. Denn die Verhältnisse bessern sich und neue Geschäftsideen werden umgesetzt. Am 2. Oktober eröffnet die Bank für Bauten das Central-Theater und das „Neue Theater" im Saal der Kaufmannschaft in der Ostra-Allee 9 als „Vereinigte Bühnen" mit den Direktoren Arno Großmann und Robert George. Versucht wird die Etablierung eines modernen Schauspieltheaters mit den Spielleitern Paul Lewitt, Otto Ottbert und Bertolt Viertel. Man gibt Shakespeare-, Büchner-, Kaiser- und Rehfisch-Stücke. Das Konstrukt hält bis Neujahr 1926, nach einem Zwischenspiel wieder ausschließlich im Saal der Kaufmannschaft bezieht die Gesellschaft im Sommer 1926 das gerade erbaute Komödienhaus in der Reitbahnstraße, neue Direktorin neben den Männern wird Hermine Körner.

Das Central-Theater ist inzwischen ins Visier der Konzerthaus-Gesellschaft-GmbH des Jean Gilbert geraten. Die Pacht-Konditionen sind für die Bank für Bauten erfreulich, so wird der Betrieb zusammen mit der Hamburger Volksoper (Theater am Millerntor in St. Pauli) als Bestandteil des Gilbert-Unternehmens geführt. Bis zu seinem Zusammenbruch Ende 1926 gehen alle möglichen Gilbert- und Kollo-Operetten, gespielt von der Edi-Winterfeld-Truppe aus Berlin, über die Bühne und im April gastiert sogar die berühmte Haller-Revue im Central-Theater.

Bald dreht sich das Show-Karussell weiter. Im Sommer 1927 pachtet die Berliner Firma der Gebrüder Rotter das Haus und hat damit das Unterhaltungs-Monopol in Dresden inne. Denn das Residenz-Theater steht schon unter ihrem Vertrag. Direktor Hans Lüpschütz aus Berlin bildet ein eigenes Ensemble. Internationalität, Aktualität, Einflüsse des amerikanischen Musicals und die Vermarktung von Stars gehören zum Erfolgsrezept, das nun auch in Dresden volle Kassen garantieren soll.

Im Wechsel werden Operetten und Revuen geboten, mit eigenen Kräften wird 1928 der „Graf von Luxemburg" von Lehár mit Otto Marlé in der Titelrolle zum Erfolg. 1927 dirigiert Lehár die erste Vorstellung seines „Zarewitsch" mit Richard Tauber in der Berliner Rotter-Fassung im Central-Theater. 1929 findet auf dieser Bühne die Uraufführung der Operette „Die Jungfrau von Avalon" von Fred Raymond statt und der einstige Barpianist von nebenan beginnt von Dresden aus seinen Siegeszug als Schöpfer der Revueoperetten, die „so ähnlich" wie die bald verbotenen innovativen Werke der zwanziger Jahre klingen. Im Nationalsozialismus überschwemmen sie die Theater und sollen den kulturellen Kahlschlag verdecken. Dresden ist dann die Stadt, in der bis 1945 alle seine Fabrikate zur Aufführung gelangen.

Als am 23. Dezember 1932 im Central-Theater Bertés Singspiel „Das Dreimäderlhaus" mit Startenor Richard Tauber als Gast das selige Publikum in Weihnachtsstimmung bringt, ahnen wohl die wenigsten, dass im Neuen Jahr die Party der Weimarer Republik zu Ende sein wird. Otmar Lang, 1929 nach Dresden zurückgekehrt, hat inszeniert, die Choreografie stammt von Gertrude Baum-Gründig, die seit 1929 als Ballettmeisterin mit strengen Trainingsmethoden an der Operettenbühne tätig ist und bis 1951 in Dresden wirken wird.

oben: Gertrude Baum-Gründig
unten: Tanzcafé „Regina" Waisenhausstraße 22, in dem der Komponist Fred Raymond am 15. April 1924 als Pianist angestellt wurde (Archiv Schwarze, 2)

Die nächsten „1000 Jahre"

Nur wenige Tage, nachdem das gleiche Team am 14. Januar 1933 Kálmáns „Csárdásfürstin" mit Mimi Gyenes und John Hendrik in den Hauptrollen präsentiert hatte, dringt die Kunde von der Krise der Rotter-Bühnen aus Berlin nach Dresden. Zehn Tage vor der Machtergreifung Hitlers bricht das verschuldete Unternehmen zusammen, als ihm die Besucherorganisation „Gesellschaft der Funkfreunde" des Theaterunternehmers Heinz Hentschke alle Zahlungen verweigert.

Residenz- und Central-Theater schlingern nun im Strudel der Wirtschaftskrise bedrohlich am Abgrund entlang. Es entfaltet sich eine bizarre Szenerie: während Arbeitslosenheer, permanenter Wahlkampf, Polizeiterror und rechte und linke Schlägertrupps das gesellschaftliche Leben beherrschen, feiert sich in Waisenhaus- und Zirkusstraße weiter die heile Traumtheaterwelt. Sie wird diesen Umbruch überleben, denn die neuen Machthaber machen sie sich zu eigen. Aus heutiger Sicht wie ein Hohn wirkt der Titel der nächsten Produktion des Central-Theaters. „Morgen gehts uns gut!" war der Titel der neuen Revue-Operette von Ralph Benatzky, Premiere am 3. Februar 1933. Die Handlung entstammte einer Posse von Buchbinder aus dem Jahre 1902, brachte die „gute alte Zeit" im neuen Gewand auf die Bühne und war eine Rotter-Erwerbung von 1931. Inzwischen kann die Bank für Bauten den Pachtvertrag mit den Rotters für nichtig erklären lassen und übernimmt das Haus in Eigenregie.

Am 4. März 1933 nimmt in Wien die austrofaschistische Dollfuß-Diktatur ihren Anfang, und zufällig wirbelt im Central-Theater in Dresden die Premiere des revuemäßig aufgepeppten „Weißen Rössels" von Benatzky über die Bühne.

Bald werden die Stunden solcher „jüdischen Jazz- und Sex-Operetten" gezählt sein. Schlag auf Schlag setzt die NSDAP die Neuordnung des Kulturwesens um und findet in Dresden großen Zuspruch und willige Vollstrecker. Während im Central-Theater der „Graf von Luxemburg" heiter feststellt „Liri, lari, lux - das Leben ist nur ein Jux!" werden Dirigent Fritz Busch und Staatstheater-Intendant Dr. Alfred Reucker abgesetzt, finden am 7. und 8. März

Bücherverbrennungen in der Großen Meißner Straße und am Wettiner Platz statt, wählt die Akademie der bildenden Künste Dresden schon am 17. März Hitler und Hindenburg zu Ehrenmitgliedern und löst sich am 6. August die Besucherorganisation „Dresdner Volksbühne e. V." freiwillig auf, um der „Deutschen Bühne" – Vorläuferin der Organisation „Kraft durch Freude" – beizutreten. Für das Central-Theater ist scheinbar ein neuer Pächter gefunden. Dr. Victor Eckert, Operettenintendant aus Leipzig, soll am 1. September 1933 übernehmen, entscheidet sich aber dann für das Chemnitzer Central-Theater. In dieser Situation ergreifen Carl Sukfüll und Georg Wörtge, inzwischen Direktoren des Residenz-Theaters, ihre Chance und bieten die Übernahme der Leitung an. Beide sind beim Publikum äußerst beliebt, die Kooperation erscheint wirtschaftlich sinnvoll und von Seiten der Politik gibt es keine Einwände.

Ihre Eröffnungspremiere, „Die Zirkusprinzessin" von Kálmán am 1. Oktober 1933, begehen sie mit Volksbildungsminister Dr. Hartnacke und Gaufachgruppenleiter Franz Heger als Ehrengästen. Für ihre künstlerische und menschliche Gesinnung spricht, dass Wörtge und Sukfüll noch bis Ende 1933 Werke jüdischer Autoren spielen und deren Namen drucken. Die Operette „Viktoria und ihr Husar" von Abraham, Grünwald und Löhner-Beda mit Carla Carlsen, Georg Wörtge und Hanna Rüggold beschließt Ende Oktober 1933 diese letzten Monate der Toleranz. Bald zahlen auch die Künstler der Volkstheater den Preis für die Fortsetzung ihrer künstlerischen Laufbahn und werden Teil des Systems.

Zur „Reichstheaterwoche" 1934, zu der Hitler in Dresden von der Bevölkerung frenetisch begrüßt wird, bietet das private Central-Theater am 19. Mai das nationale Singspiel „Prinz Eugen, der edle Ritter" des Österreichers Max Alexander Pflugmacher. Georg Wörtge spielt die Hauptrolle und darf am 28. Mai den aus Österreich geflüchteten NS-Gauleiter Franz Hofer als Ehrengast begrüßen.

In den nächsten Spielzeiten bleiben die Direktoren bei ihrem Metier. Sie befriedigen die verklär-

Kapellmeister Heinrich Kunz-Krause, Eric Ode, Kurt Wildersinn 1935 (v.l.n.r., Archiv Grohmann)

Carl Sukfüll und Georg Wörtge (Archiv Schwarze)

Text aus dem Programmheft der „Lustigen Witwe" 1935 (Archiv Grohmann)

te Sehnsucht des Operettenpublikums nach einer vergangenen Welt aus der tiefsten Überzeugung ihrer eigenen Auffassung von gediegener, humorvoller Unterhaltung. Als Weihnachtspremiere 1934 läuft die Operette „Seine Hoheit, der Lakai" des Komponisten Eduard Csajanek. Textautor ist Georg Wörner – niemand anders als Wörtge selbst. Handlung, Personen und Dialoge schienen direkt der Kaiserzeit entsprungen. Dank der heiteren Walzer- und Marschmelodien findet das Werk dennoch Anklang. Alle insgesamt 27 Premieren dieser Ära, inszeniert von Sukfüll und Lang, kommen mit den Solisten Maria Behling, Mimi Vesely, Ida Kattner, Johanna Schubert, Arthur Klaproth, Kurt Wildersinn, Richard Bendey, Ignaz Janda, Martin Kleber, Georg Wörtge und vielen namhaften Gästen wie Margit Suchy, Melitta Kiefer, Paula Maxa oder Eric Ode großartig an. 1936 streckt der braune Berliner Operettenkönig Heinz Hentschke seine Hand nach dem Central-Theater aus. Seit 1933 trägt er das volkstümlich als „Bonbon" bezeichnete Parteiabzeichen der NSDAP am Revers, woran er sich nach 1945 nicht mehr erinnern kann. Goebbels persönlicher Günstling möchte im Olympiajahr einen lukrativen Ableger seiner Berliner Theater „Metropol" und „Admiralspalast" in Dresden etablieren. Eine solche Offerte kann man natürlich nicht ablehnen. So verlieren die verdienstvollen Dresdner Künstler Wörtge und Sukfüll ihren Pachtvertrag und verabschieden sich am 30. April 1936 mit der „Lustigen Witwe" von einem sehr euphorischen und wehmütigen Dresdner Publikum. Die „Bank für Bauten" wird in „AG für Bauten" umbenannt. Ab Mai wird unter Leitung Fritz Millers, Chef des Tanzkabaretts „Vaterland" (das wie das Universum-Filmtheater Prager Straße 6 und der Augustiner-Keller ebenfalls von der AG für Bauten betrieben wird) für die Touristen des Olympiasommers und der Reichsgartenschau Varieté gespielt. Die legendären Clowns Grock und Charly Rivel sind mit von der Partie. Am 1. Oktober startet Hentschke mit „Ball der Nationen" die Saison und serviert in Serie die von ihm und dem Komponisten Fred Raymond verfassten Revue-Operetten. Damals im Dresdner Ensemble – der spätere Filmstar Curd Jürgens als Operetten-Bonvivant und seine Ehefrau Lulu Basler als erste Liebhaberin.

Fassade des Centraltheaters am 1. Oktober 1936 zur Premiere „Ball der Nationen"
(Archiv Schwarze)

„Ball der Nationen" 1936 Curd Jürgens und Girls
(Archiv Ackermann)

Nachdem sich Hentschke bereits 1937 aus dem Geschäft mit der AG für Bauten zurückgezogen hat, beginnt im Oktober 1937 mit der Direktion Randow und Jardin das letzte Kapitel in der Geschichte des Central-Theaters.

Der selbständige Theaterunternehmer Fritz Randow aus Berlin, geboren 1891 und vor 1933 SPD-Mitglied, hatte seit 1930 das Küchlin-Theater in Basel geleitet. Geschieden von seiner jüdischen Frau Hertha, welche in der Schweiz verblieb, heiratete er Anfang 1937 die Schauspielerin Senta Liberty und kam nach Dresden. Der Theater-Verwaltungsfachmann Hermann Jardin, geboren wahrscheinlich um 1900 in Düsseldorf, war Verwaltungsdirektor des Operettentheaters Leipzig, bevor er das Central-Theater übernahm.

Sie eröffneten mit der italienischen Operette „Chinchilla" von Lombardo und Ranzato. Randow führte nebenbei seine Gastspielagentur weiter und bespielte mit seinen Revuen nun auch das Central-Theater. Unter Titeln wie „Heut bin ich verliebt" und „Sonnenschein für alle" boten sie glanzvolles Vergnügen und überbordende Lebensfreude. Victor Corzilius sowie der ehemalige Pianist und Arrangeur des Gesangsquintetts „Humoresk Melodios", Siegfried Schulz, setzten als Komponisten und Kapellmeister neue musikalische Akzente. Jardin startete Kooperationen mit der Volksoper Hamburg unter Direktor Georg Syguda, dem Admiralspalast Berlin und dem Burgtheater Wien und brachte „Frau Luna" von Paul Lincke und „Himmelblaue Träume" von Robert Stolz heraus. Das Publikum stürzte sich begeistert auf die faszinierende Vielfalt. Die erste Spielzeit der neuen Leitung bescherte dem Central-Theater 547.591 Besucher, das Opernhaus vermeldete 344.222, das Schauspielhaus 254.259. Ein Renner waren die Weihnachtsmärchen. „Schneeflöckchen fällt vom Himmel" knackte 1938 die 100.000 Besucher-Marke.

In der Spielzeit 1938-39 firmierte das Haus unter der Bezeichnung „Direktion Hermann Jardin und Co.". „Eva" und „Paganini" von Lehár und „Wie einst im Mai" von Kollo wurden Zugstücke. Fritz Randow trat erst ab 1. Mai 1939 wieder mit seinen Revueprogrammen, in denen seine Frau Senta als singende Artistin mitwirkte, in Erscheinung. Wahrscheinlich war er zwischenzeitlich neun Monate in Rothenburg o.d.T. in Haft, da er wegen finanzieller Unterstützung seiner geschiedenen jüdischen Ehefrau in der Schweiz ins Visier der NS-Justiz geraten war. Hermann Jardin trennte sich dennoch nicht von seinem Geschäftspartner. In der Revue „Die große Parade" mit dem Bühnenbild von CRAYON (Hermann Krehan), den Texten von Walther René und der Musik von Siegfried Schulz und Thomas Thomassen konnte Fritz Randow im Sommer 1939 wieder sein Können als Show-Regisseur unter Beweis stellen.

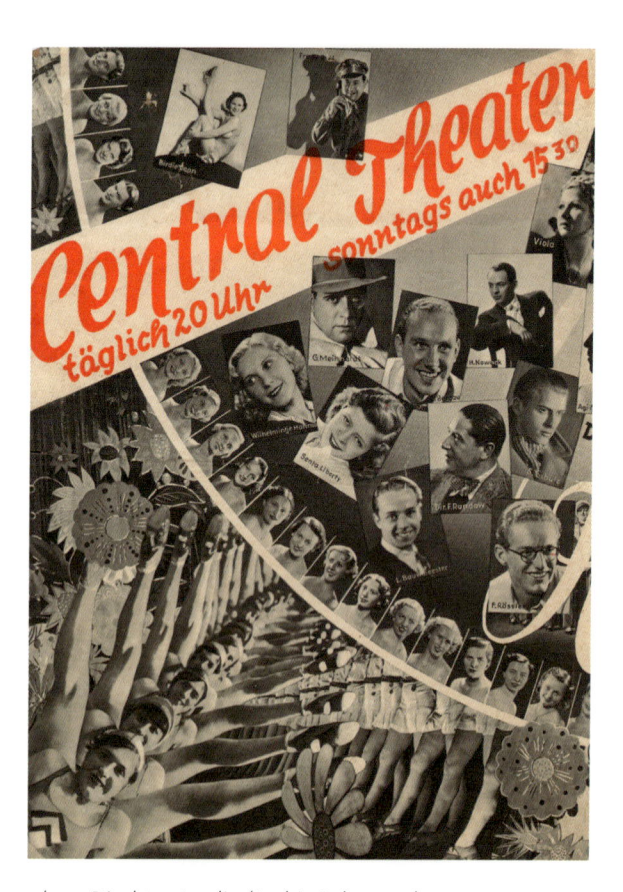

oben: Direktor Jardin (Archiv Schwarze)
unten: „Sonnenschein für alle" Programmzeitung (Archiv Ackermann)

Danach schied er aus der Leitung aus und war bis 1944 als Gastspielunternehmer unterwegs. Fred Piegsa wurde stellvertretender Direktor.

In den Kriegsjahren bestimmten die Stücke der dem Regime genehmen Komponisten Lehár, Dostal, Lincke, Kollo, Kreuder, Schröder und Künneke den Spielplan. Den Solisten Mimi Gyenes, Hugo-Ernst Rucker und Hans Hansen flogen die Herzen des Publikums zu. Direktor Jardin leistete damit den von ihm erwarteten Beitrag zur Stärkung der Kriegsmoral der Bevölkerung, verhielt sich aber nebenher bemerkenswert eigenwillig. So stellte er mit der Begründung des Männermangels im künstlerischen Personal 1941 den unter Gestapo-Überwachung stehenden Kommunisten Otto Bochmann als Schauspieler und singende Charge ein.

Der homosexuelle Komiker Rudi Schiemann überstand als gefeierter Solist am Central-Theater die Nazizeit. Nach den schweren Verwüstungen Kölns durch Luftangriffe im August 1941 holte Jardin die ausgebombten Bühnen- und Kostümbildner des dortigen Apollo-Theaters ins Engagement nach Dresden. Im Sommer 1941 war er mit fünfzig ausverkauften „Zarewitsch"-Vorstellungen auf dem Höhepunkt seiner Erfolgsstory. Zusätzliche Einnahmen verschaffte er sich als Inhaber der „Künstler-Klause", die er im Juni 1941 in der Trompeterstraße 18 eröffnet hatte.

Dann brauten sich die dunklen Wolken des Krieges auch über Dresden und seinen Theatern zusammen. Die Einberufungen rissen viele hoffnungsvolle Talente aus dem Kreis der Mitarbeiter. Schreckensmeldungen aus dem Reich und die Berichte der Soldaten und Flüchtlinge schürten unterschwellig Angst und Verzweiflung der Dresdner, die bis zuletzt mit klingendem Spiel an den Judenhäusern im Stadtzentrum vorbei zu Kundgebungen ans Königsufer marschierten und in einer unwirklichen, unzerstörten Oase lebten. Die früher reich illustrierten, bunten Programmhefte des Theaters wurden aus Papiermangel immer dünner. Die allein erscheinende „Dresdner Zeitung" empfahl den Einwohnern als Mittel gegen drohende Bombenangriffe „Sand und Wasser und vor allem Mut".

Am 27. Januar 1944 erlebte Dresden noch eine Premiere wie in alten Zeiten: die Schröder-Ope-

„Schneeflöckchen" 1938 (Archiv Kassner-Pfund)

„Eva" 1939 (Archiv Hansen-Fiedler)

„Jm Reiche des Indra" 1940 (Archiv Schwarze)

„Hallotria" 1940 Ensemble (Archiv Hansen/ Fiedler)

rette „Hochzeitsnacht im Paradies" mit Madeleine Lohse und Karl von Lennep in der Inszenierung von Kurt Schütt wurde zum rauschenden Erfolg. Der steigerte sich noch, als Publikumsliebling Johannes Heesters in der Hauptrolle gastierte. Bis zum Mai 1944 erlebte das Stück 125 Vorstellungen. Fantasievoll und mitreißend tanzte das Ballett des Hauses mit seiner neuen Solotänzerin Ingeborg Kassner. Sie wirkte seit ihrem 4. Lebensjahr im Kinderballett von Gertrude Baum-Gründig mit und war bald in den Weihnachtsproduktionen und später als Gruppentänzerin auf der Bühne des Central-Theaters zu Hause. 1943 stieg die begabte und fleißige junge Dame zur Solistin auf. Aber ihre Karriere in der Waisenhausstraße fand ein jähes Ende.

Ab Mitte August 1944 wurden für den „totalen Krieg" die letzten menschlichen und materiellen Reserven mobilisiert. Sämtliche Theater, Kabaretts, Varietés, Musik-, Tanz- und Schauspielschulen wurden geschlossen und ihr Personal in die Rüstungsindustrie oder die „kämpfende Truppe" übergeführt. Am 31. August 1944 setzte eine Vorstellung von Künnekes „Glückliche Reise" den Schlusspunkt unter die bewegte Geschichte von Dresdens schönstem und größtem Unterhaltungstheater. Am Ende lagen sich die Künstler weinend in den Armen.

Das Ballett hatte sich dann im „Objekt Martha", dem Lagerkeller der Felsenkeller-Brauerei in Dresden Plauen, einzufinden und in drei Schichten in der Wolfram- und Molybdändrahtherstellung der Osram GmbH Berlin für die „Wunderwaffe" V2 zu arbeiten. Die Tänzerinnen, unter ihnen Ingeborg Kassner, glühten ihre Drahtspulen im vorderen Teil der Stollen, hinten verrichteten Häftlinge die schwereren Arbeiten. Am 13. Februar 1945 war Ingeborg für die Schicht von 14-22 Uhr eingeteilt. Sie und ihre Freundin wollten danach noch etwas in der Stadt unternehmen, schließlich war Faschingsdienstag! Doch man ließ sie nach Schichtende nicht hinaus – worüber sie sehr ungehalten waren, nicht ahnend, welch Inferno über die Stadt hereingebrochen war. Als sie sich gegen 23 Uhr zu Fuß auf den Weg ins Zentrum machten, waren Tau-

Ballett des Central-Theaters mit Solistin Ingeborg Kassner 1944 (Archiv Kassner-Pfund)

sende gestorben und die Kultur Dresdens ausgelöscht. Die tapferen Mädchen kämpften sich vom Felsenkeller neun Kilometer quer durch die ganze brennende Innenstadt bis zu Kassners Wohnung auf der Prießnitzstraße in Neustadt.

Das Central-Theater war in diesen Stunden ausgebrannt und zusammengestürzt, Oberspielleiter Kurt Schütt und der AG für Bauten-Direktor Franz Schneider im Feuersturm umgekommen. Direktor Jardin hatte Glück. Kurz vor seiner damaligen Wohnung in der Wiener Straße 58 endete der Bombenteppich. Trotzdem packte er sofort die Koffer. Der menschlich und künstlerisch anerkannte, jedoch geschäftlich schlitzohrige Theaterpächter hatte schon mehrmals versucht, der AG für Bauten Einnahmen zu verheimlichen. Nun nutzte er das Chaos nach dem Angriff, um einer diesbezüglichen Klage und dem Dresdner Finanzamt, bei dem er Steuerschulden hatte, zu entfliehen. Er setzte sich zu seinem alten Künstlerfreund Georg Syguda nach Hamburg ab. Nach dem Krieg eröffneten die beiden dort ein Kino.

Die überlebenden Mitglieder des Central-Theaters machten sich mit ihren Kollegen aus den anderen zerstörten Spielstätten an den kulturellen Wiederaufbau und schenkten mit Musik, Tanz und Humor den Dresdnern Optimismus, Hoffnung und Lebensfreude für eine Zukunft in ihrer Heimatstadt.

Ruine des Central-Theaters 1946 (SLUB Dresden/ Deutsche Fotothek)

Die Grundstücke der AG für Bauten wurden zu Zeiten der DDR zunächst beschlagnahmt. Ein Wiederaufbau des Gebäudekomplexes mit dem sagenhaft schönen Theaterhaus wurde von Stadtbaudirektor Conert 1945 ausgeschlossen, auch Baurat Puschs Projekt eines modernen „Zentraltheaters" in unmittelbarer Nähe wurde verworfen.

Dennoch war vielen Ziegelsteinen, Treppenstufen, Eisenträgern, Rohren, Kabeln und den wertvollen Bühnenvorrichtungen aus der Ruine eine neue Verwendung beschieden – sie wurden in den Stadtteil Leuben transportiert und Bestandteile des neuerbauten Apollo-Theaters.

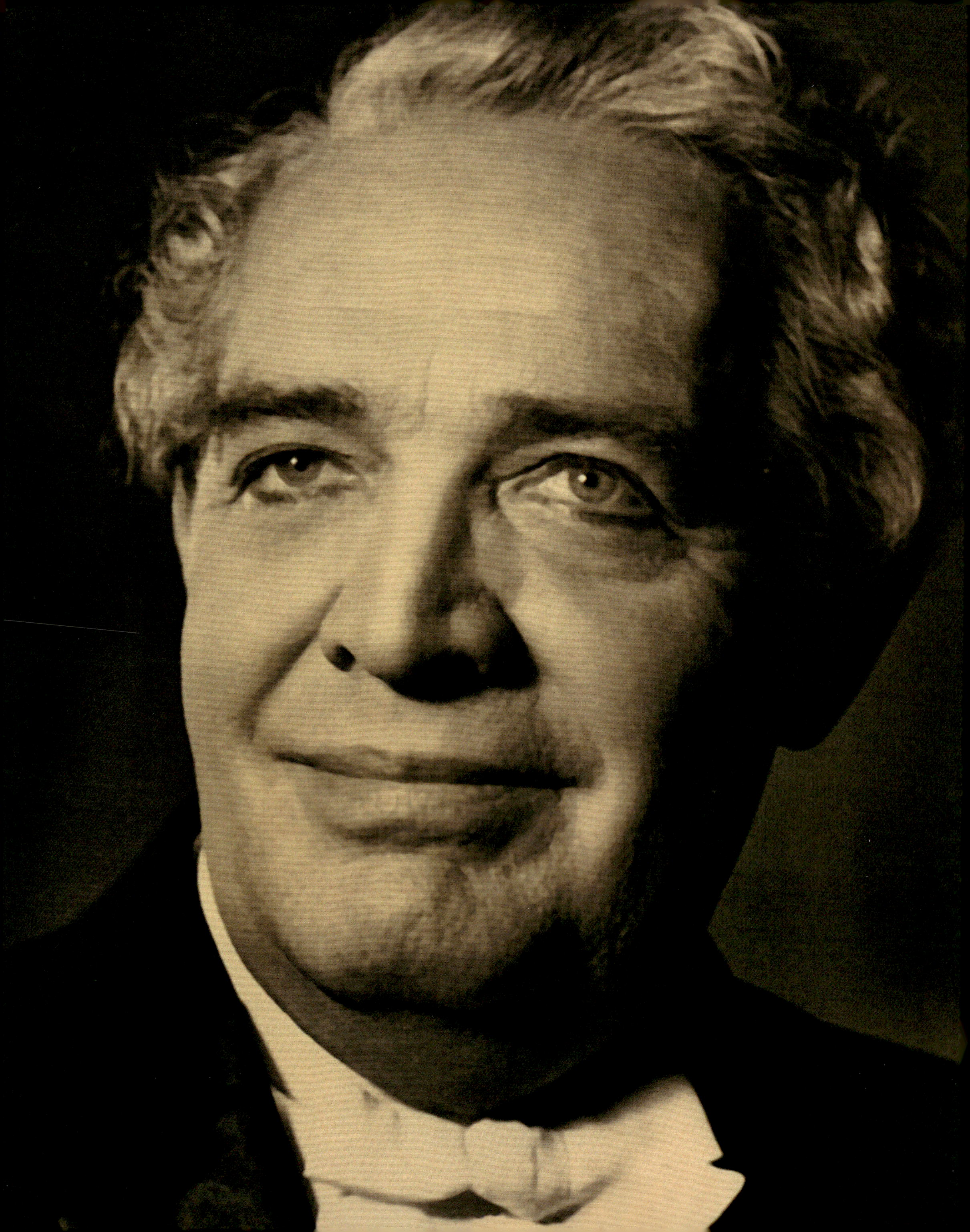

Der Komödiant des Jahrhunderts

Georg Wörtge – ein Star der Dresdner

Klax! Der Fotoreporter der „Dresdner Nachrichten" hielt eine Szene fest, an die sich mindestens einer der Abgebildeten später nicht mehr gern erinnern wird. Im Rahmen der „1. Reichstheater-Festwoche" 1934 hatte die Direktion Sukfüll – Wörtge im Central-Theater das Singspiel „Prinz Eugen, der edle Ritter" mit der Musik des Österreichers Max-Alexander Pflugmacher zur Erstaufführung gebracht. Das Stück glorifizierte den österreichischen Feldherren Prinz Eugen von Savoyen als Bekenner und Retter des Groß-Deutschen Reiches, der im Bewusstsein seiner historischen Aufgabe auf persönliches Glück verzichtet. Die Nähe der Figur zum geliebten deutschen Führer und die Hoffnung der Schöpfer auf eine baldige nationale Revolution in der „Ostmark" mit anschließender Heimkehr ins Reich waren offensichtlich. Otmar Lang hatte mit ersten Kräften inszeniert: Martha Salm vom Johann-Strauß-Theater in Wien und Willy Schillings vom Opernhaus Frankfurt als Gäste agierten neben Friedl Wilhelm, Poldi Harlanns, Martin Kleber, Ignaz Janda und Kurt Wildersinn. Die Hauptrolle des „Vaters der Soldaten und edlen Ritters" spielte Georg Wörtge (*22. November 1888, †7. Dezember 1977). Am 19. Mai 1934 fand die Premiere statt, dirigiert vom Komponisten. Die politische Botschaft des Werkes und der repräsentative Raum des Central-Theaters eigneten sich bestens für einen Propagandaauftritt. Am 28. Mai 1934 hielt Franz Hofer, der nach Deutschland geflüchtete Gauleiter von Tirol der in Österreich verbotenen NSDAP, vor der Vorstellung einen Vortrag über die Lage in seiner Heimat. Im Laufe des Besuches entstand das Foto, dem sich Wörtge als „Betriebsführer" und Hauptdarsteller natürlich nicht entziehen konnte. Ansonsten vermied er solche Zeitzeugnisse. Das Bilddokument zeigt sein Dilemma: einerseits trat er als volkstümlicher, humorvoller, unpolitischer Operettenkönig Dresdens auf, andererseits wollte er das größte Unterhaltungstheater Dresdens leiten in einer Zeit, wo eine menschenverachtende, brutale Diktatur Kultur zur Chefsache gemacht hatte und absolute Unterwerfung und Gefolgschaft forderte. Georg Wörtge war auf dem Höhepunkt seiner Karriere und bereit, mit dem Strom zu schwimmen.

„Dresdner Nachrichten", 30. Mai 1934 (Stadtarchiv Dresden)
vorhergehende Seite: Ehrenmitglied Georg Wörtge 1954 (Archiv Staatsoperette)

Der „Hamburger Jung" war am 22. November 1888 als Sohn eines aus Hessen zugewanderten protestantischen Schneidermeisters und einer Hamburgerin geboren worden. Schon 1892 starb seine Mutter. Georg wuchs im Armen- und Judenviertel Neustadt in Hamburg-Mitte auf. Sein Vater erstrebte eine kaufmännische Ausbildung für ihn. Aber das Theater zog den jungen Mann magisch an und er hatte bald einen Stammplatz auf der Galerie des Deutschen Schauspielhauses, wo er 1907 für ein paar Pfennige auch ein Gastspiel der Truppe Max Reinhardts erleben durfte. Damit war es um den jungen Kontoristen endgültig geschehen. Eine Schauspielausbildung in Hamburg war für ihn unerschwinglich, so schrieb er an Reinhardt nach Berlin und bat um eine Freistelle an dessen Schauspielschule. Nach seinem Vorsprechen bewilligte man dem jungen Wörtge Freiunterricht bei Professor Alexander Strakosch und dem Schauspieler und Regisseur Berthold Held (Mitbegründer des Theaters „Schall und Rauch"). Dazu bekam er monatlich 35 Mark Wohnungszuschuss, mit denen er seinen ganzen Lebensunterhalt bestritt.

Während der Anfängerzeit als Statist und Volontär am Deutschen Theater bekam er im Februar 1909 in einer Vorstellung von Johann Nestroys „Revolution in Krähwinkel" seine erste große Chance. Zehn Minuten vor Beginn stellte es sich heraus, dass der jugendliche Komiker Richard Großmann fehlte – Wörtge hatte die Partie längst beim Zuschauen „studiert" und überzeugte den Regisseur, ihn den Pemperl spielen zu lassen. Der Coup gelang, Max Reinhardt war voll des Lobes und Georg Wörtge auf seiner Theaterlaufbahn einen großen Schritt weiter. Nach mehreren Engagements als jugendlicher Komiker gelang ihm 1917 die Heimkehr nach Hamburg, wo er bis 1919 in diesem Fach auf der Bühne des Deutschen Schauspielhauses stand. In dieser Zeit nahm er Gesangsunterricht und ging anschließend ans Central-Theater nach Dresden. Als Graf Boni in der „Csárdásfürstin" verband er sein komisches Talent mit einer passablen Gesangsleistung und begann seine erfolgreiche Karriere als Operettenbuffo. Die nächsten Stationen waren Sommergastspiele in Breslau, ein Engagement am Zentraltheater Magdeburg und eine Amerika-Tournee. 1923 wurde das Residenz-Theater in Dresden seine künstlerische Heimat, wo er 1924 auch seine spätere Frau, die Chorsängerin Grete Eckart, kennen lernte. Er band sich zunächst nicht allzu fest an das Haus, denn er war als Solist gefragt und gastierte oft und gern in Chemnitz, Halle und Hamburg. Als Gestalter „Bunter Abende" und Kabarettprogramme machte sich der vielseitige Künstler bereits damals einen Namen. Oft stellte er sich für Wohltätigkeitsveranstaltungen zur Verfügung, was seine Beliebtheit noch steigerte. 1927 wurde Grete Solistin.

Nach und nach versammelten sich nun einige Künstlerkollegen, mit denen Georg Wörtge die kommenden dramatischen Jahre an verschiedenen Dresdner Theatern verbringen sollte, im Ensemble des Residenz-Theaters. 1923 hatte er schon Kurt Wildersinn und Carl Sukfüll kennengelernt. 1927 kamen die Ballettmeisterin Gertrude Gründig (sie heiratete 1929 den Dresdner Komponisten Hermann Max Baum) und der singende Schauspieler Martin Kleber (nach 1933 Schauspieler am Staatstheater, Landesleiter der Reichstheaterkammer Sachsen und Fachschafts-Obmann am Nebensender Dresden des Reichssenders Leipzig) dazu. Der erfahrene Regisseur Sukfüll wurde am 1. Dezember 1927 Oberspielleiter und blieb das auch an den „Vereinigten Dresdner Operettenbühnen" der Deutschen Schauspiel-Betriebs-GmbH der Gebrüder Rotter aus Berlin.

Grete Eckart und Georg Wörtge um 1925 (Archiv Grohmann)

Als 1933 durch den Zusammenbruch dieser GmbH sowohl Residenz- als auch Central-Theater zur Disposition standen, holte sich der 57-jährige Sukfüll den zwölf Jahre jüngeren, begabten und unternehmungslustigen Georg Wörtge an die Seite und übernahm mit ihm die Direktion beider Theater. Sie spielten vor allem klassische Operette, aber ebenso die vor 1933 vertraglich vereinbarten modernen Stücke von Abraham und Benatzky weiter, denn sie brachten die meisten Einnahmen. Als der NS-Staat diese von den Spielplänen fegte, versuchte Direktor Wörtge beim Reichsdramaturgen Schlösser eine Spielgenehmigung für das „Weiße Rössl" zu erwirken. Um die teuren Dekorationen und Kostüme zu retten, bot er jede gewünschte Änderung, und natürlich die Streichung der frivolen Badeszene an. Diese Intervention hatte keinen Erfolg und der strebsame Theatermann musste sich spätestens da im Klaren sein, was in Zukunft von ihm erwartet wurde. Die Dresdner begrüßten diese „Notgemeinschaft" der Theater, da sie ihnen in schwerer Zeit ihre liebsten Vergnügungsstätten rettete, und sahen nun neben Operetten-Urgestein Carl Sukfüll auch den als Darsteller bereits sehr beliebten Georg Wörtge als überragende Persönlichkeit des heiteren Musiktheaters, als legitimen Erben und Bewahrer der durch Sukfüll verkörperten vornehmen Dresdner Operetten-Tradition.

Wörtges Markenzeichen waren seine charmant-einnehmende Erscheinung in der Art eines Maurice Chévalier (welcher übrigens ebenfalls Jahrgang 1888 war), seine treffende Komik und die Fähigkeit, Sprache und Musik wirkungsvoll zu verbinden. Er spielte in „seinen" Theatern viele dankbare Rollen und kümmerte sich um Verwaltungsangelegenheiten. Mehrfach wurden ihm, so im „Bezaubernden Fräulein" von Benatzky, von der Presse darstellerische Meisterleistungen bescheinigt. Regie führten nur die alten Hasen Lang und Sukfüll. Nach außen hin wurden die beiden Direktoren nie müde, die Uneigennützigkeit ihres Tuns, die Hingabe an das Publikum und die Sorge um die Arbeitsplätze der Mitarbeiter trotz aller beschwerlichen Bedingungen zu betonen. Das traf bei dem um sein Lebenswerk bangenden Carl Sukfüll sicher zu, für Georg Wörtge war die Direktionstätigkeit auch die Fahrkarte in die neue Zeit. Am 2. Februar 1934 beging er in der Rolle des Schweinezüchters Zsupan in einer Festvorstellung von Strauß' „Zigeunerbaron" im Residenz-Theater sein 25-jähriges Bühnenjubiläum. Um diese Zeit schrieb er mit dem Komponisten Eduard Czajanek (*1874), einem Schüler Richard Heubergers, unter dem Pseudonym „Georg Wörner" eine eigene Operette mit dem Titel: „Seine Hoheit, der Lakai". Die Grundidee war, dass ein Liliput-Fürstentum von Zwillingsbrüdern regiert wird. Das Hausgesetz will, dass sie dies abwechselnd Tag um Tag tun und der jeweils regierungsfreie Bruder Lakai sein muss. Um diese Konstellation entwickelt sich nun das Intrigen-und Verwechslungsspiel. Der durch die NS-Zensur einsetzende Operettenmangel an den Theatern ebnete dem Stück schnell den Weg auf die Bühne, im April 1934 fand die Uraufführung am Theater Görlitz statt. In Dresden kam es als Weihnachtspremiere 1934 heraus.

„Der Erfolg hat gezeigt, dass es auch so geht und daß das Herausstreben aus einem Klüngel einseitig den Markt beherrschender Größen, von denen so manche auf den deutschen Bühnen von heute ohnedies nicht mehr tragbar ist, durchaus möglich erscheint. Gewisse Zugeständnisse sind natürlich so oder so zu machen. Im diesmaligen Falle haben sie vor allem dem Text zu gelten, der das Gepräge des Neuen nur durch Überspitzung alter Witze aus der Glanzzeit des Simplizissimus zu gewinnen sucht. (...)

Jedoch hat der Text auch seine guten Seiten: er ist nie zweideutig, er arbeitet nicht mit überspitzter Empfindsamkeit und auch nicht mit der manchem zweiten Operettenfinale eigenen Pseudotragik, die nur ganz leicht und sofort wieder ins Heitere zurückgelenkt anklingt, er ermöglicht endlich eine wirkungsvolle theatralische Aufmachung. (...) Als das Beste an der Operette aber erschien die musikalische Arbeit des Komponisten. (...) Da gibts also keinen Jazz und keine Manieriertheiten, sondern meist Walzer-und Marschrhythmen, nur höchstens so ein klein bißchen nach jüngeren Tanzformen hin stilisiert. (...) Die Lacher auf ihrer Seite haben vor allem Klaproth als südamerikanischer Präsident (...) und Wörtge, der mit dem „stummen" Leibjäger Bambus eine ihm gleichsam auf den Leib geschriebene Rolle voll drastischster Komikermöglichkeiten bekommen hat."

Die Spielhandlung und die Auszüge aus der Kritik der „Dresdner Nachrichten" vom 25. Dezember 1934 werfen ein bezeichnendes Licht auf Wörtges Künstlerpersönlichkeit und seine Auffassung von gutem Operettentheater. Er selbst erwähnte das Stück nie wieder und deckte niemals seine Autorenschaft auf. Wahrscheinlich empfand er die Operette als Kunstgattung mit unverrückbaren, ewigen Grundsätzen, eine Sphäre, die mit Tagespolitik und Ideologien nichts zu tun hatte, nur mit Musik und Humor und ewig wiederkehrenden Charakteren. So sollte es zur Freude und Entspannung der Menschen auf seiner Bühne weitergehen, deshalb machten er und Carl Sukfüll ihre Hausaufgaben als Betriebsführer und richteten das Theater nach dem Zeitgeist aus.

Obwohl die NS-Stadtverwaltung und die AG für Bauten über die funktionierende Unterhaltungsmaschine sehr froh waren, wenn höhere Interessen ins Spiel kamen, waren die Retter des Central-Theaters schnell abgeschrieben. Als das Hentschke-Imperium unter Protektion des Reichspropagandaministeriums das Haus als Zweigstelle Dresden auserkor, wurden Wörtge, Sukfüll und ihre Solisten im April 1936 aus dem Vertrag entlassen und in die Wüste, sprich nach Chemnitz auf Gastspiel geschickt. Das Publikum bereitete der verehrten Künstlerschar einen höchst emotionalen Abschied. Carl Sukfüll zog sich daraufhin aus dem Geschäft bis 1945 zurück und Georg Wörtge wartete auf seine nächste Chance, wieder in die Kulturelite der Gauhauptstadt Eingang zu finden.

Die bot sich schnell. Das krisengeschüttelte private Albert-Theater wurde zum städtischen „Theater des Volkes" befohlen – mit Geldern aus Berlin wurde Dresden ein Musentempel der „Kraft durch Freude" Organisation der „Deutschen Arbeitsfront" für Operette, Oper und Schauspiel geschenkt. Für so ein Volkstheater brauchte man natürlich volkstümliche Künstler. So berief Intendant Max Eckhardt als Oberspielleiter für Operette den Liebling der Dresdner, Georg Wörtge, an sein Theater. Dieses Institut war ein hochpolitisches und Wörtge hatte kaum Regieerfahrung, allein der Wille zur Karriere ließ für Bedenken bei dem kleinen Mann aus Hamburg keinen Raum. Am 2. Dezember 1936 ging mit einem enormen Aufmarsch von NS-Prominenz als Eröffnungspremiere „Eine Nacht in Venedig" von Strauß über die erneuerten Bretter. Regisseur war Georg Wörtge, der auch den Pappacoda spielte. Allerdings war seine erste Regieleistung den „Dresdner Nachrichten" nur einen Satz wert: „Wörtges Spielleitung sorgt immer für Leben und Bewegung." Inszenieren war also noch nicht ganz sein Metier, doch er wollte unbedingt seine Intentionen in Bezug auf das heitere Musiktheater auf der Bühne umsetzen.

Für diese Möglichkeit ging der eigentlich unpolitische Oberspielleiter Wörtge sehr weit. Er stellte seinen Aufnahmeantrag und wurde am 1. Mai 1937 als Parteianwärter in die NSDAP aufgenommen. Bis 1941 inszenierte Georg Wörtge alles, was auf dem Gebiet der Operette gut und teuer war, von „Clivia" bis „Hofball in Schönbrunn". Auch die Uraufführung der „Perle von Tokay" von Fred Raymond am 7. Februar 1941 war darunter. Als sein Protektor Max Eckhardt die Intendanz niederlegte, sank sein Stern. Nur noch die Uraufführungen der Operetten „Traumland" von Künneke und „Faschingstraum" von Jary entstanden 1941/42 unter seiner Leitung.

In der Spielzeit 1942/43 inszenierte der neue Intendant Curt Hampe den „Zigeunerbaron" und der toughe Regisseur Albert Fischel den „Opernball", für Wörtge blieb die Wiederaufnahme von Raymonds „Maske in Blau". Danach durfte er nur noch als brillanter Charakterkomiker sein Publikum im Theater über den Kriegsalltag hinwegtrösten. Mit kleinen Programmen ging er zu den Arbeitern in die Rüstungsbetriebe. Als die Theater 1944 schließen mussten, wurde Georg Wörtge zum Kriegseinsatz in die Spezialmaschinenfabrik Großmann in der Chemnitzer Straße 26 abkommandiert. Während des Luftangriffes am 13. Februar 1945 verloren Wörtges ihre Wohnung und kamen anfangs in Weinböhla unter, später in Berggießhübel.

Kaum war das Kriegsende überstanden, spielte und inszenierte er ganz selbstverständlich ab Juni 1945 in Fritz Randows Künstlertruppe im Dresdner Osten, vertrauend auf seine Popularität und wohl wissend, wie bitter nötig die traumatisierten und notleidenden Menschen jetzt Humor und Ablenkung hatten. Im Ensemble der neuen „Volksbühne" im Haus „Constantia" in Cotta war er zunächst

„Wo die Lerche singt" Theater des Volkes 1939/40
Georg Wörtge und Ballett (Archiv Herrich)

„Der Bettelstudent" Theater des Volkes 1937/38
Ida Kattner und Georg Wörtge (Archiv Herrich)

willkommen und führte Ende 1945 als Regisseur die Operette „Das Dreimäderlhaus" zum Erfolg. Als Therese Angeloff und ihr Bruder Fritz Steiner im Januar 1946 das Theater übernahmen und mit den Kammerspielen Johannstadt vereinigten, legten sie großen Wert auf eine klar kommunistische und pro-sowjetische Ausrichtung und entließen den bürgerlichen und belasteten Künstler. Nun wurde von staatlicher Seite seine Vergangenheit näher beleuchtet. Doch auch diesmal glückte Wörtge ein Neuanfang. Das an demokratischer Dekoration sehr interessierte neue politische System brauchte volksnahe Künstler wie ihn, um Menschen aller Schichten für sich zu gewinnen. Die Funktionäre, welche 1947 die „Deutsche Volksbühne Dresden" gründeten, sahen deshalb seine Vergangenheit nicht so eng und nahmen Georg Wörtge mit offenen Armen in den sozialistischen Kulturbetrieb auf. Für die Dresdner verkörperte der routinierte und heitere Darsteller die wohligen Theatererinnerungen der vergangenen Jahrzehnte. Die Kontinuität seines Spiels gab den Bürgern Halt und Zuversicht im Chaos der Nachkriegszeit und ließ für sie trotz allen Elends einen Teil der Kunststadt Dresden wiedererstehen.

„Apollo"- Programmzettel 1945 (Archiv Schwarze)

aktiv. 1945 trat er sofort dem FDGB bei und brachte es in der Volksbühne bald zum 2. Vorsitzenden der Betriebsgewerkschaftsleitung. Gleichzeitig erweckte er in „Manina" oder „Wiener Blut" die traditionelle Operetteninterpretation zum Leben und wurde dafür von den Dresdnern geliebt.

„Die lustige Witwe" 1947
v.l.n.r.: Vondracek, A. Augustin, G. Wörtge, R. Langer, L. Bley
(Archiv Grohmann)

Ab 1. August 1947 spielte das Randow-Ensemble im Zirkus Aeros auf dem Alaunplatz Jessels „Schwarzwaldmädel", Wörtge war als Domkapellmeister Römer dabei. So begann das letzte, lange Kapitel in seinem Leben, sein Engagement an dem Haus, welches einmal die „Staatsoperette Dresden" werden sollte. In der ersten Operetteninszenierung in Leuben, der „Lustigen Witwe" am 2. Oktober 1947 war er als Baron Zeta wieder in seinem Element. Das Theater, insbesondere die Operette, war sein Leben, wofür er alles zu geben bereit war. So suchte er sich auch politisch-gesellschaftlich wieder eine zukunftssichere Position. Seit 1909 war er Mitglied der Genossenschaft Deutscher Bühnenangehöriger gewesen und jahrelang als Obmann

„Manina" 1950 Georg Wörtge
(Archiv Staatsoperette)

„Boccaccio" 1950
Georg Wörtge und Charlotte Schaedrich

„Die Csárdásfürstin" 1957
Rita Zorn und Georg Wörtge

„Die Fledermaus" 1963
Georg Wörtge

„Der Zigeunerbaron" 1952, Georg Wörtge und
Wolfgang Roeder (Archiv Staatsoperette, 4)

Fuhr er von der Vorstellung nach Hause, legte die Straßenbahn schon mal einen Sonderhalt an seiner Wohnung ein. Zum siebenten Theatergeburtstag gab es am 2. Oktober 1954 eine Festvorstellung der „Lustigen Witwe". Georg Wörtge feierte damit 35 Jahre Bühnentätigkeit in Dresden und erhielt die Ehrenmitgliedschaft des Operettentheaters. Im Oktober desselben Jahres rief die Abteilung Kultur beim Rat des Bezirkes eine „Fachkommission Operette" zur kritischen Sichtung des Repertoires im Bezirk ins Leben, Wörtge wurde Fachberater für das Stadttheater Bautzen. Jungen Kollegen wie Erich Weber und Wolfgang Roeder gab er Schauspielunterricht. 1958 konnte er seinen 70. Geburtstag, das 50-jährige Bühnenjubiläum und 40 Jahre Karriere in Dresden begehen und wurde hoch geehrt. Zum 75. Geburtstag „schenkte" ihm das Theater die für lange Zeit letzte Inszenierung der „Fledermaus" – er zeigte den Gefängniswärter Frosch als „Trinkgenie" und Volkstype.

Von 1947 bis 1973 zog „Papa Wörtge" das Publikum mit hinreißender Charakterisierungskunst in seinen Bann. Als Sängerdarsteller von Format, der er schon längst war, als dieser Anspruch in der Ausbildung um 1950 erst formuliert wurde. Auch in modernen Stücken setzte er Glanzpunkte. Denn er gestaltete seine Figuren in „Mein blauer Himmel" oder „In Frisco ist der Teufel los" mit der gleichen Intensität, Herzenswärme oder Komik wie seine Paraderollen in „Csárdásfürstin" oder „Zigeunerbaron". Seine letzte Rolle war der Freiherr von Kunz in dem Musical „Das Fräulein wird Minister", den er

83

„Alarm in Pont l'Évéque" 1960
Georg Wörtge

„Mein blauer Himmel" 1964
Georg Wörtge

„In Frisco ist der Teufel los" 1970
Reinhold Stövesand, Georg Wörtge

„Das Fräulein wird Minister" 1969 Georg Wörtge und
Th.ea Elster a.G. (Archiv Staatsoperette, 4)

von 1969 bis 1972 spielte. In diesem Stück hatte er folgendes hintersinnige Chanson von Klaus Eidam zu singen, dessen Text aus seiner eigenen Lebenserfahrung geschrieben schien:

„Vermeiden sie, ich rat es ihnen dringend,
den Anstand, wo sich eine Chance gibt!
Ich hab es 80 Lenze lang erfahren:
Anstand ist denkbar unbeliebt!
Ich wär so glücklich, wenn es anders wäre. Aber zum gut sein gibts ja nicht mal einen Grund.
Aus Schurken macht die Menschheit Millionäre, die Braven kommen auf den Hund.
Wer mit Moral lebt, ist grundsätzlich lästig, der Tugendhafte wird nicht gern erblickt. Dieweil sein Anblick, und das ist erklärlich, so manchem aufs Gewissen drückt.
Und wo ein Böser kommt, ist jeder selig, gleich kommt sich jeder selber besser vor.
Mit wie viel Freude und wie hochmoralisch haun sich die Bösen übers Ohr.
Das Gute lebt verkannt in einer Bude, das Schlechte hält den Platz und nimmt sich Recht. Man sieht, das Schlechte ist das eigentliche Gute, jedoch das Gute ist im tiefsten Grunde schlecht!"

Am 17. Januar 1973 brachte das Ensemble der Staatsoperette mit dem Festprogramm „Das gibts nur einmal" seine Verehrung und Liebe für den Ausnahmekünstler zum Ausdruck und bereitete ihm einen rührenden Abschied von der Bühne. Jürgen Muck und Reinhold Stövesand hatten das abwechslungsreiche Programm mit und für Georg Wörtge arrangiert, seine Kollegen sangen, tanzten und spielten einen Querschnitt durch das heitere Musiktheater seines Lebens und der vitale 84-Jährige verzauberte und begeisterte mit seinen Auftritten alle Anwesenden vor, auf und hinter der Bühne. Auch sein Lieblingslied „Mausi, süß warst du heute Nacht!" aus der Operette „Viktoria und ihr Husar" von Paul Abraham brachte er noch einmal mit blitzenden Augen und ansteckendem Frohsinn über die Rampe.
So ging sie zu Ende, die einzigartige Bühnenlaufbahn von Georg Wörtge, der wie auf einem Drahtseil durch vier Gesellschaftsordnungen tanzte – als ein Komödiant des Jahrhunderts.

„Das gibts nur einmal" 1973 (Archiv Grohmann, 2)

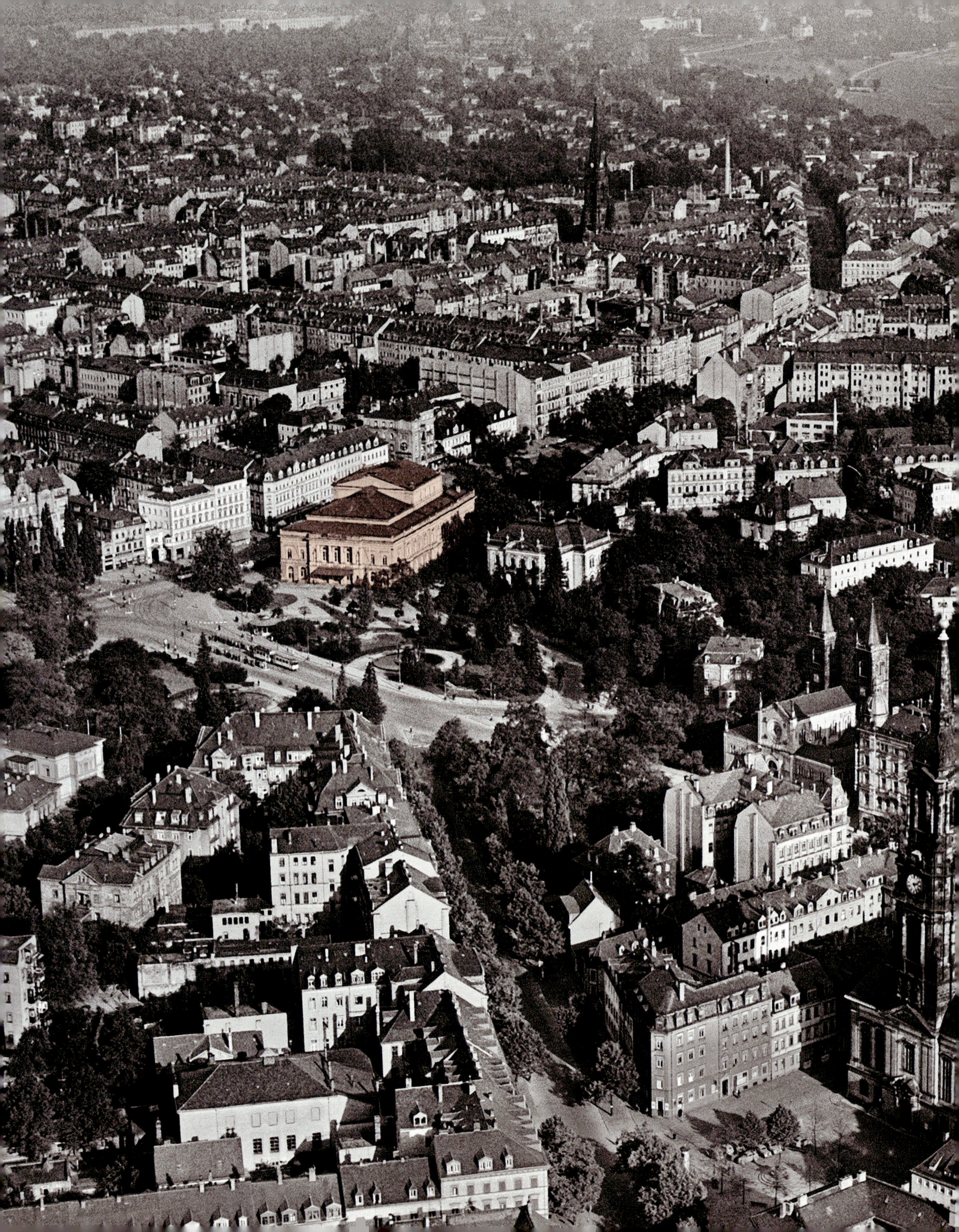

Iphigenie im Traumland

Die Geschichte des Albert-Theaters

Was für ein Menschenauflauf! Die Schlange an der Tageskasse des Königlichen Schauspielhauses am Albertplatz in Dresden-Neustadt reißt einfach nicht ab. Zum ersten Mal können die begeisterten Residenzstädter während eines Gesamtgastspiels des Friedrich-Wilhelmstädter Theaters Berlin zwei neue Operetten von Johann Strauß erleben. Am 18. April 1875 hat „Die Fledermaus" Dresdner Premiere, am 24. April folgt „Der Carneval in Rom". Albin Swoboda aus Wien als Eisenstein und das Berliner Ensemble entfesseln wahre Beifallsstürme. So dauerhaft ausverkauft war das Haus, das den Namen König Alberts trägt, seit seiner Eröffnung 1873 noch nie. Man munkelt, der neue Kapellmeister und Strauß-Freund Ernst von Schuch habe das Experiment angeregt. Der Hoftheater-Rezensent des „Dresdner Anzeigers" weiß allerdings nicht, ob er angesichts der allgemeinen Euphorie lachen oder weinen soll und schreibt am 20. April 1875 folgende Kritik:

„Einer in der Geschichte des hiesigen Hoftheaters völlig neuen Erscheinung begegneten wir am 18. April im Neustädter Hause: einem Gesamtgastspiel der Mitglieder des Friedrich-Wilhelmstädter Theaters in Berlin, also einer Schauspielergesellschaft, welche ein Genre cultivirt, welches auf unserem Hoftheater wohl einige Male versucht worden ist, aber keinen Boden gefunden hat und in der That außerhalb des Wirkungskreises eines Institutes liegt, welches ausschließlich die Kunst pflegen und durch seine Kunstpflege das Publikum zu künstlerischer Bildung heranziehen soll. Jenes Genre ist die komische Operette, welcher ihre jetzige Gestalt hauptsächlich durch Offenbach und seine Librettisten gegeben worden ist. Die Letzteren gaben ihren Arbeiten durch leichtfertige, frivole, oft sehr bedenkliche Situationen etwas Pikantes, was ein Publikum, welches bei seinem Amüsement nicht nach dem Preise fragt, für welchen es dasselbe sich verschafft, reizt und fesselt; sie behandeln ihren Stoff mit theatralischem Geschick, oft auch mit Geist, und was ihnen an Gemüth und Humor fehlt, versuchen sie durch Witz und Satire zu ersetzen. Die Musik, mit welcher solche Textbücher geschmückt werden, ist der Natur derselben entsprechend. Dieses Genre dem Publikum durch ein Gesamtgastspiel vorzuführen, ist allerdings besser, als Versuche zu machen, es dann und wann mit eigenen Kräften zu cultiviren, was Gott sei Dank wenigstens bis jetzt noch nicht Erfolg gehabt hat. Allein mit Freude kann ich auch dieses Unternehmen nicht begrüßen, da ich mich nicht davon überzeugen kann, daß die Aufgabe des Hoftheaters eine enzyklopädische ist, welche ihm die Verpflichtung auferlegt, jede Erscheinung auf dem Gebiete des Theatralischen in seinen Kreis aufzunehmen und jeder Liebhaberei des Publikums oder einzelner Theile desselben entgegenzukommen.

Nachdem ich nun so mein Herz ausgeschüttet, will ich gern anerkennen, daß die genannte, unter der Leitung des Herrn Direktor Emil Neumann stehende Operettengesellschaft in ihrem Genre vortrefflich ist. (...) Die Handlung dreht sich darum, daß ein Notar (...) die an ihm von einem Freunde begangene Ungezogenheit an diesem rächt. Die Rache, bei der beiläufig auch die Gattin des Freundes ein paar Püffe mit bekommt, gelingt vollständig. Übrigens kommen wir aus einer unreinen Atmosphäre nicht heraus: im ersten Acte sehen wir, wie der Mann seine Frau hintergeht und diese hinter seinem Rücken einen Courmacher empfängt; im zweiten Acte befinden wir uns auf einer Soirée (...) Im dritten Acte endlich beschäftigen wir uns mit zwei Betrunkenen, von denen der eine in Champagner, der andere in Schnaps gevöllert hat. Die Musik ist nicht mit dem Esprit Offenbachs komponiert und bietet nichts Originelles und Hervorragendes, doch ist sie äußerst melodiös, wohlklingend und formell und instrumental mit großer Gewandtheit gearbeitet. Der immer wiederkehrenden Tanzmelodien wird man allerdings etwas müde.

Abbildung Seite 88: Blick über den Albertplatz nach Nordost (SLUB Dresden/ Deutsche Fotothek/ Foto: Walter Hahn, Fotografik: A. Schwarze)

Die Aufführung, welche von Herrn Regisseur Tetzlaff in Scene gesetzt ist, zeichnete sich nicht blos durch geschmackvolle Arrangements, sondern hauptsächlich durch ein ganz vorzügliches Ensemble aus; auch kann man allen Betheiligten in den bedenklichsten Situationen Decenz in Haltung und Spiel unbedingt nachrühmen."

Im „Carneval" entdeckt er dann wenigstens ein paar Stellen, an denen sich die Musik „der höheren Sphäre wahrer Empfindung" zumindest annähert. Sicher musste das hehre Theater nach dieser „Entweihung" durch die heitere Muse gründlich gelüftet werden. Dennoch höchst erfreulich für die Direktion waren die exorbitanten Einnahmen, welche im Normalbetrieb des Albert-Theaters mit klassischen Dramen und „feineren" Lustspielen bis dahin nicht erzielt werden konnten. Auf Grund dieses finanziellen Erfolges versuchte sich das Hoftheater später auch selbst an Operetten – obwohl dieses degoutante Genre eigentlich aus dem Musentempel verbannt bleiben sollte. Dass den belebten Albertplatz überhaupt ein Theater zierte, war keine Selbstverständlichkeit.

Eine schwere Geburt

Seiner Errichtung war ein höchst unwürdiges Possenspiel vorausgegangen, oder wie der Dresdner sagt: „e elendes Gezerre". Nach dem Fall der beengenden Festungsmauern ab 1815 setzte auch in der Neustadt eine rege Bautätigkeit ein. Neben den barocken Straßenzügen und Palais wuchsen die bürgerlichen Viertel und die Militärstadt mit neuen Straßen und Plätzen. Nach dem „Deutschen Krieg" 1866 wurden Kaufleute und Gewerbetreibende im „Verschönerungsverein für die Neu- und Antonstadt" tätig, um das Stadtbild, Verkehrslösungen und öffentliche Einrichtungen auf ihrer Elbseite mit zu gestalten und für Einheimische und Touristen attraktiv zu machen. Der große Erfolg von Nesmüllers Volkstheater in der Altstadt und die Aussicht auf zusätzlichen Publikumsverkehr und damit regeres Geschäftsleben in der Neustadt ließen im Vereinsvorstand die Idee eines eigenen festen Theaters reifen. Von der Bevölkerung wurde der Plan begrüßt. Die Reaktion von Staats- und Stadtbehörden war so heftig, als ob der Kauf-

Albert-Theater (Dresdner Architektur-Album 1875, Tafel 32, Stadtarchiv Dresden)

mann Haselhorst mit seinem Bürgerverein eine Revolution anzetteln wollte. Nesmüllers Bühnen zogen dem Hoftheater nämlich bereits so viel Publikum ab, dass es sich in einer finanziellen Krise befand.

„*Der Besuch des Hoftheaters ist ein so überaus dürftiger, wie wohl kaum in einer anderen Stadt von der Größe Dresdens einem Theater von der Bedeutung des hiesigen gegenüber. Dieser Besuch würde durch ein Theater in der Neustadt entschieden noch vermindert werden. (...) Nach der Tätigkeit von Privattheatern in anderen Städten zu schließen, würde voraussichtlich das neu zu begründende Theater sein Repertoire auch auf die oben erwähnten, vom Hoftheaterrepertoire ausgeschlossenen Stücke (die modernen Operetten Offenbachs und Suppés und die sogenannten „Demimonde-Stücke", der Verf.), erstrecken und hierdurch würde nun allerdings bei einem Teile der Theaterbesucher dem Geschmacke eine Richtung gegeben werden, die sie dem Schauspiele und feineren Lustspiele noch viel mehr entfremdete, als es jetzt der Fall ist.*" So klagte der „Dresdner Anzeiger" am 22. September 1868.

Der bürgerliche Mittelstand in Dresden wie in anderen europäischen Städten verlangte sein Amüsiertheater und hatte inzwischen die Mittel, es selbst zu finanzieren. Aber die Hoftheaterintendanz, die Ministerien und Behörden hatten die Macht. Sie kippten den Initiatoren des Projektes Wagenladungen voller Steine in den Weg. Und so, wie die Polizeibehörde der sächsischen Hauptstadt jahrelang den Einsatz moderner Verkehrsmittel wie der Pferdestraßenbahn nur in unbelebten Nebenstraßen zulassen wollte, so wurde auch das zeitgemäße Unterhaltungstheater zur Gefahr für die Gesellschaft erklärt und das königliche Theatermonopol verteidigt.

Der Verschönerungsverein wurde mit Presseartikeln und Amtsschikanen so lange unter Druck gesetzt, bis er zustimmte, das von Geschäftsleuten finanzierte Theater nach der Fertigstellung an die Hoftheaterintendanz zu verpachten. Anfang November 1868 erklärte der Neustädter Verein dem Ministerium des Königlichen Hauses, dass er von dem angedachten Projekt zurücktritt und „die Schaffung eines wirklichen Kunstinstitutes wünscht, dessen Leistungen denen des Hoftheaters ebenbürtig zur Seite stehen und glaubt die Erfüllung dieses Wunsches von einem der Privatspekulation mehr oder weniger ausgesetzten Theater nicht erwarten zu können." Er richtet an die hohe Behörde die Bitte „ die Verwaltung eines in Neustadt und zwar auf dem am Bautzner Platze vorhandenen öffentlichen Areale zu erbauenden Theaters der Intendantur des Königlichen Hoftheaters zu überweisen." („Dresdner Anzeiger", 2. November 1868) Zusätzlich wurde die Planung und gärtnerische Gestaltung des Bautzner Platzes angeboten. Amtliche Entscheidungen zu dem Thema verzögerten sich dennoch weiter.

Am 21. September 1869 brannte das Opernhaus durch Fahrlässigkeit ab und eine Diskussion über die Beschaffung der Mittel und den Platz für ein zu errichtendes Interimstheater rückte in den Vordergrund des öffentlichen Interesses.

Es wurden Forderungen laut, dass die Stadt Dresden ihre passive Haltung aufgeben und den Unternehmern, welche in Neustadt ein Theater bauen wollten, von städtischer Seite eine annehmbare Verzinsung ihres Baukapitals bewilligen und das Gebäude samt Einrichtung kostenlos dem Hoftheater zur Verfügung stellen sollte. Dann wäre die Ständeversammlung sicher bereit, sich an den Kosten für ein neues Opernhaus zu beteiligen. Der Verschönerungsverein bekräftigte sein Angebot, bis Herbst 1870 ein Theater für 1300 Zuschauer zu errichten. Der Stadtrat reagierte und beschloss in einer Versammlung am 3. November 1869 seine Bedingungen für den Neubau. Der Baugrund am Bautzner Platz wurde unentgeltlich zur Verfügung gestellt, die Verwaltung durch das Hoftheater zwingend vorgeschrieben und der Betrieb eines Privattheaters ausgeschlossen. Auch sollte das Areal an die Kommune zurückfallen, wenn nicht binnen einer bestimmten Frist gebaut werde. Nun schien endlich der Weg frei. Inzwischen hatte das Hoftheater seinen Interimsbau, die sogenannte „Bretterbude" bezogen, über deren Unzulänglichkeiten sich alsbald der beißende Spott der architektonisch verwöhnten Dresdner ergoss. Der Neubau des Opernhauses dauerte dann von 1871 bis 1878. Am 23. März 1870 konstituierte sich der „Actienverein für das Theater zu Neu-und Antonstadt" mit dem Advokaten Otto Anger und dem Schokoladenfabrikanten Ernst Jordan als Vorsitzenden des Direktoriums und Kammerherrn Hermann Adolf von Beust, Kunstgärtner Wagner, Fabrikant Thiele und weiteren Geschäftsleuten als Mitgliedern. Doch nun verhinderte der Ausbruch des Deutsch-Französischen Krieges weitere Fortschritte. Als die Baubehörde die Pläne des Architekten Schreiber im Frühjahr 1871 endlich genehmigt hatte und das Konsortium zur Tat schreiten wollte, stieß das Vorhaben in der Stadt plötzlich auf breiten Widerstand. Man fürchtete einerseits eine Verschandelung des Bautzner Platzes durch ein großes Bauwerk und stritt andererseits darüber, ob das Theater in die Mitte oder an die Seite, auf den vorgesehenen Baugrund, zu stellen sei.

Am 17. Mai 1871 erklärte der Stadtrat seine alten Vertragsbedingungen für erfüllt, eine Kommission hatte sich aber neue einfallen lassen. Man wollte dem Verein sämtliche Kosten für den verkehrsmäßigen Ausbau des Bautzner Platzes aufbürden. Und das, obwohl die Stadt von der Staatsregierung bereits Gelder für dessen Erschließung erhalten hatte. Im Verkaufsfalle (des geschenkten Grundstücks! d. Verf.) sollte der Stadt eine Entschädigung von 20.000 Talern zustehen. In einer leidenschaftlichen Debatte wurden diese Bedingungen als unwürdig, der Gemeinnützigkeit des Unternehmens entgegenstehend und die Entwicklung der Neustadt behindernd gegeißelt. In der Abstimmung wurden sie dann abgelehnt und der Vertrag bestätigt. Nun, das Hoftheater war durch den Brand obdachlos und in der Pirnaischen Vorstadt wuchs bereits das private Herminia-Theater in die Höhe – auch der Hof drängte zur Ausführung. Kronprinz Albert verlieh dem zukünftigen Theaterbau schon mal seinen Namen und am 17. Juli 1871 wurde in einer bescheidenen Zeremonie, zu der keine Honoratioren der Stadtverwaltung, sondern nur die Vertreter der Aktiengesellschaft und des Verschönerungsvereins sowie der Architekt und die Meister der Baugewerke anwesend waren, der Grundstein gelegt. Der Pachtvertrag mit dem Hoftheater war auch unter Dach und Fach, er lief zunächst über 10 Jahre, in denen jährlich 10.000 Taler Pacht für die Benutzung des Hauses fällig wurden.

Am 31. Mai 1871 wurde mit dem Neorenaissance-Bau begonnen. Im Oktober standen schon die Umfassungsmauern, das Gebäude war am Bühnenhaus 42 m breit und insgesamt 65 m lang. Im Spätsommer 1873 wurde das Theater fertiggestellt. Die beiden großen Fassadenplastiken „Der Tanz" und „Die Musik" des Bildhauers Menzel wurden erst wenige Tage vor der Eröffnung am 20. September 1873 auf ihre Plätze befördert. Der Zuschauerraum mit vier Rängen war vornehmschlicht in Weiß, Grau und Gold gehalten und bot 1500 Zuschauern auf rot gepolsterten Sitzen Platz. Aus dem Plafondgemälde von Diethe schauten Mozart, Beethoven, Goethe und Schiller herab. Die Hauptbühne war 24 m breit und 16,50 m tief, die Portalbreite betrug 10,50 m und das Bühnenhaus erreichte eine Höhe von 26 m.

Ein Hoftheater für das Volk

Goethes Schauspiel „Iphigenie auf Tauris" sollte diesem gediegenen Tempel Thalias, ebenso wie einige Jahre zuvor der königlichen „Bretterbude", die Weihen einer Kunststätte von Rang verleihen. Dazu fand sich eine illustre Gesellschaft ein, auch Kronprinz Albert und Prinz Georg mit ihren Gemahlinnen gaben sich die Ehre. Zum ersten Mal war Pauline Ulrich als Iphigenie zu erleben und erntete nur verhaltenes Lob. Den meisten anderen Darstellern wurde im „Dresdner Anzeiger" vom 22. September 1873 eine „ganz würdige Repräsentanz der Rollen" bescheinigt. Der Abend endete mit „warmem Beifall" – die Veranstaltung ging also keineswegs als Highlight in die Dresdner Theatergeschichte ein. Weiterhin wurde das Haus als zweitrangig behandelt und zunächst nur viermal pro Woche bespielt. Mit Stücken wie „Minna von Barnhelm" konnte man zudem nur wenige Dresdner hinter dem Ofen hervorlocken. Im Zuschauerraum hing ja der abgelegte Kronleuchter des Pleite gegangenen Herminia-Theaters, man spottete, dass er wahrscheinlich das geschäftliche Pech mitgebracht hatte. Nach dem gefeierten Start des Residenz-Theaters unter der Direktion Dr. Müller ätzte der „Calculator an der Elbe", dass es dort nun wohl bald Benefizvorstellungen für die Aktionäre des Albert-Theaters geben würde. Damit sind wir schon wieder im Jahr 1875 bei jener denkwürdigen ersten

> „Der Calculator an der Elbe" Nr. 23/1873
> **Satire über das Interimstheater**
>
> „Die Hoftheaterintendanz hat eine Verordnung erlassen, nach der in der Nähe der Hoftheaterbude nicht laut gesprochen, gepfiffen, gehustet und geniest werden darf, das Berühren der Wände mit Stöcken und Regenschirmen ist bei schwerer Ahndung verboten, ebenso das Anlehnen und Drängeln gegen das Gebäude. — Das Publikum hat in Gummischuhen bei der Vorstellung zu erscheinen und ist alles Trampeln und Applaudiren verboten. Die Sänger sind angewiesen, ihre Parthien zu pfeifen. Die Blechbläßer im Orchester gleichfalls. Der aus dem Stehgreif unproblich angestellte Pauker darf blos mimisch pauken. Die Streichinstrumente müssen alle con sordino spielen, nur die Bässe nicht, denn diese sind gleichfalls, wie das ganze Haus, vom Schwamm erfaßt und nicht gefährlich. Dem Souffleur ist bei harter Strafe verboten, wie bisher so laut zu schreien. Diese Maßregeln sind nothwendig, um die jetzige Theaterbude noch bis zur Eröffnung des neuen Hoftheaters auf den Beinen zu halten."

„Fledermaus", bei der im Neustädter Theater das Genre Triumphe feierte, welches erst 60 Jahre später endgültig in seine Mauern einziehen sollte. Bis 1894 fanden im „Königlichen Schauspielhaus Neustadt" vor allem Lustspiele, Schwänke, bürgerliche Dramen und kleine Opern ihre Heimstatt. Das Hoftheater setzte hier ganzjährig einen Spielplan wie früher im Sommertheater im Linckeschen Bade an, um der Volkstheater-Konkurrenz des Residenz-Theaters Paroli zu bieten. Erst unter Intendant Graf von Seebach wurden Darstellungsweise und Spielplan reformiert und die moderne dramatische Dichtung auch im Neustädter Theater heimisch. 1894 kaufte König Albert Theater und Grundstück. Im Sommer 1896 wurde das Haus renoviert und von Gasbeleuchtung auf elektrisches Licht umgestellt. Als Premiere für die Wiedereröffnung wählte man „Nathan der Weise" von Lessing. Niemand konnte damals ahnen, dass dieses Stück mit der Premiere am 10. Februar 1933 auf der Bühne des Albert-Theaters einmal das Ende der bürgerlich-demokratischen Epoche der Dresdner Theater markieren würde. Bis dahin erlebte das Unternehmen viele Höhen und Tiefen.

Als die Pläne zum Bau eines großen Schauspielhauses in der Altstadt um 1909 Gestalt annahmen, begann die Hoftheaterintendanz, das Albert-Theater auf Verschleiß zu fahren. Neue bau- und feuerpolizeiliche Vorschriften wurden nicht mehr umgesetzt. Die Kunde von der Aufgabe des Hauses durch das Hoftheater ließ bei den Neustädtern die Alarmglocken schrillen. Sie befürchteten eine weitere Abwertung und wirtschaftliche Schwächung ihres Stadtteils. Deshalb gründeten 1911 einige namhafte und kapitalkräftige Bürger eine neue König-Albert-Theater-AG, um das Theater zu pachten. Direktor Witt vom Residenz-Theater, die Bank

Eingangshalle (oben) und Erfrischungsraum 1. Rang 1936 (Archiv Herrich)

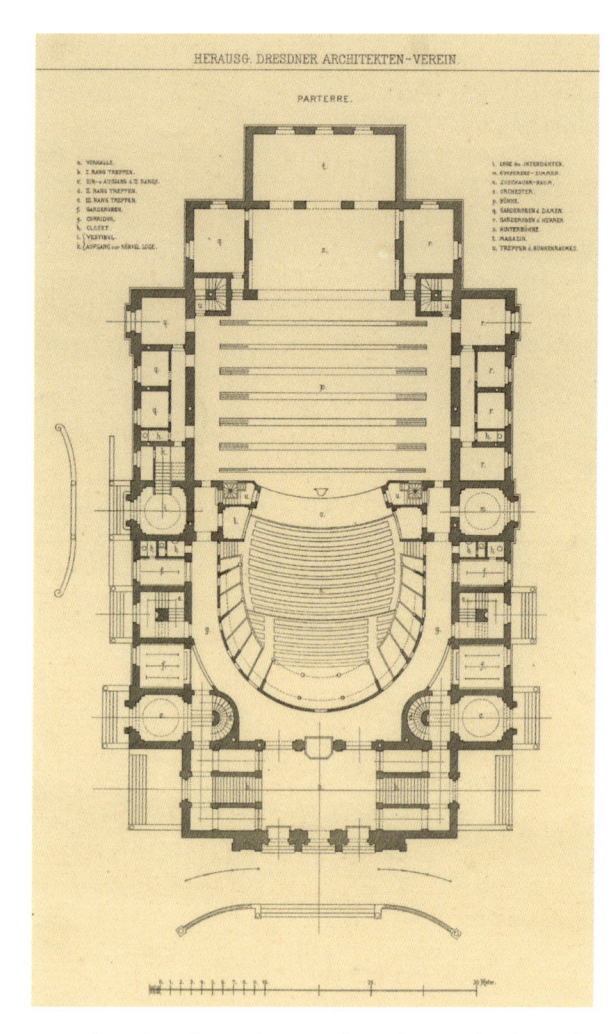

Grundriss des Albert-Theaters (Dresdner Architektur-Album 1875, Tafel 35, Stadtarchiv Dresden)

für Bauten und auswärtige Impresarios meldeten gleichfalls ihr Interesse an. Der König wollte das kostenintensive Objekt jedoch verkaufen, um mit dem erzielten Gewinn das Palais Kap-herr in der Parkstraße als zukünftiges Kronprinzen-Palais zu erwerben. Friedrich August verlangte 1,3 Millionen Mark für die abgenutzte Immobilie. Alle Interessenten winkten dankend ab – bis auf den Neustädter Aktienverein. Im rührenden Bestreben, das Haus als Volkstheater zu erhalten, mobilisierte er 300 Kleinaktionäre für dieses Projekt und ging auf den Vertrag ein. 500.000 Mark waren in bar fällig, der Rest jahrzehntelang als Hypothek abzuzahlen. In tiefer Dankbarkeit für die königliche Gnade engagierte man den Hofschauspieler Maxim René als Direktor. Seine Inkompetenz und 300.000 Mark ungeplante Aufwendungen zur Herstellung der Betriebsfähigkeit ließen bereits die erste Spielzeit 1914 im finanziellen Desaster enden. Ein Konkurs hätte das Ansehen des Königs in der Bevölkerung beschädigt, deshalb wurden neue Hypotheken bewilligt. Die Last dieser Schulden, die neben den laufenden Kosten des Theaterbetriebs in den kommenden deutschen Krisenjahren zu bewältigen waren, schwebte wie ein Damoklesschwert über den bedeutenden künstlerischen Erfolgen des Albert-Theaters.

Eine Volksbühne für Dresden

Wechselnde Direktionen machten es ab 1914 zu einer modernen Bühne, auf der das Publikum alle Strömungen der zeitgemäßen Dramatik erleben konnte, inszeniert und dargeboten von Meistern ihres Faches. 1914 – 17 stand dem Ensemble das russische Theater-Multitalent Adolf Edgar Licho vor. Erfahren als Reinhardt-Schüler und als Darsteller und Regisseur in Wien und Berlin ließ er Wedekind, Ibsen, Kokoschka, Hasenclever und Strindberg spielen, Olga Limburg und Fritz Kortner waren Ensemblemitglieder. Im Juli 1918 brachte man das Haus technisch auf den neuesten Stand, neben einer zeitgemäßen Beleuchtungsanlage wurden ein massiver Kuppelhorizont und eine elektrische Drehbühne eingebaut. In den wirtschaftlich schwierigen Jahren nach dem 1. Weltkrieg zogen wieder „Robert und Bertram – die lustigen Vagabunden" von Raeder, Hofmannsthals „Jedermann" und „Die lustigen Weiber von Windsor" ein und es wurde eine Operetten-Spielzeit von Juni bis August eingeführt. Ständig wechselten die Pächter. Die ehemalige Dresdner Hofschauspielerin Hermine Körner gastierte mehrmals, unter anderem im Juni 1921 mit „Candide" von Shaw. Ab 1. September 1921 firmierte das Albert-Theater unter dem Namen „Neustädter Schauspielhaus". 1923 musste aus Gründen der Feuersicherheit wieder in das Gebäude investiert werden. Der holzfreie Umbau des Bühnenhauses und der Drehbühne von 16 m

Durchmesser in eine Eisenkonstruktion, eine Vergrößerung des Orchestergrabens und die Ausführung der Tragteile und Decken in Eisenbeton schufen eine zukunftssichere Spielstätte. Sie wurde zuerst von Paul Willi und 1925 bis 1927 von Hermine Körner geleitet, die sich inzwischen auch als Regisseurin und Intendantin einen Namen gemacht hatte. 1926 übernahm sie zusätzlich die Führung des neuen Komödienhauses auf der Reitbahnstraße. 1929 inszenierte sie gastweise die Dresdner Erstaufführung der „Dreigroschenoper" von Brecht/Weill, 1931 stand unter anderem die Bühnenfassung des Kinder-Romans „Emil und die Detektive" des Dresdners Erich Kästner auf dem Spielplan. Charlotte Küter, Aenne Schönstedt, Arno Großmann, Max Reitz, Albert Willi und Martin Kleber prägten als Darsteller die Jahre bis 1933.

Hugo W. Philipp (Archiv Schwarze)

Den Glanz dieser Zeit verdankte das Theater der Arbeit seines Oberspielleiters Hugo Wolfgang Philipp, der von 1923 an künstlerische Maßstäbe setzte und ab 1927 auch die Intendanz innehatte.
Am 10. Februar 1933 hielt Hitler im Berliner Sportpalast seine erste Rede als Reichskanzler der Deutschen. Im Albert-Theater hob sich an diesem Abend der Vorhang zur Premiere der letzten Aufführung von Lessings „Nathan" bis 1945. Unter der Regie und Mitwirkung von Lothar Koerner spielten Prof. Adolf Müller a.G., Gertrud Brendler, Charlotte Franz, Tony König, Carl Lambertin, Albert Willi, Hans Eyskamp und Martin Held und verkündeten die Botschaft von Humanismus und Toleranz unter den Völkern und Menschen. Als SA-Männer die Bühne stürmten, um den jüdischen Direktor Philipp zu verhaften, ermöglichten ihm sozialdemokratische Bühnenarbeiter die Flucht (Artikel von Rudolf Frank in der „Baseler Abendzeitung" vom 2. Februar 1968).
Ab April 1933 blieb das Haus sechs Monate geschlossen. Das Komödienhaus in der Altstadt wurde renoviert und am 4. Oktober als nationalsozialistisches Kammerspiel-Theater unter Direktor Jürgen v. Alten wiedereröffnet. In seinem Ensemble agierten auch Gisela Schlüter, Walter Tautz und Martin Hellberg.
Mit finanzieller Unterstützung eines „nationalsozialistisch gesinnten Bürgers" wurden Paul Rainer und Otto Wilhelm Müller Pächter bei der Albert-Theater AG und wollten das Haus ab Oktober 1933 als „reines Volkstheater mit niedrigsten Kassenpreisen" führen. Aber die Zeiten waren schlecht, auch eine Fusion mit dem fast bankrotten Stadttheater Meißen im Frühjahr 1934 brachte der Bühne am Albertplatz keine wirtschaftliche Erholung. Die Betreiber versuchten nun, das Theater mit Gastspielen der Ganghofer-Thoma-Bühne und der „Vier Nachrichter" am Leben zu erhalten. Das war ein Münchner Studentenkabarett unter Leitung Helmut Käutners, welches 1935 von Goebbels verboten wurde.
Das letzte Kapitel in seiner Existenz als Privattheater war die Nutzung als Varieté ab Mitte Februar 1936. Der AG-Vorstand Konsul Dr. Bernhard Mühlberg versicherte dem Publikum, dass er keinem privaten Gewinnunternehmen vorstehe, sondern nur das Wohl der Artisten, die Freude der Werktätigen und das Ansehen Dresdens im Auge habe. Trotz aggressiver Werbung und Kampfpreisen war jedoch bereits am 30. April der „Rausch von Anmut, Schönheit, Kunst und Sensation" im „Weltstadt-Großvarieté" (Albert-Theater-Varietézeitung) verflogen und die Aktiengesellschaft finanziell endgültig am Ende.

Varietézeitung 1936 (Archiv Ackermann)

Ein Stadttheater für die „Volksgemeinschaft"

Eigentlich kehrt um diese Zeit am quirligen Postplatz in Dresden langsam Ruhe ein, aber an diesem 14. Dezember 1935 ist er eine Stunde vor Mitternacht sehr belebt und das Schauspielhaus erstrahlt in hellem Licht. Aus allen Richtungen eilen die Theaterleute Dresdens nach ihren Vorstellungen herbei, um im Zuschauerraum Platz zu nehmen. Denn die Bühne gehört heute den Gallionsfiguren der neuen Kulturpolitik, angeführt vom Landesleiter Sachsen der Reichstheaterkammer, Staatsschauspieldirektor Rudolf Schröder. Prominenter Gastredner der befohlenen Zusammenkunft ist Alfred Frauenfeld, aus Österreich geflüchteter ehemaliger NSDAP-Gauleiter von Wien und jetziger Geschäftsführer der Reichstheaterkammer in Berlin.

Mit österreichischem Charme schwört er die Dresdner Theaterschaffenden auf die Vorgaben und Ziele der „Fachschaft Bühne der Reichstheaterkammer" ein, die am 6. September in Berlin gegründet worden war. In seiner demagogischen Rede führt er aus, dass nur „zum Besten der Bühnenberufe" Bühnenverein, Bühnengenossenschaft und Chorsängerverband aufgelöst und „alle Schaffenden in einer nationalsozialistischen Gemeinschaft zusammengefasst" worden waren. Die Rangordnung, in der Theaterunternehmer gegen Angestellte standen, sei damit aufgehoben. Um den Zulauf zu künstlerischen Berufen, in denen eine hohe Arbeitslosigkeit und soziale Not herrscht, einzudämmen und eine bessere Ausbildung der wirklich Begabten zu fördern, wurde der Bühnennachweis reformiert und eine Eignungsprüfung eingeführt. Danach geht Frauenfeld auf das „Verhältnis von Künstlerschaft und Bewegung" ein (siehe Redeauszug Kasten).

Die Definition von „nationalen Pflichten" der Künstler und ihre propagierte Wertschätzung durch das Regime überzeugen viele Anwesende von der Bedeutung und Richtigkeit des eingeschlagenen Weges und lassen sie Gleichschaltung und Judenverfolgung vergessen. Der Vorsitzende des Ortsausschusses der Fachschaft Bühne und spätere Stellvertreter des Landesleiters der Reichstheaterkammer, der Schauspieler Martin Kleber, betont in seiner Rede die Notwendigkeit eines engen Zusammenschlusses der Dresdner Fachschaftsmitglieder um die Ortsgruppe der Staatstheater und würdigt die Maßnahmen zur Linderung der Not unter den Bühnenkünstlern, wofür die Gründung des „Neuen Künstlertheaters" durch Reichstheaterkammer und NS-Kulturgemeinde im Oktober in Leipzig ein leuchtendes Beispiel sei. Geboten werden dort Schau- und Lustspiele, Volkstücke, Klassiker und Operetten, interpretiert im neuen Geiste. Ein solches Unternehmen wurde nun auch für Dresden ins Auge gefasst.

Aus der Rede von Frauenfeld 1935 in Dresden
Die Künstlerschaft in der Bewegung

„Noch pflegen viele Künstler Politik abzulehnen. Aber der Nationalsozialismus ist mehr als eine politische Partei, er ist eine Weltanschauung. Zu dieser muß sich gerade der schöpferische Mensch bekennen. (…) Der Nationalsozialismus hat erst das Volk wieder ins Theater geführt, dem es völlig entfremdet war. Er übernahm die Pflicht, ein Theater zu schaffen, das die Menschen wieder erhebt, anfeuert und für den Alltag stählt. Die von dem Nationalsozialismus in die Theater geführten Arbeiterscharen sind die dankbarsten Zuschauer. Das verpflichtet den Künstler. Kunst entsteht nur aus der Wechselbeziehung von Gebenden und Empfangenden. Der Bühnenkünstler kann den Empfangenden nur etwas geben, wenn er mit ihnen auf dem gleichen weltanschaulichen Boden steht. (…) Die deutsche Kunst muß von innen heraus Heilung finden. Die Abwehr des Verwerflichen hat in der Bühnenproduktion bereits Früchte getragen. Wir haben das Glück, einen Führer zu besitzen, der selber ein Künstler ist. Dessen sollten sich die deutschen Künstler würdig erweisen."

„Dresdner Nachrichten", 15. Dezember 1935

1936 erwarb die Stadt Dresden das am Boden liegende Albert-Theater und begründete mit finanzieller Unterstützung des Reichspropagandaministeriums und der „Deutschen Arbeitsfront" das „Theater des Volkes" als Stadttheater.

Wieder einmal wurde umgebaut und renoviert, Elfenbein und Grün beherrschten nun farblich das gesamte Theatergebäude, die Goldverzierungen im Zuschauerraum wurden erneuert. Eine großzügigere Raumgestaltung im Kassen- und Foyerbereich trug den erwarteten Besuchermassen Rechnung. Mit einer neuen Beleuchtungsanlage, einer eigenen Tischlerei und dem nochmals erweiterten Orchestergraben erfüllte es alle Anforderungen an ein Mehrspartenhaus. Damit den Volksgenossen immer bewusst war, wem sie diesen herrlichen Musentempel zu verdanken hatten, wurden sie im Foyer von einem Führerbild des Dresdner Malers Schaaff empfangen. Kostüme und Kulissen für den Anfang kamen aus dem untergegangenen Residenz-Theater, die Stadt hatte den Fundus ersteigert.

In alter Dresdner Manier umfasste das Konzept für das „Volkstheater" vor allem das Genre Operette, dazu Singspiele und Volksstücke. Opern und große Dramen wurden anfangs ausgeklammert und blieben wie früher den Staatstheatern vorbehalten.

„*Es wird sich fernhalten von hohen Tragödien und literarischen Versuchen; es wird das allgemein Ansprechende und jedermann künstlerisch zugängige bringen und, ohne ernste Werke völlig auszuschalten, heitere Kunst der Musik und des Wortes pflegen.*"

(„Dresdner Nachrichten", 29. November 1936)

Dresdens Oberbürgermeister Ernst Zörner, seit 1925 NSDAP-Mitglied, Hitler-Vertrauter und ab 1. August 1933 im Amt, verstand es, den Aufbau der NS-Stadtverwaltung in der Kunststadt Dresden mit wirkungsvollen kulturellen Ereignissen und Fördermaßnahmen zu verbinden. Dazu gehörten unter anderem die Reichs-Theater-Festwoche 1934, die Stiftung des Kunstpreises der Stadt Dresden, die persönliche Führung des 1934 gegründeten städtischen Kulturamts und die Schaffung des „Theaters des Volkes". In vielen wirtschaftlichen und kulturellen Gremien bekleidete er Positionen, zum Beispiel als Mitglied des Reichskultursenats oder Vorsitzender des Sächsischen Kunstvereins. Führertreue und Recht, Ordnung und Freiheit im Sinne der nationalsozialistischen Weltanschauung waren für ihn immer oberstes Prinzip.

Dementsprechend wurde auch das neue Stadttheater ausgerichtet. Zum Intendanten wurde der in Dresden gebürtige Schauspieler und Regisseur Max Eckhardt berufen, zum Kapellmeister Hugo Leyendecker und als Ballettmeister fungierte Georges Blanvalet, alle drei waren Mitglieder der NSDAP. Spielleiter für Lust- und Schauspiel wurden Hannes Döbbelin und Max Jähnig, als Oberspielleiter der Operette kam Georg Wörtge, der gefeierte Darsteller und ehemalige Direktor des Central-

Zuschauerraum
Werbeheft der „KdF-Theaterringe" für das „Theater des Volkes" 1939 (Archiv Schwarze)

Theaters. Das Ensemble wurde aus erstklassigen Kräften zusammengestellt, unter ihnen Fee von Reichlin, Mimi Gyenes, Rolly Padilla, Hans Priem, Pepi Schroeger und Willy von Hendrichs. Auch dem kommunistischen Sänger Otto Bochmann, nach dem Krieg Intendant der Volksbühne Dresden, gelang es, ein Engagement als Schauspieler und singende Charge zu bekommen. Allerdings wurde nach 14 Tagen sein Vorleben bekannt, worauf Entlassung und Auftrittsverbot folgten.

Am 1. Dezember 1936 wurde das „Theater des Volkes" am Albertplatz mit einer Festvorstellung der Operette „Eine Nacht in Venedig" von Johann Strauß eröffnet. Eingeleitet wurde die Veranstaltung, zu der sich das Auditorium mit Amts- und Uniformträgern aller Couleur, den Vertretern von Kunst, Wissenschaft und Stadtbehörden sowie prominenten Gästen aus Berlin gefüllt hatte, mit Reden des Oberbürgermeisters Zörner und des Reichskulturwarts Hinkel, der die Glückwünsche von Propagandaminister Goebbels, Reichsdramaturg Schlösser und DAF-Chef Ley überbrachte. Sie gipfelten in der Aussage, dass man in diesem Hause „nicht irgendeine patentierte Scheinheiligkeit sogenannter besonders gebildeter Zuschauerkreise und keine literarischen und musikalischen Experimente" dulden werde.

Nach diesen begeistert beklatschten, aber eigentlich beängstigenden Statements entfaltete sich auf der Bühne das bunte Treiben des venezianischen Karnevals in den prächtigen Bildern des Ausstatters Hans Kämmerling. Regisseur Georg Wörtge spielte den Pappacoda, an seiner Seite die bezaubernde Fee von Reichlin und Mimi Gyenes, Kurt Uhlig, Hans Priem, Kurt Wildersinn, Rudolf Fleck und Otto Melcher. Als sich die Darsteller am Ende im tosenden Beifall verbeugten, schauten sie in viele lachende und glückliche Gesichter. Und sie blickten auf den prunkvollen Gobelin an der Brüstung des ersten Ranges. Er zeigte das Dresdner Stadtwappen, umgeben von vielen kunstvoll eingewebten Hakenkreuzen. Nur wenige erkannten in ihm das Leichentuch der Dresdner Kultur.

Proszenium und Bühnenportal (Archiv Herrich)

Wappenteppich (Archiv Herrich)

Durchs Traumland in den Untergang

Die 1250 Plätze des Theaters wurden zu einem großen Teil zuverlässig durch die Besucherringe der „Kraft durch Freude"-Organisation der „Deutschen Arbeitsfront" gefüllt. Sie verfügte über mehrere Theater im Reich, um „die Kunst zum Volk und das Volk zur Kunst" zu bringen. Die frei verkäuflichen Karten waren sehr begehrt und die Warteschlangen an den Kassen nahmen bis zur Schließung der Theater 1944 ständig zu. 1939 verzeichneten die KdF-Theaterringe schon 17.000 Mitglieder, die regelmäßig das städtische Theater besuchten. Damit konnte die Organisation maßgeblich den Spielplan bestimmen und orderte vorzugsweise Operetten, Volkskomödien und Märcheninszenierungen. Von 1936 bis 1941 kamen 68 Werke in 1762 Vorstellungen zur Aufführung, davon waren 1085 Operetten
(„Dresdner Anzeiger", 16. August 1941).
Diese versüßten den Menschen eine Realität, welche im Juni 1941 von Tag zu Tag irrwitziger wurde. Während am Albertplatz Maria Horstwig als „Clivia" Triumphe feierte, weidete sich die Tagespresse an den Zerstörungen durch deutsche Bomber in Birmingham und erklärte den Überfall auf die Sowjetunion zum „deutschen Freiheitskampf". Am 4. Juli mussten die Kulturschaffenden Dresdens ihren Durchhaltewillen auf einer „Kriegskundgebung" im „Theater des Volkes" bekunden, Redner war der berüchtigte SS-Jurist Karl Engert. Danach wurden am Haus in Abstimmung mit dem neuen Oberbürgermeister Dr. Nieland von Goebbels persönlich geförderte Veränderungen vorgenommen. In Berlin war man weder mit den Leistungen der kostenintensiven Staatsoper Dresden noch mit dem tyrannischen Gebaren des primitiven und kulturfernen sächsischen Reichsstatthalters Mutschmann zufrieden. Angestrebt wurde ein künstlerischer Mittelweg zwischen anspruchsvollem Musik- und Sprechtheater und unterhaltender Ermunterung der Werktätigen und Wehrmachtsangehörigen in schwerer Zeit. Das „Theater des Volkes" sollte in eine Art anregende Konkurrenz mit den Staatstheatern treten und die „kultur-soziale Versorgung opernhungriger Mitbürger" absichern, die sich teure Opernkarten nicht leisten konnten. Max Eckhardt wurde abgelöst und Curt Hampe als Intendant eingesetzt. Mit neuen Künstlern und einer Öffnung des Spielplans hin zu Oper, Lustspiel und Drama präsentierte sich das Haus in den letzten drei Spielzeiten als vielseitiges Volkstheater.

Albert Fischel aus München gastierte zunächst und wurde 1942 Oberspielleiter, Fred Schroer Oberspielleiter der Oper, Willi Court und der Schauspieler, Bühnenautor und Journalist Eugen Herbert Kuchenbuch Spielleiter des Schauspiels. Die Spielleitung der Operette musste sich Georg Wörtge von da an mit Adolf Wiesner teilen. MD Kurt Eichhorn und der in Geising gebürtige Komponist Nino Neidhardt leiteten das Orchester. An die Spitze der Tanzgruppe trat bis 1943 die blonde jugendliche 1. Solistin der Staatsoper Dresden, Vera Mahlke, als Ballettmeisterin. Sie war schon länger mit selbst konzipierten Solo-Tanzabenden und ihrer eigenen Tanzschule in Erscheinung getreten und hatte die Idee, die verspielten Porzellanfiguren Kändlers

„Die Landstreicher"
1939
Fee von Reichlin und
Pepi Schroeger
(Archiv Herrich)

„Maske in Blau" 1938/39 (Archiv Herrich)

zum Leben zu erwecken. Im Rahmen der Zwinger-Serenade der Dresdner Philharmonie am 5. Juli 1941 hatte die Choreografie „Tanzendes Barock" zur Musik von Nino Neidhardt ihre effektvolle Uraufführung. Im Ballettensemble Vera Mahlkes tanzte auch Dore Hoyer, später bekannte Meisterin des modernen Ausdruckstanzes.

Einen Abend später erhellten Fackeln den Wallpavillon, wo eben noch Musik und Tanz in Vollendung ein Fest für die Sinne zelebriert hatten. Zu Ehren des Stabschefs der italienischen Staatsjugend wurde der Zwinger für einen Aufmarsch der Hitlerjugend missbraucht, Fanfaren schmetterten von den Emporen – aus heutiger Sicht waren es die Posaunen von Jericho für die Barockstadt. Dieser Abend fand gleichfalls sein begeistertes Publikum. Als Eröffnungspremiere der Oper ging am 23. Oktober 1941 das mystisch-romantische Werk „Hans Heiling" von Marschner über die Neustädter Bühne, im Januar 1942 folgte „Der Glöckner von Notre-Dame" von Franz Schmidt. Bis hin zu „La Bohème", „Troubadour" und „Rigoletto" reichte das Repertoire. Ruth Lange , Willy Lückert , Manfred Huebner und ihre Ensemblekollegen lieferten beachtenswerte sängerische und darstellerische Leistungen. Das Schauspiel profilierte sich mit Hauptmann, Shakespeare und Sudermann, Protagonisten waren unter anderen Erika Dannhoff, Wolf Goette und Albert Willi.

Der sich verschlechternden Kriegslage wurde mit Stücken über Pflichterfüllung und Heldentod Rechnung getragen, so mit der Erstaufführung des Schauspiels „Der Leutnant Bary" von Walter Erich Schäfer oder 1944 mit Burtes „Katte", welches die Unterordnung des Einzelschicksals unter das der Gemeinschaft propagierte. Die Opern und die ernsten und heiteren Schauspiele erreichten aber nicht die Aufführungszahlen der Operette, die bis

---

Verbot des Jazz und ähnlicher entarteter Musik „Dresdner Zeitung" 5. Juli 1943

Gauleiter und Reichsstatthalter Martin Mutschmann gibt in seiner Eigenschaft als Reichsverteidigungskommissar für Sachsen bekannt:
„Im gegenwärtigen Zeitpunkt, wo das deutsche Volk alle geistigen und materiellen Kräfte anspannt, dem barbarischen Ansturm des jüdischen Bolschewismus und Amerikanismus zu begegnen, ist es unerträglich, wenn immer wieder durch einzelne Musikveranstalter versucht wird, deutschen Menschen die entarteten Jazzschlager amerikanischer Unkultur vorzusetzen. Die deutsche Musik und die Musik der befreundeten Nationen, insbesondere Italiens, ist so unendlich reich an alten und neuen Opern, Operetten, Märschen, Tanzweisen und Volksliedern, sie ist in Melodie und Rhythmus so vielgestaltig, daß sie unerschöpfliche Möglichkeiten der Erbauung oder auch Entspannung bietet. Diesem echten Kulturgut und Volksbesitz gegenüber bedeutet es eine Beleidigung und Schande für unser Volk, die Afterkultur der verjüdelten und verniggerten Jazzmusik überhaupt anhören zu müssen. Ungezählte Stimmen von der Front und aus der Heimat wenden sich immer wieder gegen solche Würdelosigkeit. Um diesen Unfug im Gau Sachsen endgültig abzustellen, habe ich deshalb folgendes angeordnet: Das Spielen aller amerikanisierenden Jazzweisen oder ähnlicher, dem deutschen Kulturempfinden widerstrebender „Musik", wie alle Entartungen musikalischer Darbietungen durch körperverrenkende Untermalung, dekadenten Refraingesang und ähnliche Effekthascherei, ist grundsätzlich verboten. Ich mache die Inhaber der Gaststätten mit Musikbetrieb sowie die Veranstalter musikalischer Darbietungen verantwortlich für alle künftigen Entgleisungen auf diesem Gebiete.
Die Überwachung erfolgt durch die Kulturhauptstellenleiter der NSDAP und die zuständigen polizeilichen Dienststellen. Wer in diesem uns aufgezwungenen Krieg, in dem wir nicht nur für unseren Lebensraum, sondern auch für unsere unvergänglichen Kulturgüter kämpfen, die moralische Haltung unseres Volkes zu untergraben sich untersteht, hat die entsprechenden Folgen zu tragen."

„Der goldene Pierrot" 1938 (Archiv Herrich)

zur Schließung des Theaters 50 bis 70 Prozent des Spielplans ausmachte. Am 15. November 1941 versetzte die Uraufführung von Künnekes neuer Schlager-Operette „Traumland" die größtenteils schwer arbeitenden oder kriegsversehrten Zuschauer in die glitzernde Welt des Films und die real unerreichbare Südsee. Maria Horstwig und Rudolf v. d. Bongart, Martha Wagner, Pepi Schroeger und Georg Wörtge setzten im Operettenpersonal ihre Akzente. Das Libretto war nur durch die pfiffigen Musiknummern zu ertragen. Eine Steigerung des Niveaus gab es dann mit „Zigeunerbaron", „Opernball" und den vom servilen Kritiker Dr. Karl Laux von der „Dresdner Zeitung" so genannten und hoch gelobten „Kammeroperetten", zu denen er „Brillanten aus Wien" von Steinbrecher zählte. Abseits des bunten Bühnenzaubers beherrschte der Kriegsalltag die Stadt und ihre Theater. Als 1943 das zehnjährige Wirken der KdF-Organisation gefeiert wurde, schoben längst Zwangsarbeiter die Kulissen und viele Ausländer tanzten, musizierten und schminkten an der Heimatfront. Die Dresdner Juden wurden auf den Hellerberg gebracht und vegetierten ihrem grausamen Ende entgegen. Allein 1944 wurden im Landgericht am Münchner Platz 523 Menschen hingerichtet. Mutschmann verbot den Jazz, Nedbals Operette „Polenblut" wurde zur rasereinen „Erntebraut" umgeschrieben und die Künstler vom „Theater des Volkes" und vom „Komödienhaus" drehten im Filmstudio Gorbitz einen Groß-Werbefilm für eine Lebensversicherung mit dem Titel: „Wir meistern das Leben!"

Der Wahnsinn taumelte seinem Ende entgegen. Die letzte Premiere am Albertplatz war am 20. Juli 1944 Bizets „Carmen", Peter Hamels Debüt als Opernregisseur. Die „Dresdner Zeitung" titelte: „Eine Liebe am Rande des Abgrunds!". Wie wahr.

Ruine des „Theaters des Volkes" (Archiv DVB-AG/ Beyer)

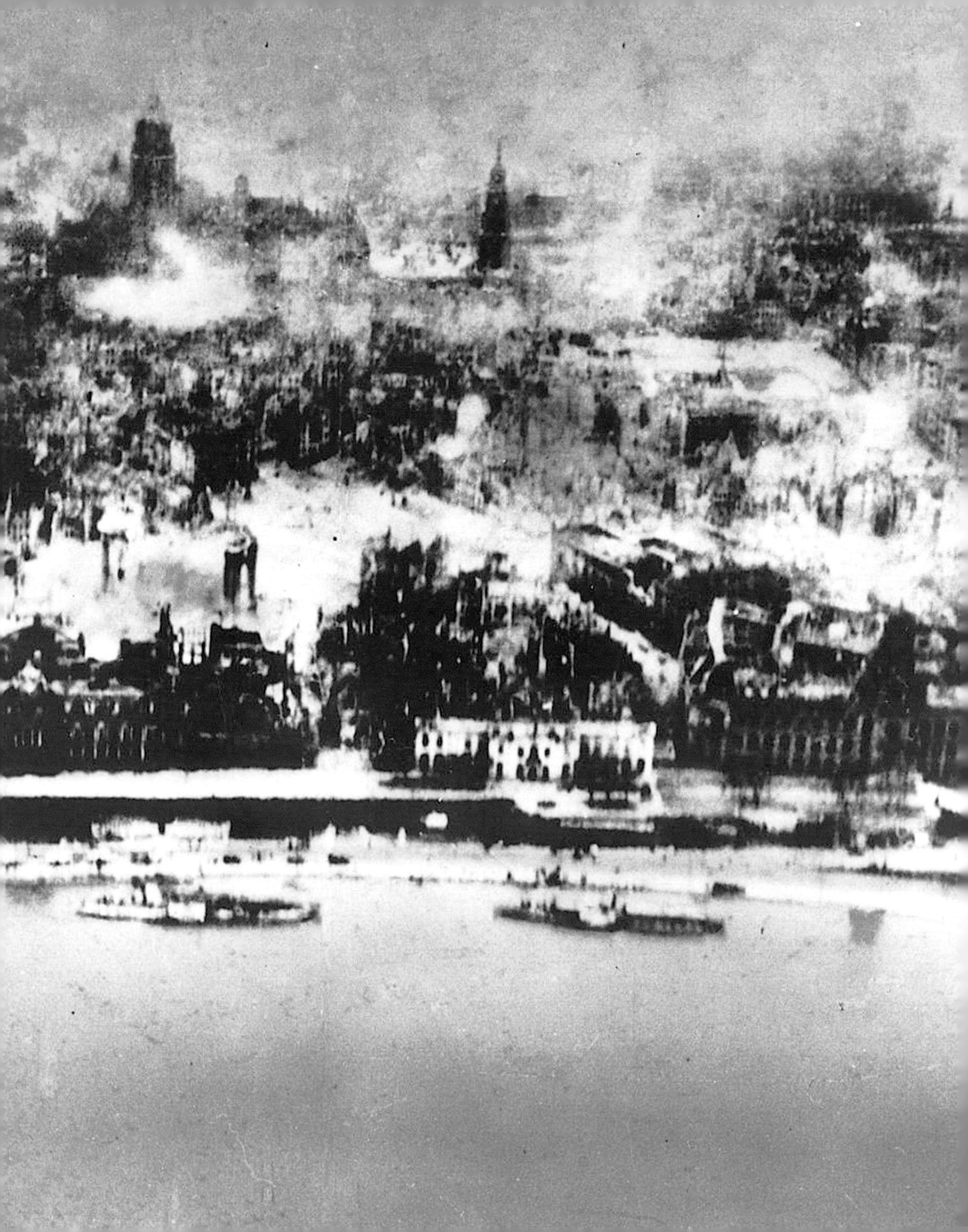

Kulturkampf zwischen Ruinen

Die wilden Jahre nach dem Krieg

„Die Zeit ist kaputt!"

Diesen bedeutungsschweren Satz sprach Hans Albers als Baron Münchhausen 1943 im gleichnamigen Jubiläumsfilm der Ufa. Geschrieben hatte ihn der von den Nazis geächtete Dresdner Erich Kästner, der anonym das Drehbuch verfassen durfte. Zwei Jahre später war der vieldeutige Gedanke entsetzliche Realität geworden. Mindestens 25.000 Tote und 10 Millionen Kubikmeter Trümmer waren die Bilanz der Naziherrschaft in der sächsischen Metropole. Die Wiederaufbaukosten für Dresden wurden auf eine Milliarde Reichsmark geschätzt. Fleckfieber, Diphterie, Geschlechtskrankheiten und Rachitis bei Säuglingen grassierten, allein 1945 wurden 1300 Typhusfälle registriert. Der Bahn- und Kraftverkehr verfügte nur noch über 10 Prozent des Fahrzeugbestandes, was den Mangel an Nahrungsmitteln, Baumaterial und Brennstoffen verschärfte. Die notwendige, von der SMA (Sowjetische Militär-Administration) durchgesetzte konsequente Entfernung aller NSDAP- Mitglieder aus Ämtern, Behörden und städtischen Betrieben sorgte zunächst für Chaos in Gesundheitswesen und Verwaltung. Als die SMA die Lebensmittelversorgung im August in die Hände der Stadt übergab, trieben unfähige Beamte, Saboteure und gewissenlose Großhändler Dresden fast in eine Hungersnot. Von den vier für den Bedarf notwendigen Kohlezügen am Tag wurden der Stadt im Winter 1945/46 nur zwei zugeteilt.

Die offensive propagandistische Konfrontation der Menschen mit den Verbrechen der Nationalsozialisten und deren Folgen, der Mangel an allem und die Repressalien durch die Besatzungsmacht beherrschten das gesellschaftliche Leben. Für die neuen Machthaber war es von existentieller Bedeutung, den Lebensmut der Bevölkerung und ihre Leistungsbereitschaft mit Unterhaltungsangeboten zu stärken. Die russische Militärverwaltung förderte bereitwillig kulturelle Initiativen. Deshalb wurden von den deutschen Behörden in den ersten Nachkriegsjahren neben dem staatlichen Theater - und Konzertbetrieb Privattheater geduldet. In den unzerstörten Stadtteilen schufen kreative Theaterleute und geschäftstüchtige Privatunternehmer Spielstätten, deren Entstehung zunächst nur einen Grund hatte: die Sicherung des Lebensunterhaltes der Beteiligten. Das waren überlebende Kulturschaffende aus Dresden, die vielen aus den ehemaligen deutschen Ostgebieten, dem Sudetenland und dem Protektorat nach Dresden geflohenen oder ausgewiesenen Künstler, die Bühnenschaffenden, die von der Front oder aus der Gefangenschaft heimkehrten und die von den Nazis vertriebenen Theaterleute, die nach der Emigration antraten, um die deutsche Kultur ganz neu aufzubauen. Ungefähr 30 Säle, Gasthöfe, Schulen und Gemeinderäume wurden von einem Dutzend Theaterensembles, acht Konzertagenturen, mehreren Ballettschulen und mindestens zwölf Tanzorchestern bespielt. All die Menschen, die ihr Dresden liebten, an einen Neuanfang glaubten und täglich dafür arbeiteten, holten sich in diesen „Kulturoasen" ihre Kraft und Zuversicht.

Das Leben geht weiter – Faksimile von Zeitungsanzeigen aus der zweiten Jahreshälfte 1945
(Kurt Striegler übernahm 1933 das Dirigat in der Opernvorstellung, aus der GMD Fritz Busch von den Nazis verjagt wurde und machte Karriere. Georg Wörtge war Oberspielleiter der Operette am „Theater des Volkes". Gustav Agunte war vor 1933 Leiter des Rundfunkorchesters Dresden und erlitt mit seiner Familie die Judenverfolgung)

Abb. S. 100: Fliegeraufnahme des zerstörten Dresdner Stadtzentrums 1945 (Archiv DVB-AG)
Abb. S. 101: Enttrümmerungskommando in Johannstadt 1946 (Archiv DVB-AG/ Beyer)

Nostalgie in Pieschen – das Maxa-Parlo-Theater

Auf die verklärt-sehnsuchtsvolle Erinnerung der Dresdner an die glanzvollen Operetten im Central-Theater setzte das Sängerpaar Maxa-Parlo mit seiner Kálmán- Lehár- Revue „Liebe, nichts als Liebe!", die am 1. September 1945 im Ballhaus Watzke Premiere hatte. Die Wienerin Paula Maxa-Heitzmann hatten die Dresdner schon 1936 in der Rolle der Venus in Linckes „Frau Luna" kennengelernt. Mario Parlo, der eigentlich Iwan Tzatscheff hieß, war ein ehemaliger Solist der Staatsoper Dresden, der als „Paganini" 1942 im Central-Theater gastiert hatte. Die beiden scharten ein Ensemble von mehr als 30 Sängern, Tänzerinnen, Musikern und Technikern um sich und begannen, sich selbst und dem Publikum Operettenträume zu erfüllen. Prominente Mitglieder der Truppe waren Fred Piegsa, Schauspieler, Sänger und ehemaliger Verwaltungsdirektor des Central-Theaters, und Gretel Schwörer, ehemals Central-Theater Chemnitz.

Nach erfolgreichem Start wagten sie sich an eine komplette Theaterproduktion: Lehárs „Paganini". Am 16. Dezember 1945 stand Mario Parlo wieder in der Hauptrolle in Dresden auf einer Bühne – wenn diese im Vergleich zum Central-Theater auch winzig war. Inszeniert hatte Karl-Maria Artel, Dirigent war Hellfried Schroll, der die Partitur mit seinen Arrangements den Bedingungen und Möglichkeiten angepasst hatte. Gertrude Baum-Gründig mit ihrem Ballett war dazugekommen, Herbert Winkler und Werner Leube vollbrachten technische Wunder und Hedwig Leube, die ehemalige Gewandmeisterin des Central-Theater-Balletts, kam mit einem Riesenposten herrlicher Kostüme, die sie in der Nacht des Untergangs am 13. Februar gerettet und mitgenommen hatte. Unter den jungen Damen, die nun die Ausstrahlung des Unternehmens beträchtlich steigerten, waren die Dresdner Tanzsoubrette Marianne Kiefer, später eine der beliebtesten Volksschauspielerinnen der DDR, und die Solotänzerin Ingeborg Kassner, die bereits als Trainingsmeisterin an der Seite Baum-Gründigs wirken durfte und hier die ersten Schritte ihrer späteren Karriere als Ballettmeisterin machte. Im Jahr 1946 liefen „Das Land des Lächelns", „Die Bajadere", „Die lustige Witwe" und „Hochzeitsnacht im Paradies". Immer vom gleichen Team im Vorkriegsgeschmack gestaltet, immer mit dem Direktorenpaar in den Hauptrollen. Im August 1946 war die Maxa-Parlo-Operette eine von vier Bühnen in Dresden, welche den Zuschauern dieses Genre boten. Bei der Eröffnung der neuen Spielzeit am 1. September 1946 wurden die Stagnationserscheinungen unübersehbar. Die Operette „Spiel nicht mit der Liebe" von Bromme wurde ein Desaster und offenbarte den künstlerischen Abstand zu den Aufführungen an Volksbühne und Volksoper. Der Nachklang des Central-Theaters im Ballhaus Watzke verhallte und der Saal gehörte wieder den Tanzorchestern mit ihrer Musik der neuen Zeit.

Ballett in der „Witwe" 1946, Mitte: Ingeborg Kassner

Szene aus „Die Bajadere" 1946, Mitte: Mario Parlo und Paula Maxa (Archiv Kassner, 2)

Die „Central-Theater-Spielgemeinschaft"

Mit dem musikalischen Lustspiel „Lisa, benimm dich!" von Ernst Friese und Hans Lang starteten die beliebten Bühnenstars Hans Hansen, Heinz Schlüter und Rudi Schiemann vom zerstörten Central-Theater als Unternehmer, Regisseure und Solisten die fünfjährige Erfolgsgeschichte ihres eigenen Ensembles. Henry Schmiedel mit seinen Jazz-Rhythmikern übernahm den Orchesterpart, Johannes Rothenberger gestaltete die Bühne, als Lisa gastierte Manja Behrens. Hella Meichsner, Martha Wagner, Ilse Espenhain und Karl Kirchhoff machten die originelle und temperamentvolle Inszenierung zum Dauerbrenner.

Zunächst spielten sie im „Faunpalast", im Februar 1946 zogen sie in den Saal des „Neustädter Casinos" ein (heute Kulturrathaus Dresden), wo das „Thalia-Theater" von Max Neumann inzwischen schon wieder eingegangen war. Weitere Künstler, so die Ballettmeisterin Baum-Gründig, die Solisten Anny Aue, Lilo Opitz, Walter René und der 16-jährige Johannes Fritsch kamen dazu. Der talentierte junge Mann, der später ein gefragter Operetten-Buffo wurde und an der Musikalischen Komödie Leipzig sehr erfolgreich war, hatte hier ein prägendes politisches Erlebnis.

Es geschah am 28. Dezember 1946. Begeistert hatte das Publikum einer Aufführung des musikalischen Lustspiels „Bezauberndes Fräulein" von Benatzky applaudiert. Die Titelrolle wurde von der prominenten, in Dresden gebürtigen Soubrette Mara Jakisch gespielt. Sie hatte 1945 hier mit ihrem Sohn den Bombenangriff überlebt, wohnte nun in Berlin und gastierte im Central-Theater. In allen Veranstaltungshäusern mussten damals allabendlich Plätze für die Besatzungsmacht freigehalten werden. In jener Vorstellung waren diese von vier Männern besetzt, die unschwer als russische GPU-Geheimdienstler in Zivil zu erkennen waren. Als die 40-jährige Künstlerin das Theater verließ, wurde sie von den Geheimpolizisten an Armen und Beinen gepackt. Johannes Fritsch musste hilflos mit ansehen, wie die ahnungslose schreiende Frau auf einen Wagen geworfen wurde, der mit ihr zur GPU-Dienststelle auf der Bautzner Straße davonbrauste. Wie Verdächtige dort behandelt wurden, war bekannt.

Die nächsten drei Jahre musste sie in Einzelhaft im Gerichtsgefängnis am Münchner Platz in Dresden verbringen, ohne einen Haftgrund zu erfahren. Dann wurde Mara per Fernurteil aus Moskau wegen „Spionage" zu 25 Jahren Arbeitslager verurteilt. Über das ehemalige KZ Sachsenhausen führte ihr Schicksalsweg nach Brest und weiter nach Sibirien zum Bäume fällen. Sie widerstand den unmenschlichen Bedingungen im Lager, gründete mit ihren Leidensgenossinnen einen Chor und wurde ihre „sibirische Nachtigall".

Die Sängerin überlebte, kam durch die Adenauer-Initiative 1955 in die Bundesrepublik und konnte auf der Bühne an frühere Erfolge anknüpfen. 1998 wurde sie rehabilitiert. Was zu ihrer Verhaftung führte und wer sie denunzierte, kam nie ans Licht. In der Nachkriegszeit waren anonyme Anschuldigungen häufig. Oft zerstörten Kollegen oder Familienangehörige aus beruflichem oder materiellem Neid damit ein ganzes Leben.

Heinz Schlüter (Archiv Fritsch)

Hans Hansen (Stadtarchiv Dresden)

Mara Jakisch (Gedenkstätte Münchner Platz)

Johannes Fritsch 1947 (Archiv Fritsch)

„Im Weißen Rössl" 1948 Ensemble (Archiv Fritsch)

*Anbringung des Theaternamens am „Lindengarten"
und Porträt Rudi Schiemann 1947 (Archiv Fritsch)*

Nach der Verhaftung wurden nacheinander alle Mitglieder der Central-Theater Spielgemeinschaft zu Verhören bestellt. Schon im Februar 1946 hatte die Truppe vierzehn Tage Spielverbot erhalten, weil der Komiker Rudi Schiemann sein loses Mundwerk nicht im Zaume hatte und kritisch und frech über die politischen Verhältnisse extemporierte. Die privaten Theater wurden als potentiell gefährlich eingestuft, immer schärfer beobachtet und gemaßregelt. Dazu leisteten auch die Finanzämter ihren Beitrag. Die Central-Theater Spielgemeinschaft verlor das Casino und wechselte am 8. November 1947 in das Hotel „Lindengarten" auf der Königsbrücker Straße. Hans Hansen nahm ein Engagement in West-Berlin an. Arthur Augustin, Pepi Karus, Peter Herzka, Rolf Figelius und andere verstärkten das Ensemble, das von den Zuschauern geliebt und gefeiert wurde.

Aber die wirtschaftlichen Bedingungen nach der Währungsreform 1948 und die Konkurrenz der großen Bühnen wurden immer härter, Konkurs und Konzessionsentzug brachten 1950 das Ende. Rudi Schiemann wurde von Hans Pitra ans Metropol-Theater Berlin engagiert. Heinz Schlüter verabschiedete sich nach Baden-Baden. Die Künstler zerstreuten sich in alle Winde und das Ensemble des Central-Theaters Dresden war endgültig Geschichte.

Bajazzo in Coschütz –
die „Volksoper Plauen"

Für jede der damals sieben Stadtbezirksverwaltungen in Dresden bestellte das Kulturamt der Stadt im Sommer 1945 einen Kulturreferenten. Im VI. Bezirk wurde diese Stelle von einem wahrhaften Exoten besetzt, dem Lebensreformer, Opernsänger, Regisseur, Logopäden und wahrscheinlich auch Freimaurer Alfred Emil Grotzinger (*1885, †1980). Seit 1920 hatte er 17 Bücher über die natürliche Gesundung von Körper und Geist veröffentlicht. Von der Stadtverwaltung war er ursprünglich als Leiter des Ernährungsamtes eingesetzt worden. Auf Grund seiner Bühnenerfahrungen übernahm er zusätzlich die Aufgabe des kulturellen Wiederaufbaus im Ortsamtsbereich Plauen.

Im Angesicht des gesellschaftlichen und kulturellen Zusammenbruchs hielt er die Zeit für ein Kunstprojekt gekommen, „in dem die Oper (...) eine Linie bekommt, dass das Volk aus der Atonie (Schlaffheit) wieder herauskommt, dass das seelische Leben wieder geweckt wird und den Menschen wieder einen inneren Aufstieg bringt. Man muss (...) eine Operette bringen, welche wohl der inneren Fröhlichkeit wieder die Wege ebnet, ohne dabei seicht abzufallen." (Grotzinger 1946 in einem Manifest an das Kulturamt, Sächsisches Hauptstaatsarchiv).

Kraft seines Amtes unterband er alle „minderwertigen" kulturellen Aktivitäten in seinem Stadtbezirk. Er engagierte einige Künstler, die gerade im Rathaus Plauen auftraten, ließ den Saal des Gasthofes Gittersee herrichten und am 12. August 1945 mit einem Festprogramm eröffnen, bei dem der Auftritt des Kreuzchores den künstlerischen Anspruch unterstrich. Die von dem Ensemble gebotene Operette „Herz immer Trumpf" erfüllte diese Erwartungen nicht. Nun nahm Grotzinger die Sache selbst in die Hand, ernannte sich zum Intendanten und zog unter schwierigsten materiellen Bedingungen ein großes musikalisches Volkstheater mit klassischem Repertoire und eigenen Besucherringen auf. Während der Probenarbeit in den folgenden Wochen gab es bereits Opernkonzerte in kleiner Form. Mit neuen Kräften brachte Grotzinger Anfang Oktober Künnekes Operette „Der Vetter aus Dingsda" heraus. Als erstes Schauspiel

Holzgerüst für die Aufhängung von Gassen und Soffiten und Hauptvorhang von 1945
Bühne des Saales im Gasthof Gittersee, ehemals „Volksoper Plauen" (Foto: A. Schwarze)
kleines Bild: Emil Grotzinger (Archiv Grohmann)

inszenierte Manfred Schäffer den Schwank „Der wahre Jacob" von Arnold und Bach und brillierte selbst in der Titelrolle. Am 24. November 1945 erfüllte die Musik von Leoncavallos Oper „Der Bajazzo" den akustisch sehr passablen Saal in Coschütz-Gittersee. Alfred Hartenstein als Regisseur, der Dirigent Kurt von Kessinger und Delia Dressel und Paul Lothar an der Spitze des Ensembles lieferten eine eindrucksvolle Vorstellung.

In den großen Opern trat Grotzinger bald selbst als meisterhafter Regisseur hervor. Das Operettenensemble bediente das gesamte Repertoire des Genres und begeisterte das Publikum mit vielbeachteten Aufführungen. Hans-Hendrik Wehding, Herbert Nehrlich und Karl-Heinz Bratfisch garantierten am Dirigentenpult ein hohes musikalisches Niveau. Unter den 330 Mitarbeitern war eine Zeit lang auch der junge Horst Schulze zu finden, der sich als skurriler Minister Ypsheim durch die Operette „Wiener Blut" sächselte und hier seine spätere Frau Annelies Pillatzke kennenlernte.

Die „Volksoper" trat an ca. 20 Spielorten mit insgesamt 60 Vorstellungen im Monat auf. So gab es beispielsweise 1946 Puccinis „Madame Butterfly" am 13. Juni in der „Goldenen Krone" Kleinzschachwitz, am 14. Juni im Kirchgemeindesaal Strehlen und am 16. Juni im „Goldenen Löwen" in Freital. Die Opern, Operetten, Kindermärchen und Lustspiele kamen auf jeweils 50 bis 100 Vorstellungen mit hunderttausenden Besuchern. Alle Rollen waren mehrfach mit Solisten besetzt. Emil Grotzinger hatte große Pläne, die er bei einer Festaufführung von „La Traviata" zu Gunsten des Ausbaus der Volksoper publik machte. Der Saal in Coschütz sollte einen Orchestergraben und eine größere Bühne erhalten, junge Komponisten mit Auftragswerken gefördert und ein zukunftsweisendes Kinder- und Jugendtheater aufgebaut werden. Da die Volksoper gänzlich ohne staatliche Zuschüsse auskommen musste, steigerten sich jedoch die Defizite des riesigen Betriebes. Transportkosten, Gagen und Verlagstantiemen wurden allmählich unbeherrschbar. Am 1. August 1947 setzte der Betriebsrat den hoch verschuldeten Emil Grotzinger ab und wandelte die Volksoper in ein Kollektivtheater um. Der Visionär verließ verbittert seine Wirkungsstätte und gründete in Donaueschingen ein „Gesangs-, Sprech- und Opernstudio". Sein Nachfolger verringerte das Personal auf 202 Stellen, es folgte die Eingliederung in die „Deutsche Volksbühne Dresden GmbH" und schließlich ein Neuanfang als „Landesoper" in Radebeul.

Vom „Theater des Westens" zur „Vereinigten Volksbühne"

Der Besitzer des alten Ballhauses „Constantia" in Dresden-Cotta meinte ein gutes Geschäft gemacht zu haben, als er im Sommer 1945 sein im Verfall begriffenes Etablissement an den 43-jährigen Kapellmeister Leo Vogel und seine Frau Gertraude, eine in Dresden gebürtige Sängerin, als Theater verpachtete. Das Kapital des Paares bestand allerdings nur aus Zuversicht, den stimmlichen Qualitäten von Frau Vogel und einer selbstverfassten Operette von Herrn Vogel. So gründeten sie das „Theater des Westens", engagierten ein umfangreiches Ensemble und hofften auf großen Zulauf und gutes Wetter, denn der Wind pfiff durch leere Fensterhöhlen und das Regenwasser drang unbarmherzig durchs löchrige Dach. Am 8. September 1945 kam Vogels schwaches Opus „Karussell der Herzen" als Eröffnungspremiere heraus. Die nächste Inszenierung, das Lustspiel „Post aus Schweden", brachte KPD-Bezirksleiter Egon Rentzsch dann dermaßen auf die Palme, dass er am 12. September 1945 in einem flammenden Zeitungsartikel die sofortige Schließung der „Hintertreppenschmiere" forderte. Solch unzeitgemäßer Schmarren zu überhöhten Eintrittspreisen konnte dem Volk nicht zugemutet werden.

Durch die ganze Aktion auf den über 1.000 Personen fassenden Saal aufmerksam geworden, nutzte er das Fiasko, um den bankrotten Theaterbetrieb unter die Aufsicht seiner Bezirksverwaltung III zu stellen. Er berief den Kulturreferenten des Bezirkes, Alfred Thiele, am 1. Oktober 1945 zum kommissarischen Leiter, um die „Constantia" als Kulturstätte für die Werktätigen des Dresdner Westens und natürlich auch als Versammlungsraum für die KPD zu sichern. Leo Vogel trat von seinem Vertrag zurück und wurde übernommen, um ihm ein Einkommen zur Abzahlung seiner Schulden zu ermöglichen. Thiele setzte Edwin Hegewaldt als technischen Leiter ein.

Mit Unterstützung von Paul Paulsen, des stellvertretenden Intendanten der städtischen Bühnen, gelang es, das Haus bis zum 1. November 1945 baulich und brandschutztechnisch in Stand zu setzen sowie Bühnentechnik und Beleuchtung einzubauen. Den Neuaufbau des Ensembles hatte Thiele in die Hände des künstlerischen Leiters Georg Badura übergeben, den ihm Paulsen empfohlen hatte. Alle Kosten für die Instandsetzung des Gebäudes übernahm der Besitzer Franke. Die Einbauten für den Theaterbetrieb kamen teilweise von den städtischen Bühnen oder wurden vom mittlerweile konzessionierten Betriebsleiter Thiele aus Privatkrediten und Erlösen aus dem Kartenvorverkauf finanziert. Er nannte sein Theater „Volksbühne" und baute in kurzer Zeit einen Besucherring von 9000 Mitgliedern auf. Damit war die wirtschaftliche Grundlage gesichert. Für ein hohes künstlerisches Niveau bürgte ein 100-köpfiges Ensemble, unter dessen 30 Solisten auch die beliebten Stars Madeleine Lohse, Otto Falvay und Georg Wörtge waren. Außerdem hatte er mit der Philharmonie und den städtischen Bühnen mindestens 12 Gastspiele pro Monat vereinbart.

„Constantia" 1949 (SLUB Dresden/ Deutsche Fotothek)

Nach dem Eröffnungskonzert mit der Staatskapelle am 5. November 1945 folgte eine Wörtge-Inszenierung der Operette „Das Dreimäderlhaus" von Schubert-Berthé, die dem Unternehmen allabendlich volle Kassen bescherte. Das Theater schien auf einem guten Weg. Aber am 1. November hatte die KPD Egon Rentzsch abgezogen und zum Leiter der Parteischule in Ottendorf gemacht. Alsbald begannen heftige Intrigen gegen seinen Vertrauten Alfred Thiele, denn der technische Direktor Hegewaldt wollte zum alleinigen Chef aufsteigen. In einer Betriebsversammlung am 14. Dezember 1945 fand sich eine Mitarbeiterin, welche Thiele öffentlich als ehemaligen Gestapo-Mann und Mitarbeiter des Reichspropagandaministeriums denunzierte. Alfred Thiele stellte seinen Posten sofort zur Verfügung und verlangte eine Untersuchung, in deren Ergebnis sich nach einem Jahr diese Behauptungen als haltlos herausstellten. Jedoch für den Moment hatte der in Kunst- und Verwaltungsfragen völlig unqualifizierte Hegewaldt gesiegt und erhielt von der Stadt sofort eine Notkonzession.

Doch sein Triumph währte nicht lange, denn er fand seine Meisterin in der Schauspielerin Therese Angeloff. Sie war in der Hitlerzeit als Halbjüdin verfolgt und mit Auftrittsverbot belegt worden. Mit vielen Tricks war es ihr gelungen, in Deutschland zu überleben. Als Mitglied der alten Theaterfamilie Steiner, in der oft Not und Entbehrung geherrscht hatten, war sie von dem Gedanken beseelt, sich und ihren Verwandten ein sicheres Einkommen in einem eigenen Theater zu verschaffen und Genugtuung für erlittenes Unrecht zu erlangen. Eigentlich bürgerlich und katholisch geprägt, sprang sie auf den kommunistischen Zug auf und präsentierte sich den sowjetischen Kulturoffizieren als erfahrene antifaschistische Künstlerin. Um ihre Ziele zu erreichen, griff sie zu Verleumdung und Intrige, geizte nicht mit weiblichen Reizen und versprühte ihren Charme wortgewandt an den richtigen Stellen. Ob Gewerkschafts-Urgestein Paul Gruner, KPD-Bürgermeister Weidauer oder Ministerialdirigent Gute – die entscheidenden deutschen Funktionäre waren von ihr eingenommen und erfüllten Therese alle Wünsche.

Der erste Coup war ihre Übernahme der Kammerspiele Johannstadt im Oktober 1945, nachdem sie für die Absetzung des Leiters Michael von Iljinsky gesorgt hatte. Einige fähige Mitglieder wurden von ihr entlassen und durch Familienangehörige und Freunde ersetzt. Allerdings überschätzte sie ihre künstlerischen und kaufmännischen Fähigkeiten. In kürzester Zeit ging das Unternehmen mit den Inszenierungen von „Ein Spiel von Tod und Liebe" von Rolland und „Der Biberpelz" von Hauptmann dem wirtschaftlichen Aus entgegen und wurde nur durch geschlossene Vorstellungen für KPD und FDGB sowie Finanzspritzen der Bezirksverwaltung V gerettet. Therese schob alles auf die ungünstigen Bedingungen im Saal der Schwesternschule im Krankenhaus Johannstadt und griff nach der attraktiven großen „Volksbühne" in Cotta, um sich zu sanieren. Geschickt nutzte sie im Dezember die Leitungskrise in dem rentablen Theater aus, heizte durch Wühlarbeit die Konflikte an und erreichte die Übergabe der Konzession an sie und ihren Bruder Fritz Steiner am 15. Januar 1946.

Die „Kammerspiele" wurden mit der „Volksbühne" fusioniert und als „Vereinigte Volksbühnen Dresden" mit 150 Mitarbeitern das ersehnte Privattheater der Geschwister Steiner. Fritz, seines Zeichens verwaltungserfahrener Operettenbuffo und Regisseur, war aus dem Exil in der Schweiz gekommen und hatte seine zweite Frau, die aufgeweckte Schauspielerin Kinga Felbinger, mitgebracht. Das Trio trat in die KPD ein und profilierte das Haus mit großem Rückhalt bei der SMA als fortschritt-

Programm „Gräfin Mariza" 1946 (Archiv Schwarze)

liches Volkstheater. Für die Leitung des Schauspiels engagierten sie das Ehepaar Charlotte Küter und Paul Lewitt. Die vor 1933 auch in Dresden bekannten kommunistischen Schauspieler waren immer aktive Antifaschisten gewesen und aus der Emigration in England heimgekehrt. Sie begriffen ihre Kunstausübung als fortwährenden Kampf gegen die Wurzeln des Faschismus und die bürgerliche Reaktion und misstrauten „Neukommunisten" vom Schlage der Steiners. Unter ihrer Führung entstand ein leistungsfähiges Ensemble, das sich mit Stücken wie „Signal Stalingrad" von Sauer, „Der Kreidekreis" und „XYZ" von Klabund oder „Professor Mamlock" von Wolf bewusst vom konservativen Staatsschauspiel absetzte. Erich Teske, Peter Harzheim, Therese Angeloff, Kinga Felbinger, Mary-Edith Schreiber, Anny Kynast, Hans Pitra und Helmut Ahner sollen als Protagonisten genannt sein.

Die großen Operetten brachte Fritz Steiner sehr publikumswirksam und humorvoll auf die Bühne. In vielen Hauptrollen spielte er sich in die Herzen der Zuschauer. Thereses alter Spezi Günther de Resée und Kurt Wildersinn steuerten erfolgreiche Inszenierungen bei und traten im Ensemble mit Traud Vogel, Werner Binse, Inge Rietschel, Carl Sukfüll und William Langer auf. Annelies Agunte wirkte als einfallsreiche Ballettmeisterin. Die erste Operettenpremiere war „Gräfin Mariza" von Kálmán am 16. Februar 1946. Sie erreichte bis März schon 25 Aufführungen und die Mitgliederzahlen der Besucherringe stiegen auf 36.000 an. „Der Graf von Luxemburg", „Die Csárdásfürstin" und „Im Weißen Rössl" mit Carl Sukfüll als Kaiser wurden zu Kassenmagneten.

Im April 1946 erreichte der gesellschaftliche Umbruch mit der Gründung der SED eine neue Stufe, was sich auch in der Kulturpolitik niederschlug. Bereits für den 1. April hatte die Landesverwaltung alle Theaterkonzessionen für erloschen erklärt. Im Mai trat eine neue Zulassungsverordnung nach fachlichen und ideologischen Kriterien in Kraft. In Dresden sollten alle danach neu genehmigten Privattheater zunächst in ein zentralistisch geführtes „Theaterkombinat" überführt werden, mit Generalintendant und Chefdramaturg als Weisungsgebern. Dieser Plan wurde bald wieder verworfen und die Gründung einer Volksbühne favorisiert, die von SED-Kulturfunktionären geleitet werden und die größten Häuser selbst betreiben sollte. Im Oktober 1946 nahm Walter Weidauer als erster SED-Oberbürgermeister den Chefsessel im Rathaus ein. Egon Rentzsch war schon im April nach Dresden zurückgekehrt und forcierte als Dezernent für Volksbildung, Kultur und Sport die Umgestaltung der Theaterlandschaft für den Aufbau des Sozialismus. Was das populäre Cottaer Theater betraf, war er auf der Seite Lewitts, dessen Schauspielensemble eine Säule seiner neuen „ Deutsche Volksbühne Dresden GmbH" werden sollte.

Mit dem Entzug der Konzession am 6. Januar 1947 wurden Therese Angeloff und Fritz Steiner zum Ende der Spielzeit vor die Tür ihres erfolgreichen Theaters gesetzt, ihre Vorschläge für eine weitere Mitwirkung ignoriert. Nachdem sie Theater und Ensemble aufopferungsvoll über den Hungerwinter 1946/47 gebracht hatten, erhielten sie die Mitteilung, dass für ihr Privattheater in Dresden keine Notwendigkeit mehr bestehe und verließen Mitte 1947 die Stadt in Richtung Westen.

Der Träumer aus Leuben – Fritz Randow und sein „Apollo-Theater"

Am 22. Januar 1945 hatte der Schauspieler, Regisseur und Theaterunternehmer Fritz Randow seinen 54. Geburtstag gefeiert. Wenig später gab es sein Dresden nicht mehr, die Wohnung in der Waisenhausstraße 8 war ebenso verbrannt wie das Central-Theater nebenan, mit dem er sehr glückliche Erinnerungen verband. Von 1937 bis 1939 war er Co-Direktor und präsentierte dort mit seiner privaten Gastspieldirektion grandiose Revuen, in denen auch seine Frau Senta singend, tanzend und sogar als Motorrad-Artistin Höhepunkte ihrer Karriere erlebte. Von seinen Shows „Die große Parade" oder „Sonnenschein für alle" schwärmten die Dresdner.

Im Mai 1945 entschloss sich Fritz, alles auf eine Karte zu setzen und ein eigenes Operettentheater zu errichten. Sein privates Tournee-Ensemble konnte er bis zum Herbst 1944 mit Gewinn weiterführen und verfügte über ein Grundkapital von 150.000 RM. Auf dem Rückweg aus Bad Schandau, wohin man ihn im Februar 45 zum Volkssturm eingezogen hatte, entdeckte der findige Geschäftsmann im Dresdner Osten zwei vielversprechende Immobilien, die für sein Vorhaben geeignet schienen: den Gasthof „Goldene Krone" in Kleinzschachwitz und den Gasthof „Feenpalast" in Leuben. Der erste bot einen sofort bespielbaren Saal mit rentabler Platzkapazität, der letztere war zwar ramponiert, hatte aber in Bezug auf Grundstücksfläche und Saalgröße erhebliches Potential und befand sich seit Juli 1944 im Besitz der Stadt Dresden, die dort eine Polizeikaserne eingerichtet hatte.

Randow wusste um die finanzielle Notlage der zerstörten Stadt und bot am 1. Juni 1945 an, den „Feenpalast" zu pachten und für 100.000 RM zu einem Operettentheater mit 900 Plätzen umzubauen. Vorher hatte er sich schriftlich die Zustimmung des russischen Kommandanten gesichert

Fritz Randow (Archiv Schwarze)

Gasthof „Feenpalast" in Leuben 1940 (Archiv Grohmann)

Senta Liberty (Archiv Schwarze)

Apollo-Theater — DRESDNER OPERETTENBÜHNE — DIREKTION: FRITZ RANDOW

und eine Operettenkonzession von Kulturdezernent Greif ausstellen lassen. Mit atemberaubender Geschwindigkeit organisierte er Architektenbüro, Baufirmen und weitere Geldgeber und reichte seinen Bauantrag ein. Der Investor wurde freudig begrüßt und erhielt einen Pachtvertrag vom 1. Juli 1945 bis zum 30. Juni 1955. Damit er schon Einnahmen für den Bau erzielen konnte, wurde sein „Neues Theater" in der „Goldenen Krone" genehmigt. Randows guter Name, seine Solvenz und sicherlich auch seine frühere SPD-Mitgliedschaft öffneten ihm die Türen.

Am 20. Juli 1945 startete er die kurze Spielzeit in der Putjatinstraße mit dem Schwank „Die spanische Fliege" von Arnold und Bach, sein Ensemble hatte 19 Mitglieder. Emsig machte er sich daran, für seinen Neubau, den er „Apollo-Theater" nannte, Material aus der Ruine des Central-Theaters im Zentrum der Stadt herauszuholen und unter heute unvorstellbaren Schwierigkeiten zumeist auf Pferdewagen nach Leuben zu bringen. (siehe Kasten S. 111)

Am 16. August 1945 hatte Fritz Randow die Baugenehmigung für den „behelfsmäßigen Neubau eines Operettentheaters" in der Hand. Der Entwurf der Architekten Bruno Just und Johannes Rascher und die Bauplanung und Kalkulation von Baumeister Dähne fanden dann auch die Zustimmung der Bau-, Feuerlösch- und Ordnungspolizei, so dass am 1. Oktober 1945 mit den Arbeiten an Zuschauersaal und Bühnenhaus begonnen werden konnte. Neben den genehmigten Baustoffen war ja genügend Material vorrätig – die Wagenladungen aus dem Central-Theater wurden so schnell wie möglich eingebaut. Zur Verwirklichung seines Lebenstraums ging Fritz Randow hohe rechtliche Risiken ein. Er errichtete schließlich mit fremdem Eigentum sein Privatunternehmen auf gepachtetem Grund. Als Dr. Lechla zum kommissarischen Leiter der AG für Bauten bestimmt wurde, spielte er auf Zeit. Denn inzwischen war er der KPD beigetreten und konnte sich der Rückendeckung durch Bürgermeister Weidauer und seine Partei sicher sein. Ende Oktober 1945 stellte Fritz aus Mangel an Heizmaterial den Betrieb des „Neuen Theaters" in Kleinzschachwitz ein.

Nun wurde der Kleine Saal im Vordergebäude des ehemaligen „Feenpalastes" hergerichtet und am 25. Dezember vom Publikum als „Apollo-Künstlerspiele" in Besitz genommen. Bis 1947 brachten die Künstler in Randows Kammertheater in den alten Gasträumen den Zuschauern Freude, Entspannung und Kunstgenuss.

Der damalige kommissarische Leiter der AG für Bauten, Dr. Lechla, beschrieb die Vorgänge wie folgt:

„Der alleinige Vorstand der AG für Bauten, Direktor Schneider, war bei der Bombardierung Dresdens am 13./14. Februar 1945 ums Leben gekommen. Um die Geschäfte des Vorstandes kümmerte sich daher interimistisch das Aufsichtsratsmitglied RA und Notar Dr. Schmitz. Erst am 25.9.1945 wurde der ehemalige Wirtschaftsprüfer und Steuerberater der AG für Bauten Dr. Lechla vom Rat der Stadt Dresden zum kommissarischen Leiter der AG für Bauten bestellt. Die Zwischenzeit konnte Fritz Randow geschickt für seine eigenen Zwecke nutzen. Aus Sorge vor Plünderungen hatte ihm Dr. Schmitz bereits am 11.7.1945 die Genehmigung erteilt, einigermaßen erhaltene Gegenstände des Central-Theaters zu bergen, listenmäßig zu erfassen und vorläufig für seine Zwecke zu verwenden, allerdings nur unter dem Vorbehalt der Wahrung und Sicherung des Eigentums der AG für Bauten und einer späteren Abrechnung und Vergütung auf Heller und Pfennig. Aus Sicht der AG für Bauten kam erschwerend hinzu, dass Dr. Schmitz wegen seiner Tätigkeit als ehemaliger Reserveoffizier in der Nachrichtenabteilung beim Generalkommando Dresden, wie alle anderen dort Tätigen, inhaftiert wurde. Bis zur Bestellung Dr. Lechlas bestand die Verwaltung praktisch nur noch aus einer Sekretärin. Fritz Randow konnte also monatelang mit ca. 30 Arbeitern unbehelligt von Kontrollen alles Verwertbare aus den Ruinen des Central-Theaters und des Universum-Kino herausholen und zu seinem Bauprojekt, dem Apollo Theater, in Leuben schaffen. Alle Bemühungen Dr. Lechlas, Randow zur Einhaltung der Zusagen und Bedingungen anzuhalten, blieben fruchtlos. Dr. Lechla blieb nichts anderes übrig, als Randow gerichtlich zur Erstellung der Listen und Einstellung der Bergung zu zwingen. Fragen einer etwaigen Eigentumsübertragung ausgebauter Materialien oder der Bezahlung sollten durch den gerichtlichen Vergleich nicht präjudiziert werden."
(Archiv Lachmann)

Dora Dorette, Georg Wörtge, Madeleine Lohse, Otto Falvay und Maria Paudler präsentierten musikalische Lustspiele und Operettenprogramme, die Humoristen Hans Kiefer, Willy Cohrs und Paul Beckers waren ebenso zu Gast wie das Egon-Steglich-Quartett und die Ballettgruppe von Gertrude Baum-Gründig. Einnahmen und Ausgaben von Theater und Gaststätte hielten sich dabei die Waage, viel Gewinn für den Neubau war nicht zu erwirtschaften. Inzwischen ging der Streit mit der AG für Bauten weiter, auch die Landesverwaltung und das Dresdner Amt für Wiederaufbau erhoben Ansprüche auf die dringend benötigten Baumaterialien und ehemaliges Reichseigentum aus den Ruinen, eine polizeiliche Verfolgung Randows drohte. Aber sein Projekt war bereits zu bedeutend für die Kulturpolitik der KPD geworden und derartige Angriffe wurden offiziell abgeschmettert. Am 1. Mai 1946 schilderte Fritz Randow in einem Brief an Bürgermeister Weidauer sein entstehendes Theater in Superlativen, pries es als Versammlungsort für politische Veranstaltungen an und bat ihn zur Besichtigung. Der Bauherr brauchte dringend materielle Unterstützung von der Stadt, da er sich gründlich verkalkuliert hatte und in dem alten Gasthof viele unvorhergesehene Probleme lauerten. Die Kosten explodierten, der Einweihungstermin rückte in weite Ferne. Die Wagen mit ihrer kostbaren Last rollten weiter bis Mitte 1946 nach Leuben und aus der Ruine des schönsten Unterhaltungstheaters im Zentrum erblühte ganz langsam neues, wenn auch bescheidenes Leben im ländlichen Vorort.

Foyer des Apollo-Theaters 1947
(Archiv Grohmann)

> **Aus dem „Sächsischen Tageblatt" vom 8. Juli 1947**
>
> Das „Apollo-Theater" der Deutschen Volksbühne hatte das erste volle Haus. Schätzungsweise 600 Personen waren der Einladung zur Besichtigung gefolgt. Direktor Randow gab einen kurzen Rückblick über das Werden der neuen Bühne. Eigentlich sei dieses neue Haus aus dem alten Zentraltheater entstanden. Ungefähr drei Vierteljahr lang haben 30 Mann alles Verwendbare aus den Ruinen an der Waisenhausstraße geborgen. Was hier an Aufbauenergie, allen zeitlichen Widerständen zum Trotz, mit der dankenswerten Unterstützung der behördlichen Stellen geleistet wurde, kann nur ermessen, wer dabei tätig war.
> Die 27 m breite und 16 m tiefe Bühne ist allein ein kleines Kunstwerk. Alle Erfahrungen moderner Bühnentechnik sind angewandt worden. 30 Bühnenzüge, Beleuchtungsrampen, Scheinwerfer, moderne Lautsprecheranlage usw. garantieren einen störungsfreien Ablauf des Bühnengeschehens. Eine Ringleitung mit Hydranten und ein eiserner Vorhang bieten dem Publikum Schutz bei Feuersgefahr.
> Hier wurde eine würdige Kulturstätte geschaffen, und ehrlicher Beifall dankte Direktor Randow für die interessanten Ausführungen.
>
> (Archiv Lachmann)

Außenansicht des Apollo-Theaters 1946 (Foto: W. Möbius, Archiv Grohmann)

Im Juli 1946 waren 172.000 RM Privatvermögen verbaut, es fehlten weitere 100.000 RM, die die Stadt vorschoss und den jährlichen Pachtzins um 8000 RM erhöhte. Am 30. Oktober 1946 feierte Fritz Randow mit den Funktionsträgern von Stadt und SED glücklich das Richtfest seines Theaters. Hinter verschlossenen Türen wurde jedoch längst darüber beraten, wie man ihm sein Werk aus den Händen nehmen und zum Flaggschiff des geplanten „Theaterkombinats" oder einer „Volksbühne" machen könnte. Als er sich über die Situation klar wurde, fing Fritz Randow verzweifelt an, um seinen Traum zu kämpfen. Er sandte Spielpläne und kulturpolitische Planungen an Stadtrat Rentzsch und versicherte ihn seiner Mitwirkung an jeglicher Umstrukturierung der Dresdner Privattheater. Die Antwort waren Vorschläge für ein Entschädigungsverfahren, mit dem man unter Abgeltung aller finanziellen Ansprüche Randows und der anderen Gläubiger den geltenden Pachtvertrag außer Kraft setzen konnte. Einem Einsatz als Verwaltungsleiter der Volksbühne war er nicht mehr gewachsen, die entwürdigenden Verhandlungen hatten Fritz Randow die letzten Kräfte gekostet. Mit einem neuen Vertrag wurde er als „Hausdirektor" mit beratender Funktion eingesetzt und konnte zumindest seine Wohnung im Vordergebäude behalten.

Nur zweimal durfte er als Direktor des fertigen „Apollo-Theaters" in Erscheinung treten. Am frühen Abend des 18. August 1947 strömten hunderte Bürger, Bauleute, Politiker und Künstler in den festlich erleuchteten Zuschauerraum, um der Eröffnungsfeier des ersten Theaterneubaus in Ostdeutschland beizuwohnen. Fritz Randow hielt sichtlich bewegt die Begrüßungsansprache und dankte den Beteiligten an diesem großartigen Aufbauwerk. Im September 1947 sicherte er mit einem Gastspiel im Aeros-Varieté unter seiner Direktion den Bestand des zu früh engagierten Operettenensembles der Volksbühne. In diesem „Schwarzwaldmädel" spielte seine Frau Senta ihre letzte Bühnenrolle.

Gebrochen und herzkrank starb der Theatergründer Fritz Randow am 23. Februar 1953.

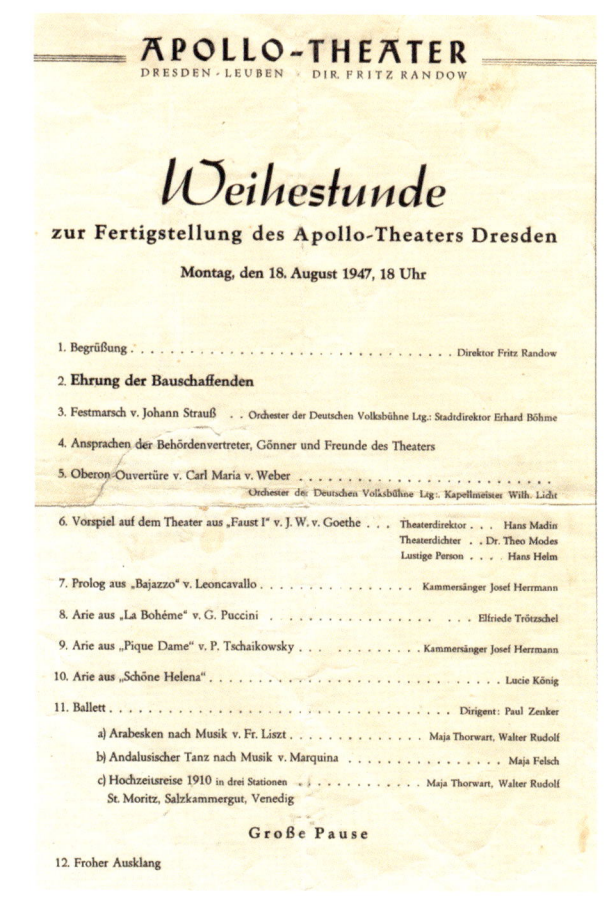

*Zuschauerraum (Foto: W. Möbius), Plakat der Volksbühne und Programm der Weihestunde des „Apollo-Theaters"
1947 (Archiv Grohmann)
folgende Seite: Werbezettel 1947 (Archiv Staatsoperette)*

OTTO BOCHMANN
1. Vorsitzender der Deutschen Volksbühne Dresden:

Unsere Theater —
unsere Künstler — unsere Kunst!

Diese Worte seien hier gesprochen für die arbeitende Bevölkerung unserer Stadt. Diese Worte seien gesprochen mit ganzem Stolz auf das, was unser ist und sein soll. Diese Worte seien gesprochen aus dem klaren Bewußtsein unseres Anspruches und Rechtes auf die Theaterkunst, auf deren helle Schönheit, auf deren das Lebensgefühl klärenden und kräftigenden Geist. Diese Worte seien gesprochen aus frohem, festem Willen, den Dichtern der dramatischen Kunst, den Komponisten, der darstellenden Künstlerschaft ein starkes Fundament für ihre schöpferische Tat zu sichern, in die Tiefe und Breite gemauert durch die Volksbühnenbewegung.

Es bedarf keines Nachweises, daß die hart arbeitende, durch die Not des Alltags bedrängte Bevölkerung sich sehnt nach der Wohltat der Freude, dem erfrischenden, aufrichtenden Atem freien Geistes, daß sie den Sinn und das Verständnis für die herrliche Größe der Theaterkunst behalten will.

Nirgends hat der Künstler, vor allem der mutige, fortschrittliche, schöpferische Künstler einen verläßlicheren Freund als im arbeitenden Volke. Und das arbeitende Volk hat keinen heißeren Wunsch, als seine Freundschaft und begeisterte Liebe erwidert zu sehen. Wie erwidert zu sehen? Dadurch, daß des Volkes bester Lebensinhalt Gegenstand dichterischer und künstlerischer Gestaltung und Darstellung wird.

Eindeutig sei der Auffassung entgegengetreten, die hier politische „Tendenzpoesie" wittert, von der man sagt, daß sie mit der wirklichen Kunst nichts zu tun habe. Gegenüber solchem rückständigen Gerede ist immer daran festzuhalten, daß nicht die ehrliche und offene, nicht die politische und soziale Tendenz künstlerisch verwerflich sind, sondern nur ihre Darstellung mit künstlerisch unzulänglichen Mitteln. Und hieran hat namentlich die Volksbühnenbewegung festzuhalten, da sonst die unsinnige Ansicht Geltung behielte, daß alles, was des arbeitenden Volkes Leben, Freude, Leid und Kampf ausmacht, kein Gegenstand künstlerischen Schaffens sein könne.

Das Theater wird großen Nutzen aus der Volksbühnenbewegung ziehen. Ihr größter Verdienst wird sein, daß sie Tausende, die bisher abseits standen oder stehen mußten, für das Theater gewinnt. Planmäßige Besuchsregelung, restlose Ausnutzung aller Plätze werden die Eintrittspreise verbilligen. Feste Besucherkreise werden der künstlerischen Initiative größere Freiheit und Entfaltung sichern. Mehr als bisher wird es möglich sein, dem Unterhaltungsstück, das seinen sicheren Platz in unseren Theatern haben wird, Werke von tieferem Gehalt an die Seite zu stellen. Die Volksbühnenbewegung wird dem Theater ein allem Neuen aufgeschlossenes Publikum zuführen. Die künstlerische Leitung muß Geschick haben, unseren Theatern breitesten Widerhall zu sichern. Sie muß es vermeiden, vom bisher Gewohnten allzu jäh und allzu weit sich zu entfernen und zu entfernen. Die Künstlerschaft darf die Mühe und gedankliche Arbeit volksnaher Inszenierungen nicht scheuen, an der Künstlerschaft liegt es, unsere Theater überzeugungsfähig zu machen. Das gelingt nicht mit bühnenwirksamen Nichtigkeiten, das gelingt nur halb mit unverbindlichen „zeitlosen" Inszenierungen klassischer Werke, das gelingt aber ganz, wenn des Volkes bester Lebensinhalt, unser Zeitgeschehen, in bester Theaterkunst auf die Bretter kommt.

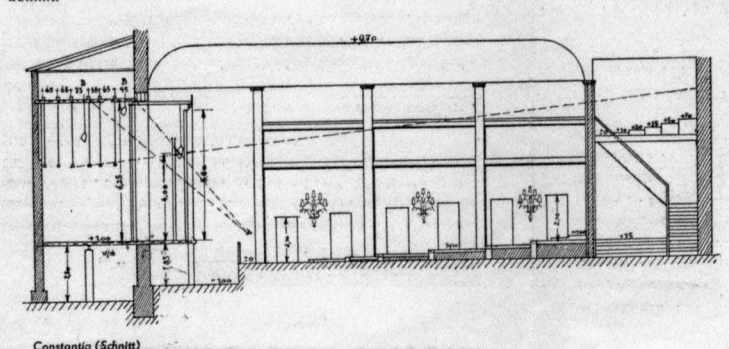

Apollo-Theater (Innenraum)

Die Bühnenrampe trennt bisher Darsteller und Publikum. Beide müssen zusammengebracht werden. Die Initiative hierzu wird aus der Volksbühnenbewegung kommen. Eine Vielfalt von Anlässen und Formen wird sich finden. Keine Aufführung darf zu Ende sein, wenn der Vorhang gefallen ist. Gemeinsame Kritik und Diskussion der Darsteller und der Zuschauer über das Stück und dessen Autor, über den Erfolg oder Mißerfolg, über Darstellung und Regie, über die Haltung des Publikums. Das Publikum hat ein gerüttelt Maß von Schuld an der Theatermisere. Die Volksbühnenbewegung muß hier Wandel schaffen. Die Theater spielen zumeist das, was volle Häuser bringt. Die Volksbühnenbewegung wird für volle Häuser sorgen, aber nur dann, wenn gutes Theater gebracht wird. Heraus mit den Problemen der Spielplangestaltung, der Dramaturgie, der Regie, des Nachwuchses aus der akademischen Sphäre der Intendantenzimmer, heraus damit an die frische, kräftigende Luft der demokratischen Öffentlichkeit. Der Betriebsrat wie der Regierungsrat sollen ihre Meinung dazu sagen, der Bauarbeiter wie der Kaufmann, die Lehrerin wie die Straßenbahnerin, der Schüler wie der Schulrat, der Bauer wie der Studierte. So allein wird das Theater zu einer Sache des Volkes.

Im August eröffnen wir unser erstes Theater: Apollo, Leuben, ein umgebautes Haus, eine neugebaute Bühne, ein neuer Zuschauerraum, in welchem jeder Besucher sich wohlfühlen wird.

Im September wird das zweite Theater eröffnet: Haus Constantia, Cotta. Auch hier eine vergrößerte Bühne, ein erneuerter Zuschauerraum mit guter Sicht von jedem Platz durch erhöhtes Parkett und eingebauten Rang, der Raum zu einem Theater gestaltet.

Beide Theater offen für die arbeitende Bevölkerung unserer Stadt. Beide Theater offen für eine Künstlerschaft, die sich den Schaffenden Dresdens verbunden und verpflichtet fühlt.

Beide Theater offen für frohes, starkes, vorwärtsführendes künstlerisches Schaffen.

Constantia (Schnitt)

Die „Deutsche Volksbühne Dresden GmbH"

Ein eisiger Wind fegt an jenem Abend des 20. Januar 1947 durch die Melanchtonstraße, als sich zehn maßgebliche Politiker und Gewerkschafter bei Stadtrat Egon Rentzsch im Kulturamt zusammenfinden. Die meisten von ihnen stammen aus der Arbeiterklasse, sind seit ihrer Jugend kommunistisch organisiert, haben aktiv gegen den Faschismus gekämpft und dafür in Konzentrationslagern und Zuchthäusern Schreckliches erduldet. Für sie steht die Notwendigkeit einer kompletten gesellschaftlichen Umwälzung auch auf kulturellem Gebiet gänzlich außer Frage. Einen Künstler sucht man in der illustren Runde vergebens.

Was sie und die Dresdner gerade durchmachen, geht als „Hungerwinter" in die Geschichte ein. Den Versammelten ist eines klar: Die Kälte geht irgendwann vorüber, aber die ökonomischen und politischen Probleme werden bleiben. Deshalb muss über Kultur und Bildung die ideologische Einflussnahme auf alle Schichten der Bevölkerung verstärkt und der Aufbauwille und die Leistungsbereitschaft gesteigert werden. Und so geht es bei dieser Beratung nicht um Brot und Kohlen, sondern um den weiteren „Aufbau einer überparteilichen, demokratischen und fortschrittlichen Volksbühnenorganisation" für das Land Sachsen und die Hauptstadt Dresden. Die Richtlinien dafür kommen von der Abteilung Kultur des Zentralsekretariats der SED in Berlin und knüpfen an die Ideale der Volksbühnenbewegung aus den Jahren vor 1933 an.

In dicke Mäntel gehüllt, machen sich die Funktionäre an entscheidende Weichenstellungen für die ideologische Ausrichtung der Theater und die bessere Einbindung der politisch meist abseits stehenden Künstlerschaft ins neue System. Ende Dezember 1946 war schon der Volksbühnen-Verein ins Leben gerufen und mit dem Aufbau der Besucherorganisation betraut worden. Als Vorsitzenden hatte man den 27-jährigen Schauspieler und Dramaturgen Günther Sauer ausersehen.

Heute geht es um die Beschaffung und Finanzierung der Spielstätten und Ensembles. Gastgeber Rentzsch, vollkommen erfüllt von seiner Mission als Kulturkämpfer, umreißt in klaren Worten seine Pläne: „Es ist notwendig, dass wir neue Theater gründen, die vor allem den Massenorganisationen zur Verfügung stehen. Der FDGB muss, wie in anderen Städten, die privaten Theater in die Hand bekommen. Die guten Kräfte werden übernommen und erhalten bessere Engagements. Als Theaterleiter kommt Paul Barnay aus Wien in Frage, Angeloff, Steiner und Grotzinger sind ungeeignet. Die neuen Theater sollen in der „Constantia" in Cotta, dem „Apollo" in Leuben und dem „Reichsadler" in der Neustadt eröffnet werden. Am besten bringt man sie mit Operette zum Laufen, dabei wird allerhand verdient und mit Profit gearbeitet. Finanzieller Direktor könnte Randow sein, der ein gewiefter Geschäftsmann ist."

Paul Gruner, Vizepräsident des Landtages und Mitglied des FDGB-Bundesvorstandes, beansprucht die Führung der Theater und Besucherringe durch den FDGB, denn die Arbeiterschaft soll Hauptträger der Theater sein, auf keinen Fall die Bürgerschaft. Er lehnt strikt eine vollständige Kostenübernahme ab und spricht sich für eine GmbH aus. Den größten Anteil soll der FDGB leisten. Im Übrigen hält er den Standort Leuben persönlich für zu abgelegen und sieht die „Constantia" eher als Versammlungssaal für Parteien und Massenorganisationen. Er wird überstimmt und die Würfel sind gefallen.
(nach einem Protokoll im Stadtarchiv Dresden, Bestand 4.1.13/156)

Nachkriegswinter am Postplatz (Archiv DVB-AG)

Nach dieser Zusammenkunft ging man forsch ans Werk. Kulturbund und FDJ wurden in die Organisation einbezogen. Als Vorsitzender wurde der kommunistische Sänger und Widerstandskämpfer Otto Bochmann berufen, der Ende Februar aus englischer Gefangenschaft heimgekehrt war. Günther Sauer wurde als Intendant der Volksbühnentheater, Fritz Randow als Verwaltungsdirektor und Gesellschafter in den Vorstand aufgenommen und die Stadtverordneten erteilten am 20. März eine Kollektivkonzession für den Betrieb der neuen Theater. Am 6. Juni 1947 konnte der Gesellschaftervertrag für die GmbH unterzeichnet werden. Für das Land Sachsen setzte Ministerialdirektor Herbert Gute seine Unterschrift unter das Dokument, für den Landes- und Kreisvorstand des FDGB unterschrieben Rudi Jahn und Wilhelm Gross. Die „Volksbühne Dresden GmbH" startete mit einem Stammkapital von 400.000 RM. Am 6. August 1947 stiegen noch der Kreistag Dresden mit 60.000 RM und die Stadt selbst mit 100.000 RM als Gesellschafter ein.

Das sanierungsbedürftige und ärmlich ausgestattete Haus „Constantia" wurde in den Besitz des FDGB gebracht, die Ansprüche aller Gläubiger der „Apollo-Bau GmbH" von der Stadt abgegolten, der Pachtvertrag mit Fritz Randow gelöst und die Häuser an die „Deutsche Volksbühne Dresden" (DVD) vermietet. Allerdings war im „Apollo" noch nicht einmal der erste Bauabschnitt abgeschlossen, der die Erweiterung der Bühne, die Schaffung der notwendigsten Betriebsräume, den Ausbau des Zuschauersaales mit Garderoben und Toiletten sowie die Herstellung der Brandsicherheit im gesamten Gebäude beinhaltete. Die DVD forcierte die Arbeiten und begann, Ensemble und Leitungskräfte zu engagieren. Dabei setzte man auf Fachleute und blendete bei Nazi-Künstlern deren politische Vergangenheit großzügig aus. So fanden sich im Vorstand des Schauspielensembles die Kommunisten Charlotte Küter und Paul Lewitt neben dem Chefdramaturgen und Spielleiter Dr. Theo Modes wieder. Der künstlerisch höchst erfolgreiche sudetendeutsche Schauspieler und Regisseur war Mitglied der Sudetendeutschen Partei und der NSDAP gewesen, hatte das nationalsozialistische Theater Brünn aufgebaut und die Verfolgung und Vertreibung antifaschistischer Künstler aus der ČSR gebilligt, zu denen auch Küter und Lewitt gehörten.

Als Oberspielleiter der Operette kam der Schauspieler und Regisseur Ive Becker, der bis 1944 künstlerischer Leiter der Abteilung Unterhaltung des Fernsehsenders „Paul Nipkow" in Berlin war. Die Kollektivkörper setzten sich aus ehemaligen Angehörigen der Ensembles „Vereinigte Volksbühne" und „Apollo" (Randow) sowie neu engagierten Kriegsheimkehrern und Umsiedlern zusammen. Ihr ungeschriebenes Gesetz lautete: „Neues Spiel neues Glück!" – über die Vergangenheit wurde nicht mehr gesprochen.

*Otto Bochmann
(Archiv Grohmann)*

*Günther Sauer
(Archiv Staatsoperette)*

Die auflaufenden Kosten und die Gefährdung der kulturpolitischen Reputation von SED und FDGB erforderten die schnellstmögliche Aufnahme des Spielbetriebs trotz aller Unzulänglichkeiten.

Am 18. August 1947 wurde das „Apollo-Theater" mit einer Festveranstaltung eingeweiht und vier Tage später mit einer Inszenierung des Schauspiels „Ein Sommernachtstraum" von Shakespeare mit der Musik des von den Nazis geächteten Felix Mendelssohn-Bartholdy unter Anwesenheit des sächsischen Ministerpräsidenten Max Seydewitz programmatisch eröffnet.

Die Gestaltung der Zuschauerbereiche und die Gesamtwirkung des Theaters mit 800 Plätzen, dem kunstvoll gemauerten Bühnenportal, einem Orchestergraben für 50 Musiker und der neuen Bühne in den Maßen 27 mal 16 Meter fand den ungeteilten Beifall des Publikums. Modes' Regie und die Leistungen der Darsteller kamen vorzüglich an. In der Beleuchtung offenbarte sich leider der Mangel an technischer Ausstattung und Gerd Richters Bühnenbild wurde als zu unromantisch erachtet. Dem Orchester unter Wilhelm Licht wurde eine saubere Leistung und dem Haus eine gute Akustik bescheinigt. Am 24. August konnten die Besucher diese bei einem Festkonzert der Philharmonie genießen, gegeben wurde – passend zum Bauzustand des Hauses – Schuberts 8. Sinfonie, die „Unvollendete". Die vierte Blüte im Kranz der Eröffnungsveranstaltungen war dann der erste Ballettabend am 30. August, choreografiert von Maja Thorwardt, unter der musikalischen Leitung von Paul Zenker.

Bis allerdings in Leuben die technischen und personellen Voraussetzungen für eine große Operettenpremiere geschaffen waren, mussten sich die bereits engagierten Kollegen vom Operettenensemble noch gedulden. Im „Reichsadler" in Neustadt (ehemals Damms Etablissement schräg gegenüber der „Schauburg") gastierten sie als Randow-Gastspielensemble im dort eingemieteten Zirkus Aeros mit der Operette „Schwarzwaldmädel" von Jessel. Einige Wochen später, am 2. Oktober 1947, zog dann endlich die heitere Muse mit einer umjubelten Premiere von Lehárs „Lustiger Witwe" in der Inszenierung Ive Beckers ins „Apollo" ein.

Wörtge und Wildersinn hatten als Zeta und Njegus die Lacher auf ihrer Seite, Gerty von Elmpt und Hans Madin machten als kapriziöse Hanna und als charmanter Danilo den Abend zum Ereignis. Madin stellte zudem damit sein vielfältiges Talent unter Beweis – im „Sommernachtstraum" hatte er als intelligenter Kobold Puck großen Erfolg.

Der Musikwissenschaftler Ernst Krause, damals Theaterkritiker der „Sächsischen Zeitung", schrieb dazu am 4. Oktober 1947: „Oh, es ist Zauber ausgeschüttet… Diese erste Operette der Deutschen Volksbühne ist der Beweis, dass auch die leichte Muse sinnvoll ohne kitschig, heiter ohne ordinär und fröhlich ohne derb zu wirken sein kann… es war ein sehr erfolgreicher Operettenstart."

„Die lustige Witwe" 1947
Gerty von Elmpt als Hanna und Hans Madin als Danilo
Zeichnung von Friedrich Höher, Maler und Grafiker aus
Laubegast, aus dem Jahr 1947 (Sammlung Höher)

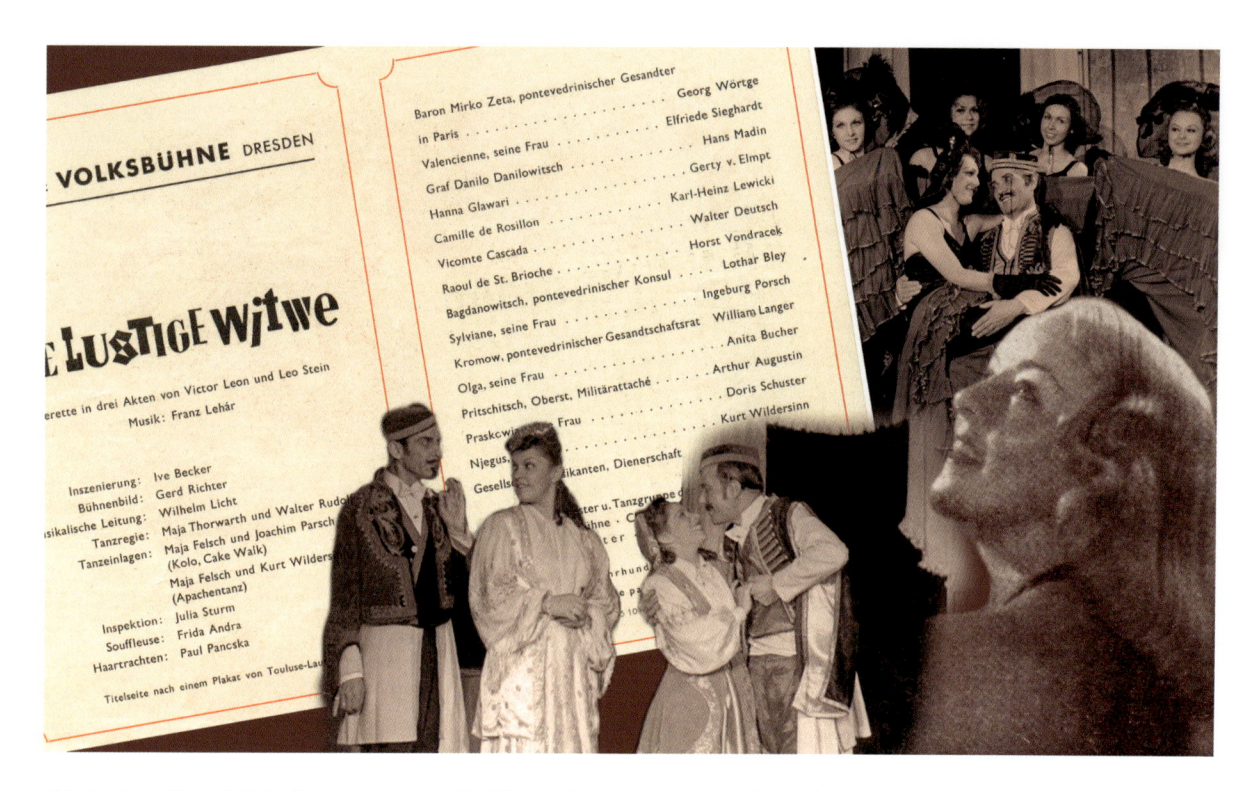

„Die lustige Witwe" 1947 (Programmzettel/ Bilder Archiv Grohmann, Archiv Schwarze, Montage A. Schwarze) v.l.n.r.: William Langer, Anita Bucher, Ingeborg Porsch, Gerty von Elmpt; oben: Georg Wörtge und Ballett

Manchem Mitarbeiter mögen die Vorstellungen der damaligen Zeit wirklich wie Zauberei vorgekommen sein, denn die Zustände hinter den Kulissen waren katastrophal.

Gravierend war der Mangel an gut ausgebildeten Chorsängern und Solisten, der nicht zuletzt auf die mäßigen Gagen für die Masse der Mitglieder an der DVD zurückzuführen war. Kapellmeister Wilhelm Licht sah sich gezwungen, die „Witwe" einen Kammerton abzustimmen, da die Partien von den singenden Schauspielern und Berufsanfängern sonst nicht zu bewältigen gewesen wären. Für die Einstudierung aller Solisten standen zwei Klavierauszüge zur Verfügung, zehn Chorsänger mussten sich eine gedruckte Singstimme teilen. Es gab weder richtige Werkstatträume noch einen Ballettsaal oder ausreichend Schuhe für die Tanzgruppe, von dem Mangel an Dekorationsmaterial, Kostümstoffen, Scheinwerfern und Instrumenten ganz zu schweigen. Im „Apollo" wurde nun auch nicht weitergebaut, denn die Eröffnung der „Constantia" in Cotta war den Werktätigen des Dresdner Westens versprochen worden und die Bedingungen dort mussten mit allen verfügbaren Kräften und Baumaterialien verbessert werden.

Durch die geringe Bühnentiefe von 6,20 m war die Bühne dort eigentlich für große Revue-Operetten überhaupt nicht geeignet, die wenigen und engen Künstlergarderoben blieben ein Problem. Rundhorizonte bekamen beide Häuser nicht, Podeste und Treppen für den Bühnenausbau waren absolute Mangelware.

Am 17. Oktober 1947 hob sich endlich der Vorhang in Cotta. Mit dem Fünf-Personen-Stück „Iphigenie auf Tauris" von Goethe nahm die DVD ihr zweites Haus in Betrieb. Die erwartungsfrohen Werktätigen des Dresdner Westens brachten für das Sujet und die Inszenierung von Theo Modes nicht das rechte Verständnis auf und der Abend floppte. Zwei darauffolgende sowjetische Schauspiele hintereinander erreichten zusammen nur neun Vorstellungen mit insgesamt 6500 Zuschauern. Um den Betrieb zum Laufen zu bringen, musste schnell eine Operette her. Ive Becker lieferte die vom Publikum begeistert aufgenommene Inszenierung von Abrahams „Blume von Hawaii", wieder mit v. Elmpt und Madin in den Hauptrollen. Der hochtalentierte Hermann Kaubisch, eben vom Werkstattleiter zum Bühnenbildner aufgestiegen, und Maria Uhlig als Kostümbildnerin trugen wesentlich zum Erfolg der in der Nazizeit verbotenen Operette bei. Mit 120 Vorstellungen holte sie bis zum Ende der Spielzeit 90.000 Besucher in den holzgetäfelten Saal am westlichen Stadtrand.

Hinter den Bühnen wuchsen indes die Schwierigkeiten. Unmut und Verbitterung griffen unter den Mitarbeitern der DVD um sich, denn sie erhielten geringere Lebensmittelzuteilungen als die Angehörigen der Bühnen der Landeshauptstadt. Da das Kohleamt der Stadt der DVD keine Brennstoffe zuwies, kamen zum Hunger noch Kälte und Nässe in den noch nicht durchgetrockneten und unbeheizten Neubau-Theatern hinzu. Dennoch wurden von den Künstlern und Arbeitern ständig Höchstleistungen gefordert. Ein Anstieg des Krankenstandes und der Absetzbewegungen in den Westen waren die Folgen. Zu den ersten Künstlern, die der DVD wegen der schlechten Arbeitsbedingungen den Rücken kehrten, gehörte die Ballettmeisterin Maja Thorwardt, nachdem sie mehrmals im Training vor Entkräftung ohnmächtig geworden war. Produktion und Werbung wurden dadurch erschwert, dass die DVD kein Kraftfahrzeug und keine Treibstoffkontingente erhielt. Durch die von oben verfügte bevorstehende Eingliederung der defizitären Volksoper Plauen in die DVD bahnte sich eine weitere Verschärfung der wirtschaftlichen Lage an. Die ablehnende Haltung des Publikums zur Spielplangestaltung mit erzieherischen Absichten wurde offensichtlich, der Ruf nach leichterer Kost lauter. Von den Problemen überfordert und die ökonomisch verlockende Entwicklung der DVD zu einem reinen Amüsiertheater befürchtend, warf Günther Sauer im Dezember 1947 das Handtuch als Intendant und zog sich auf den Posten eines Dramaturgen und Spielleiters zurück. Otto Bochmann als bester Kenner der komplizierten Verhältnisse in der DVD nahm auf Drängen des Vorstandes das Ruder in die Hand. Aber die Lage blieb

„Die Blume von Hawaii" 1947 (Archiv Staatsoperette)
4.v.l. Gerty v. Elmpt, r. William Langer

„Die Perle von Tokay" 1948 (Archiv Staatsoperette)

angespannt. Am 1. März 1948 meldete Bochmann sieben schwer erkrankte Solisten mit Lungen- und Nierenentzündungen und Lähmungen durch Kälte und Unterernährung an Stadtrat Rentzsch, außerdem hatte die SMA Ende Dezember die Versorgung der DVD mit Lebensmittel-Zusatzkarten eingestellt. Nach einer Auseinandersetzung mit Eva Blank von der Landesleitung des Kulturbundes wurde Hans Madin von der DVD bei der Entnazifizierungskommission angezeigt und im Februar 1948 mit Spielverbot belegt. Bald darauf ging er mit seiner Partnerin Gerty v. Elmpt in den Westen.

Ende April kam die Wahrheit über die Bilanzen der Volksoper ans Licht – 100.000 RM Verlust im ersten Quartal! Damit war die DVD ein Jahr nach ihrer Gründung bereits in ihrer Existenz bedroht.

Auf der Bühne gaben die Künstler weiterhin alles, um die ebenso notleidenden Dresdner aufzurichten und zu unterhalten. Das Sprechtheater war unter anderem sehr erfolgreich mit der deutschen Erstaufführung des amerikanischen Zeitstücks „Tiefe Wurzeln" und absolvierte damit ein langes und gefeiertes Gastspiel in Berlin. Kurt Wildersinn inszenierte originell und ansprechend Raymonds „Perle von Tokay", die Protagonisten Gustl Promper und Doris Schwarz wurden zu Lieblingen des Publikums und Elfriede Sieghardt rückte an die erste Stelle der Solistinnen. Ein alter Bekannter aus der Dresdner Theaterszene war inzwischen aus der Kriegsgefangenschaft zurück und in die DVD aufgenommen worden: der Schauspieler und Sänger Martin Kleber. Vor ein paar Jahren als gern in Uniform auftretender einflussreicher Sachwalter der NS-Fachschaft Bühne bekannt und berüchtigt, durfte er nahtlos seine Solistenkarriere fortsetzen.

Mit der Währungsreform in der Sowjetischen Besatzungszone am 24. Juni 1948 ereilte die DVD dann der nächste Tiefschlag. Kurz vor Gehaltstag und Theaterferien wurden Vermögenswerte und Subventionen 1:10 abgewertet, die DVD war plötzlich zahlungsunfähig und hoch verschuldet. Der Betrieb der Volksoper musste sofort stillgelegt und ihre Ausgliederung erreicht werden.

Noch einmal durch Landes-Subventionen gerettet, gestaltete sich die Weiterführung der Mission der DVD „dass des Volkes bester Lebensinhalt Gegenstand dichterischer und künstlerischer Gestaltung und Darstellung wird" (Otto Bochmann) zusätzlich durch die allgemeine Geldknappheit immer schwieriger. Mit der Wiedereröffnung des Großen Hauses am 22. September 1948 ging fortschreitender Mitgliederschwund bei der Volksbühnen-Organisation einher. Ab 3. November 1948 lockte die Volkseigene Handelsorganisation (HO) die Menschen an, die ab sofort die Wahl hatten, ihr weniges Geld in Kultur oder bessere Lebensmittel zu investieren. Das idealistische Konzept der DVD, mit einer planmäßigen Besuchsregelung, Gesprächsrunden nach den Vorstellungen und öffentlicher Diskussion von Spielplänen und Regieleistungen breite Kreise der Werktätigen mit den Theaterschaffenden zusammenzuführen, fand besonders bei den Dresdner Arbeitern immer weniger Interesse. Nach wie vor gefragt waren beim Publikum die Lustspiel- und Operetteninszenierungen der DVD. Die hohe Qualität und die progressive Ausstrahlung des Schauspielensembles waren in Fachkreisen unumstritten und das kriselnde Staatsschauspiel begann sich für eine Übernahme zu interessieren. Intendant Bochmann war inzwischen von der Partei ans Deutsche Theaterinstitut Weimar berufen worden und Hans Pitra hatte am 1. Februar 1949 seinen Platz in Dresden eingenommen. Er holte sofort seinen alten Freund Fritz Steiner als Oberspielleiter für die Operette an die DVD. Da auch dessen Gegner Egon Rentzsch Dresden mit einem Parteiauftrag verlassen hatte, kam der ambitionierte Theatermann gern zurück und inszenierte als erstes „Ball im Savoy" von Abraham mit dem jungen Rolf Ludwig als Célestin. 1949 profilierte er sich mit fünf Operetten-Inszenierungen, in denen er auch selbst Rollen übernahm. Darunter waren auch die Uraufführung von Wilhelm Lichts „Lied der Sehnsucht" und Lehárs „Land des Lächelns", in dem Hildegard Schwarzer als Lisa debütierte.

„Ball im Savoy" 1949 Ensemble (Archiv Staatsoperette)

Kapellmeister und Komponist Wilhelm Licht mit Chordamen 1949 (Archiv Staatsoperette)

„Das Land des Lächelns" 1949 (Archiv Staatsoperette)
oben: Rudolf Cordes, Martin Kleber
unten: Hildegard Schwarzer, Beatrix Kujau

Um die Volksbühne wieder attraktiv und konkurrenzfähig zu machen, forderten ihre Mitglieder ab Mitte 1949 die Errichtung eines Volksbühnentheaters mit 2000 Plätzen im Dresdner Stadtzentrum. Das Ansinnen wurde nach Gründung der DDR am 7. Oktober 1949 von Intendant Pitra beim Volksbildungsministerium vorgebracht und mit Verweis auf den Finanzbedarf für die Rekonstruktion der Berliner Volksbühne abgewiesen.

Nachdem weitere 4000 Mitglieder abgewandert waren, hatte die DVD zur neuen Spielzeit die Anrechtspreise um zwanzig bis fünfzig Prozent verbilligt, bot Konzerte und Vorstellungen der Staatstheater und die Möglichkeit der Umschreibung von Karten bei Verhinderung. Sogar bis an den Arbeitsplatz konnten die Karten geliefert werden. Und das alles gegen einen Jahres-Mitgliedsbeitrag von 15 Pfennigen zur Deckung des Verwaltungsaufwands. Trotz all dieser Bemühungen hatte die DVD Ende 1949 nur noch 16.000 Mitglieder, wirtschaftlich notwendig wären 60.000 gewesen. Da die Landesregierung eine Sanierung ablehnte, wurde die „DVD-GmbH" zum 1. Januar 1950 aufgelöst. Gegen die Stimmen der LDPD beschlossen die Stadtverordneten die Nutzung der „Constantia" als städtisches Kinder- und Jugendtheater, das Schauspielensemble wurde ins Staatsschauspiel eingegliedert. Die Bühne in Leuben fand eine neue Bestimmung unter dem sperrigen Namen „Bühnen des Landes Sachsen-Operette-Apollo-Theater" und begann ihre faszinierende Geschichte als Heimstatt des heiteren Musiktheaters.

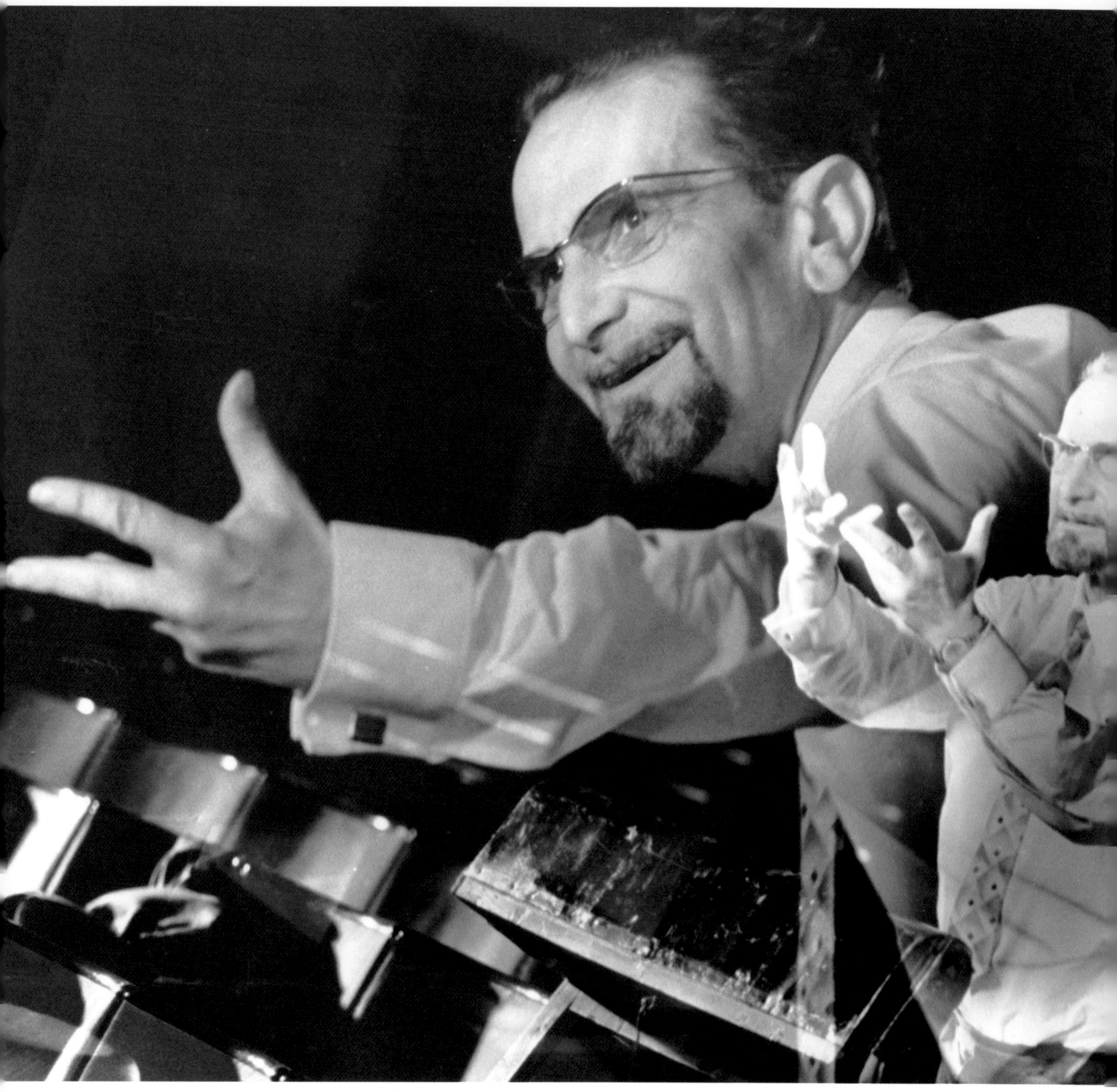

Der Prinzipal

Fritz Steiner – vom Komödiantenkind zum „Theaterprofessor"

Es ist der Abend des 23. Oktober 1977. Auf dem halbdunklen Innenhof des kleinen Kulturhauses im polnischen Trzebnica sitzt einsam und aschfahl ein kleiner älterer Herr mit einem Spitzbart auf einem Stuhl. Er ist in sich zusammengesunken und atmet schwer. Der Mann heißt Fritz Steiner.
Seit 1958 ist er der Intendant der Staatsoperette Dresden, die hier ein Freundschaftskonzert gibt. Man hat ihn nach einem Schwächeanfall an die Luft gebracht, während die Show im Saal weitergeht. Für das Orchester ist hier kein Platz, nur Klavier und Rhythmusgruppe begleiten die Sänger und ihr „Chef" hört so aus der Ferne das letzte Konzert seines Lebens. Als Hans Großer drinnen mit seiner warmen Stimme „Oh, I got plenty o nuttin" aus „Porgy and Bess" anstimmt, schwinden dem „Theaterprofessor" langsam die Sinne und aus der Dunkelheit erstehen und verfliegen in Windeseile die Szenen seines Lebens.
Der kleine Friedrich Arthur kommt am 25. Dezember 1913 im erzgebirgischen Eibenstock zur Welt. Seine Eltern, der gebürtige Wiener Friedrich Steiner und seine rheinländische Frau Agnes, führen ein Reisetheater und sind zu dieser Zeit zwischen Gera, Erzgebirge und Vogtland unterwegs. Friedrich spielt selbst die Charakterrollen, Agnes die ersten Damen. Ihr Hauptwohnsitz ist Dresden. 1916 muss Steiner an die Front. Als er 1918 zur Familie zurückkehrt, beziehen sie zuerst eine Wohnung in der Oppellstraße und der Vater ergattert für ein Jahr ein Engagement als Sänger und Operettenspielleiter in Gablonz/ Neiße. 1920 ziehen sie in die Lockwitzer Straße 7 in Dresden-Strehlen, gleich neben dem Königshof-Theater, und gründen wieder eine eigene Theatergesellschaft.
Im Alter von sieben Jahren steht der kleine Fritz an der Hand seiner vier Jahre älteren kecken Schwester Therese dort auf der Bühne. Vor ihnen im halbleeren Saal ein paar johlende Zuschauer, umweht von Bierdunst und Zigarrenqualm, um sie herum zwischen den ausgefransten Stoffkulissen die Spielerschar mit dem lebensfrohen und intelligenten Vater Friedrich, der gediegene Schönheit ausstrahlenden Mutter Agnes, der begabten Halbschwester Marga und den wenigen schlecht bezahlten Mitarbeitern. Beginnende Inflation und um sich greifende Arbeitslosigkeit sorgen für gähnende Leere in der Abendkasse.
Vater Steiner startet 1921 mit Kompagnon Hans Hampe einen zweiten Versuch mit einem „Volkstheater" im „Volkswohlsaal" in der Trabantengasse. Die 12-jährige Therese, die seit ihrem sechsten

Königshof-Theater und Steiners Wohnhaus Lockwitzer Str. 7 in Dresden-Strehlen (Archiv Schwarze)

*vorhergehende Seite:
Fritz Steiner 1967
(Archiv Staatsoperette)*

Lebensjahr Theater spielt, soll nun auch in Dresden als Kinderstar in der Hauptrolle des Volksstücks „Der Pieschner Frechdachs" die Leute entzücken. Ihre Darbietung wird in den „Dresdner Nachrichten" sehr wohlwollend erwähnt. Dies bleibt allerdings fast der einzige „Lohn", den die Truppe erhält. Das Licht im „Volkswohlsaal" geht ganz schnell wieder aus und Steiners Wanderbühne muss von 1923 bis 1928 nach Mittweida ziehen.

Mit 18 Personen und einem monatlichen Gagenetat von 3000 Mark betreibt der Vater seine „erstklassige Operetten- und Schauspielbühne" im „Schützenhaus". Dafür muss er zu den laufenden Kosten zehn Prozent Vergnügungssteuer an die Stadt zahlen. Mit „Ein Walzertraum" von Straus, „Die Faschingsfee" und „Gräfin Mariza" von Kálmán, oder „Der fidele Bauer" von Fall bringt er die Theaterwelt in die Textilarbeiterstadt.

In letztgenannter Operette spielt der kleine Fritz das Heinerle und bekommt seine erste Zeitungskritik: „Der Bub hat Talent, man merkt nichts Angelerntes, Dialektik, Mienenspiel und Bewegung auf der Bühne verrät die erbliche Belastung (gemeint im guten Sinne)." (Zeitungszitat und Plakat aus den Theaterakten im Stadtarchiv Mittweida)

Gleichzeitig bespielt Steiner sen. das Stadttheater Kamenz, das Kurtheater Bad Schandau und das Sommertheater Lauban. Im Ensemble jedes Familienmitglied, das gerade nicht woanders engagiert ist, Fritz Steiner jun. spielt überall die Kinderrollen. Laut eigener Aussage besucht er in diesen Jahren die Realgymnasien in Dresden und in Auerbach/Vogtl. – ab und an sicherlich, wenn die Arbeit und die dauernde Reiserei es zuließen. Denn Armut und Existenzangst bleiben ständige Gäste am Tisch der Familie. Fritz erlebt, wie der Vater bei den Stadtverwaltungen fast auf Knien jedes Jahr aufs Neue um Konzessionen betteln und eigentlich unerschwingliche Kautionen hinterlegen muss. Die Aufführungen werden zuweilen gelobt, aber seine Familie, das Ensemble und natürlich das oft proletarische und erwerbslose Publikum von den wohlsituierten Bürgern verachtet.

Die Eindrücke dieser Jugendjahre pflanzen einen bitteren Zorn auf die politischen und kulturellen Verhältnisse in sein Herz, gepaart mit einem unbändigen Drang zur Bühne und der unerschöpflichen Energie und Ausstrahlung des Naturtalents. Um sich für seinen Weg zu rüsten, absolviert Fritz eine Gesangsausbildung bei Katharina Petri, „Kgl. Konzertmeisters Witwe und Gesangslehrerin" in Dresden. Diese Bemühungen werden 1930/31 mit dem ersten Engagement als Tenorbuffo im Oberschlesischen Landestheater Beuthen-Kattowitz belohnt. In der gleichen Spielzeit gelingt es Steiner sen., Direktor des Stadttheaters Sorau in der Niederlausitz zu werden und damit endlich einem „richtigen" Theater mit 75 Mitarbeitern vorzustehen. Therese ist inzwischen eine temperamentvolle Soubrette am Theater Elbing geworden und gastiert bei den Eltern, der junge Fritz wird als Buffo und Bürovorsteher engagiert und lernt nun vom Vater alles, was ein Theaterdirektor für sein Geschäft wissen muss.

Besonders zwei unumstößliche Grundsätze prägen sich in sein Bewusstsein: eine effektive Theaterleitung kann nur durch einen unangefochten herrschenden Prinzipal erfolgen, und wenn man ein Engagement bekommt oder gar ein eigenes Theater in Besitz nimmt, hat die Versorgung des Familienclans mit Anstellungen Priorität. Es scheint endlich eine glückliche Zeit für die Steiners anzubrechen. Aber auf den kleinen Aufstieg folgt ein tiefer Fall. Antijüdische Anfeindungen lassen nicht lange auf sich warten. Obwohl die Steiners Katholiken sind, wird dem Vater seine jüdische Abstammung zum Verhängnis. Nachdem ein Gastspiel in Mittweida im Juni 1933 von der SA offen angegriffen und verhindert wird, flieht die Familie in die ČSR. Dort warten bereits die Henlein-Faschisten auf sie. Als Friedrich, nun schon 62 Jahre alt, ein Theater pachtet, sorgen sie für die baldige Schließung der „jüdischen Emigrantenschmiere". Voller Gram und gänzlich verarmt stirbt der Vater im gleichen Jahr.

Nun geht die Familie getrennte Wege. Die arischen Familienmitglieder leben unbehelligt, die Mutter Agnes geht wieder nach Dresden. Therese arbeitet zuerst unter dem Namen „Reséé" (den sie sich von einem ehemaligen Geliebten ausleiht) als Sängerin und Schauspielerin an Theatern in der ČSR. Um den jüdischen Schauspieler Huth heiraten zu können, tritt sie zum mosaischen Glauben über und wird nach der Okkupation für die deutschen Behörden zur „Volljüdin". Sie trennt sich von dem inzwischen emigrierten Sylvester Huth, flieht mit ihrem alten „halbjüdischen" Personalausweis auf den Namen „Steiner" nach Deutschland, heiratet den bulgarischen Staatsbürger Angeloff und schlägt sich bis 1945 unentdeckt in Deutschland in allen möglichen Berufen durch.

Auch Fritz will die Nazizeit in der ČSR überstehen. Er spielt an oberschlesischen Stadttheatern, tritt in die KPČ ein, dient zwei Jahre in der Armee und heiratet Eva Belgart, eine jüdische Ballettmeisterin. Über ein Engagement in den kommunistischen deutschen Exiltheatern ist nichts überliefert. Von Mai bis Oktober 1938 ist Fritz Steiner als Operettensänger am neuen Sender „Prag 2" in Melnik angestellt und wird nach Inkrafttreten des Münchner Abkommens als Nichtarier sofort entlassen. Es folgen die Einberufung zur deutschen Wehrmacht, nach wenigen Monaten die Erklärung der Wehrunwürdigkeit aus rassischen Gründen und der Tod seiner ersten Frau 1940. In dieser bedrohlichen und deprimierenden Situation lernt Fritz seine zukünftige zweite Frau, die Schauspielerin Kinga von Felbinger, kennen. Auf Grund seiner Abstammung wird ihnen die Ehe von den Behörden verwehrt und Fritz für die Spielzeit 1941/42 aus Personalmangel ans Stadttheater Freiberg dienstverpflichtet. Dort befreundet er sich mit dem Kommunisten Franz Rarisch. In einem Interview nach dem Krieg deutet er an, er sei in diesen Jahren auch im Widerstand aktiv gewesen, in einer Gruppe, welche tschechische Kinder vor der Deportation nach Polen rettete. Schon im Februar 1942 erfolgt die Entlassung wegen politischer Unzuverlässigkeit und das junge Paar steht mit seiner neugeborenen Tochter mittellos auf der Straße. Bei Mutter Agnes in Dresden finden sie Zuflucht und lassen sich heimlich in der Katholischen Hofkirche trauen. Vorgeladen von der Gestapo, die im Februar 1943 Fritz als „Volljuden" einstuft und Kinga der Rassenschande bezichtigt, lassen die beiden das Kind bei der Mutter und treten eine abenteuerliche Flucht in die Schweiz an. Aber man empfängt die deutsch-jüdischen Emigranten mit wenig Herzlichkeit und steckt sie in ein Internierungslager.

Aus dieser trostlosen Situation werden sie nach neun Monaten durch ein Engagement an das Stadttheater Chur befreit. Dort herrscht skrupellos und voller Willkür die Direktorin Senges-Faust. Sie bezahlt nicht nur schlecht, sondern billigt den emigrierten Künstlern auch keinerlei soziale Rechte zu und macht aus ihrem Antisemitismus keinen Hehl. Jeder Mitarbeiter wird in mehreren Funktionen gnadenlos ausgebeutet, sie schindet 43 Premieren pro Spielzeit aus den Leuten heraus und wertet jeden Widerspruch als „Sabotage", die zur sofortigen Entlassung und Rücküberstellung ins Lager führen kann. Ob gleichzeitige Probe in zwei verschiedenen Stücken in nebeneinander liegenden Zimmern oder volle Leistung mit 40 Grad Fieber – Fritz als Regisseur und Darsteller und Kinga als Schauspielerin durchlaufen hier eine künstlerische Tretmühle, die sie für die kommenden Herausforderungen ihres Lebens sehr hart macht. Im Februar 1945 gönnt sich Frau Direktor zum Jubiläum eine „Faust"-Inszenierung mit dem berühmten Wolfgang Langhoff als Gast. Das letzte Bild vor der Pause ist die „Hexenküche". Sie wird von einer besonders agilen und burlesken Hexe beherrscht, gespielt vom Operettenbuffo Fritz Steiner.

Theaterplakat aus dem Stadtarchiv Chur

Nach dem Ende der Naziherrschaft in Deutschland knüpft Therese intensive Kontakte zur sowjetischen Besatzungsmacht in Dresden und organisiert für die Familie zuerst in Johannstadt und dann in Cotta ein eigenes Theater. Ihr Bruder und seine Frau kehren im Dezember 1945 nach Dresden zurück, treten sofort in die KPD ein und führen mit Therese zwei Jahre erfolgreich die „Vereinigte Volksbühne". Fritz bekommt von den Russen sogar ein altes Wehrmachtsmotorrad, mit dem er ziemlich wild durch die Stadt knattert und für seine immer hungrigen Mitarbeiter manchen Beiwagen voller frischer Brotlaibe direkt aus der Russenbäckerei organisiert.

Einmal gerät der routinierte Fritz mit einer Inszenierung fast in die politische Bredouille. Im „Weißen Rössl" gibt er dem Kaiser, was des Kaisers ist – nämlich seinen pompösen Auftritt. Diese unzeitgemäße Verherrlichung der mit Kriegsverbrechen belasteten Monarchie wird ihm ebenso vorgehalten wie eine Verunglimpfung der Religion, weil sich die Ratsherren in der Prügelszene bekreuzigen und eine Verspottung der Kriegsinvaliden, weil ein Feuerwehrmann der Kapelle hinkt. In einem köstlichen Antwortbrief äußert sich Steiner zu den haltlosen Vorwürfen. (siehe Kasten)

Auszüge aus einem Brief Fritz Steiners an das Dresdner Kulturamt vom 1. Juli 1946

Zur Kritik an der Verherrlichung des Kaisers: „Der am Schlusse des Aktes dem Kaiser gezollte Applaus galt lediglich dem in Dresden bestens bekannten Darsteller Carl Sukfüll. (…) Unsere Weltanschauung ist m. A. nach eine viel zu große und schöne, um durch die Person eines längst verstorbenen, alten greisen, senilen Monarchen erschüttert werden zu können."

Zur Kritik an der religiösen Andacht in der Prügelszene: „Es soll mit dieser Szene ja eben gerade der Katholik getroffen werden, der sein Bekenntnis zum Christentum nur auf den Lippen trägt und nicht im Herzen und nach Verklingen des Gebetglöckleins sich nicht scheut, sofort in seiner Rauferei fortzufahren. (Dies meine private Meinung, da ich selbst Katholik bin.)"

Zur Kritik am hinkenden Feuerwehrmann: „Zu diesem Punkt gestatte ich mir zu sagen, dass man aus jedem Wort, aus jedem Witz selbstverständlich einen politischen Zusammenhang zur Gegenwart rekonstruieren kann. Damit aber würde sich jedweder Humor oder jedwedes freies künstlerisches Schaffen auf der Bühne von selbst aufhören."

(Stadtarchiv Dresden)

Nachdem die deutschen Kulturpolitiker Egon Rentzsch und Otto Bochmann Familie Steiner 1947 bei der Gründung der „Deutschen Volksbühne Dresden" (DVD) ausgebootet haben, folgt ein mäßig erfolgreiches Zwischenspiel in den westlichen Besatzungszonen und endlich unter dem neuen Intendanten Hans Pitra die Rückkehr Fritz Steiners als Oberspielleiter der Operette an die DVD. Voller Ideen und Tatendrang liefert er 1949 fünf große Inszenierungen und begründet die zukunftsweisende Operettenausbildung an der Dresdner Musikhochschule. Kinga wird als Schauspielerin engagiert und nach der Auflösung der DVD ans Staatsschauspiel übernommen. Ein bitterer Beigeschmack – Fritz verliert sie an einen ihrer Kollegen, den Schauspieler Anfried Krämer. Da Steiners alter Freund Pitra mit der Leitung des Metropol-Theaters in Berlin betraut wird, nimmt wieder Otto Bochmann die Geschicke des inzwischen zum eigenständigen Operettentheater umgeformten DVD-Hauses in Leuben in die Hand. Schon Anfang 1951 sind die Beziehungen zwischen Oberspielleiter und Intendant dann an ihrem Tiefpunkt angelangt, man verkehrt nur noch schriftlich.

„Ball im Savoy" 1949 Fritz Steiner als Mustapha Bei und Ensemble (Archiv Staatsoperette)

Fritz Steiner zieht seine Konsequenzen. Er behält das Lehramt an der Musikhochschule, wechselt aber an das frisch renovierte Volksbühnen-Interimstheater in Potsdam, dessen neue Intendantin Ilse Weintraud (spätere Rodenberg) ihm ein Engagement als Oberspielleiter für Oper und Operette anbietet. Im Schlepptau hat er die Dresdner Diva Hildegard Schwarzer und die altgediente Ballettmeisterin Gertrude Baum-Gründig. Ob „Trembita" oder „Fidelio", „Die Fledermaus" oder „Die lustigen Weiber von Windsor" – der leidenschaftliche und versierte Fritz inszeniert realistisch und publikumswirksam. Bei den geforderten ideologischen Begründungen der Eignung von Werken des Musiktheaters für den sozialistischen Menschen bringt er es zur Perfektion.

Fritz Steiner 1951 (Archiv Hans-Otto-Theater Potsdam)

In dieser Zeit tritt Hildegard „Gardy" Herzfeld wieder in sein Leben. Fritz ist der jungen Sängerin wahrscheinlich zum ersten Mal schon 1947/48 am „Neuen Theater" in München begegnet. 1954 spielt sie in Potsdam-Babelsberg eine kleine Rolle in dem DEFA-Propagandastreifen „Der Fall Dr. Wagner". Sie wird seine dritte Ehefrau und agiert fortan sehr einflussreich an Steiners Seite. Ihre Gesangsstimme klingt in seinen Ohren recht lieblich, bald ist Gardy in immer größeren Rollen auf der Potsdamer Bühne präsent. Auch seine Halbschwester Marga und seinen Studenten Werner Heintzsch holt Fritz ins Ensemble. Als Ilse Rodenberg 1957 Intendantin am „Theater der Freundschaft" in Berlin wird und der bei der Belegschaft sehr beliebte Gerhard Meyer den Chefposten am „Hans-Otto-Theater" übernimmt, verändern sich in Potsdam die Machtverhältnisse offensichtlich zu Ungunsten Steiners.

Da erscheint im Sommer 1958 die Absetzung von Bochmanns Nachfolger Peter Bejach als Intendant des Operettentheaters in Dresden als ein Geschenk des Himmels und Fritz Steiner ergreift die Chance seines Lebens, wieder Theaterdirektor in der alten Heimat zu werden.

Am 18. Oktober 1958 tritt er sein Amt in Leuben an und wird es nie mehr aufgeben. Mit seinen reichen Erfahrungen und neu gewonnenen Überzeugungen will er das sozialistische Volkstheater erschaffen. Noch bis 1967 unter der Verwaltung des Staatstheaters, wird das Operettenhaus zu einem führenden Musical-Theater in der DDR. Die „rote Operette" verhält sich unter seiner Leitung nach außen betont SED-konform. Freundschaftsverträge mit mehreren Betrieben und einer Unteroffiziersschule und die Aufführung vieler sozialistischer Gegenwartsstücke verschaffen Fritz Steiner den Ruf und die Verbindungen, die er zur Zuteilung der Devisen und Rechte für die Aufführung internationaler Erfolgsmusicals braucht. Er herrscht 19 Jahre als Autokrat und Improvisator und realisiert mit dem baufälligen Haus und unzureichenden finanziellen Mitteln ambitioniertes modernes Musiktheater, das weit über Dresden hinaus wirkt. Renner wie „My Fair Lady", „Cabaret" oder „Sweet Charity" sind Meilensteine seines Erfolges. Scherzhaft nennt man den kleinen spitzbärtigen Mann mit den grünen Augen in der Stadt den „Striese von Leuben". Einige Paraderollen gestaltet er unvergesslich als Darsteller, sein biestiger König Bobèche in „Ritter Blaubart" 1964 oder sein Gemüsehändler Schulz in „Cabaret" 1976 und natürlich sein Theaterdirektor Striese in „Bretter, die die Welt bedeuten" 1972 begeistern und rühren die Zuschauer. Als Chef ist

Fritz Steiner 1977

Gardy Herzfeld als Kurfürstin in „Der Vogelhändler" 1964

er stets präsent, mitreißend, aber auch unnachgiebig. Er duldet keine Götter neben sich, musikalische Leiter und Dramaturgen müssen sich anpassen oder neu orientieren. Im Laufe der Jahre lernt das Ensemble seine ganze Familie beruflich kennen. Die Frau Intendantin gibt die Fürstin auf und neben der Bühne. 1967 wird das Theater wieder eigenständig und die Musikhochschule verleiht dem Urkomödianten am Welttheatertag den Professorentitel. Einen jahrzehntelangen und aufreibenden Kampf führt Fritz Steiner um die Rekonstruktion und den Ausbau des Leubener Nachkriegsprovisoriums, in dem die Theaterleute unter widrigsten Bedingungen Unglaubliches leisten. Nachdem das Neubaugebiet Leuben beschlossen wird, kann er auch den Umbau der Staatsoperette durchsetzen. Die Bauarbeiten werden immer wieder unterbrochen, erst im Oktober 1977 steht das Haus vor der Vollendung. Nach dem Gastspiel in Polen will Fritz Steiner das erneuerte Theater mit seinen Künstlern und dem treuen Dresdner Publikum eröffnen. Doch nun sitzt er einsam auf dem halbdunklen Innenhof des kleinen Kulturhauses im polnischen Trzebnica und atmet schwer. Er spürt, dass er sein Dresden nicht mehr wiedersehen wird. Im Saal stimmt Hans Großer leise das sehnsuchtsvolle Lied „Over the Rainbow" aus dem Musical „Der Zauberer von Oz" an, während sich der Zauberer der Bühne auf den Weg in den Theaterhimmel macht. In der Nacht vom 30. zum 31. Oktober 1977 stirbt Fritz Steiner in einem Krankenhaus in Wrocław.

Probe zu „My fair Lady" 1965 (Archiv Staatsoperette, 3) H. Gramont, F. Steiner, F. Hoffmann, H. Rennhack

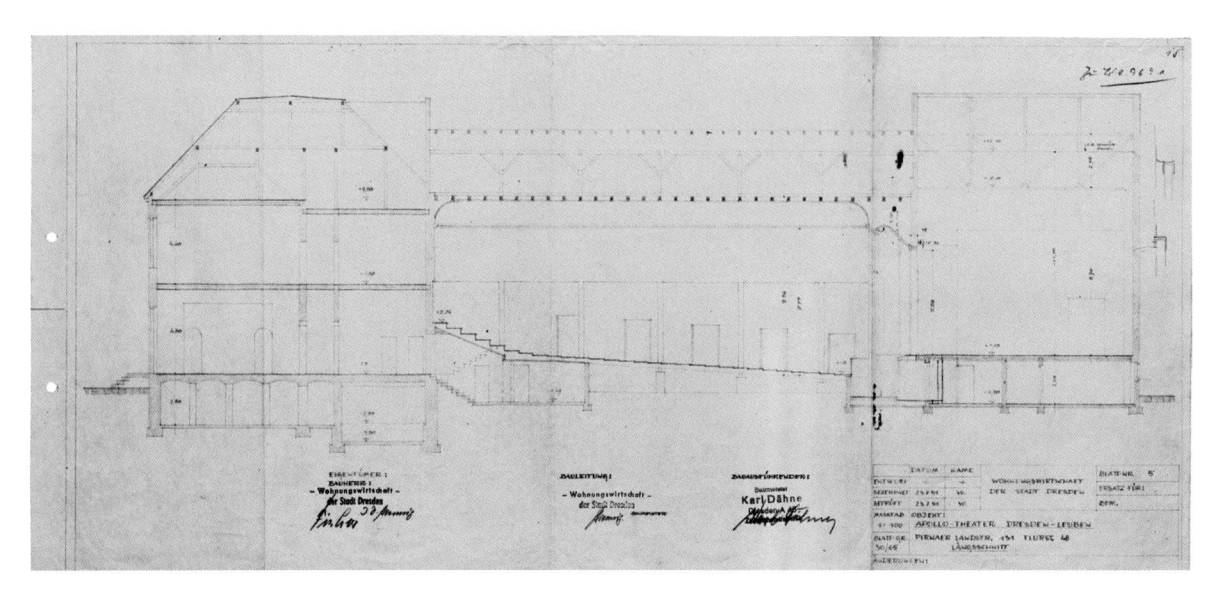

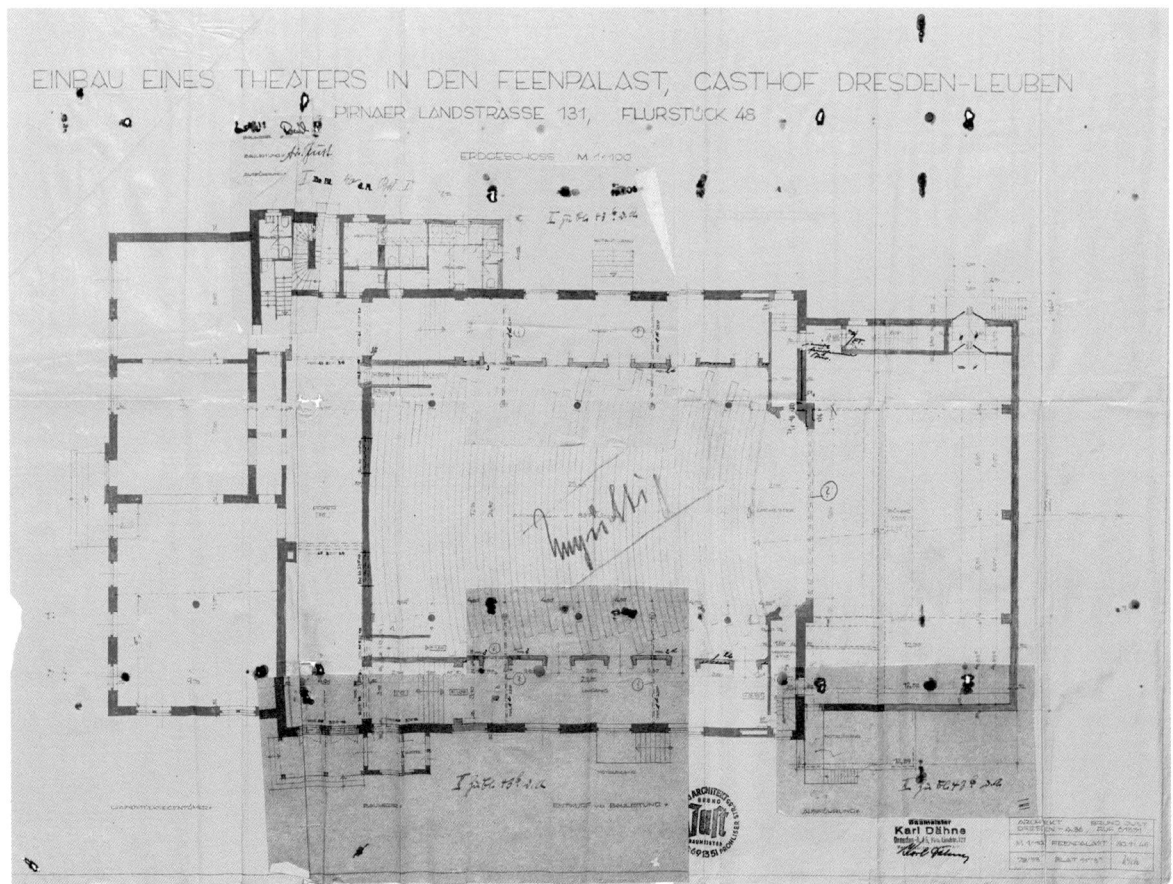

Schnitt und Grundriss des Operettentheaters Leuben 1945/51 (Stadtarchiv Dresden)

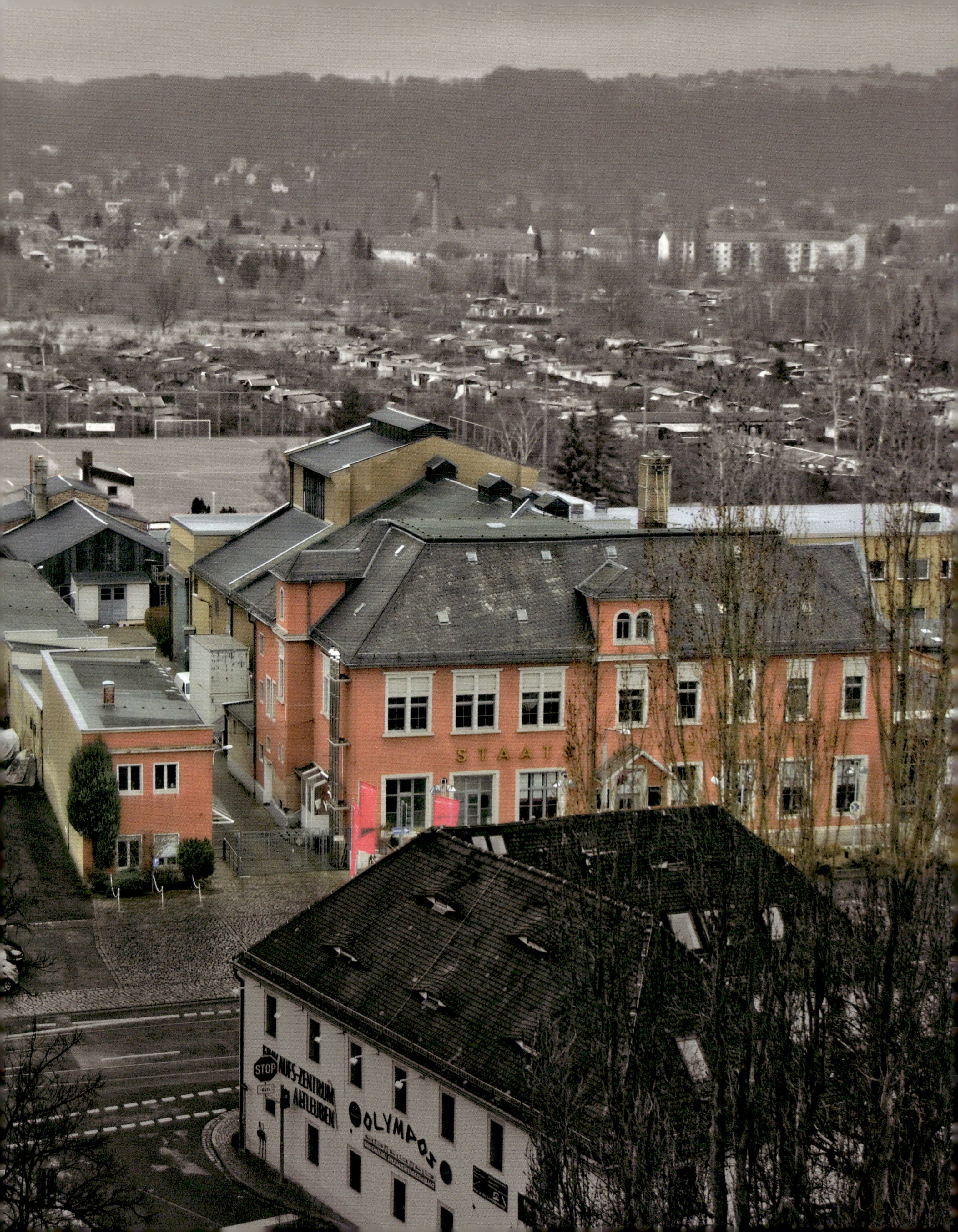
STOP
OLYMPOS

Die heitere Muse als Dorfschönheit

Die Geschichte der Staatsoperette Dresden

Klassenkampf in Frack und Dirndl – die 50er Jahre

Wenn man an einem heiteren Tag im Mai 1950 am Gelände des Leubener Operettentheaters vorbeikam, konnte man dort ein geschäftiges Treiben beobachten. Hell hallten die Hammerschläge der Lehrlinge und Bühnenarbeiter über den Hof, die unter Anleitung des findigen Schlossermeisters Helmut Zentsch Band- und Rundeisen gerade hämmerten. Das Trümmermaterial für den Kulissenbau, das sich noch wie ein Haufen riesiger rostiger Spaghetti vor der Werkstatt in der alten Kegelbahn rechts vom Vorderhaus kringelte, hatte Helmut Großer besorgt. Er war mit 24 Jahren der jüngste technische Direktor an einem Theater der DDR. 1946 war er zufällig bei Steiner an der „Vereinigten Volksbühne" als „Kulissenschieber" gelandet, hatte fleißig bei den „alten Hasen" Georg Brandt (bis 1945 technischer Direktor der Staatstheater) und Otto Heitmanek alles über Bühnenbau und Beleuchtung gelernt und es ziemlich schnell zum Bühnenmeister gebracht. Mit seinen Chefs wechselte er an die Volksbühne, blieb dann am Operettentheater und löste 1950 Brandt als technischen Direktor ab. Jetzt stand er mit Hermann Kaubisch, dem Bühnenbildner, vor den neuen Gebäuden für Tischlerei und Malsaal hinter dem Bühnenhaus. Sie waren gerade fertig geworden und ermöglichten nach drei Jahren Improvisation endlich einen effektiveren Werkstattbetrieb mit besseren Arbeitsbedingungen. Draußen vor der Tür waren die Bühnenmaler damit beschäftigt, abgespielte bemalte Hänger und bespannte Wände mit Wasser und Bürste für eine neuerliche Verwendung abzuwaschen. Eine ziemliche Sauerei, aber sie lachten viel dabei. Denn einer von ihnen, Eberhard Ahner, sorgte mit seinem trockenen Humor stets für gute Laune. Eigentlich hatte er für diese Arbeit im Moment gar keine Zeit. Sein Förderer Hermann Kaubisch hatte die komplette Ausführung einer Zimmerkulisse für „Manina" als Gesellenstück in seine Hände gegeben. Mit Talent, Gelassenheit und Akribie brachte Eberhard eine perfekte Dekoration auf die Bühne, bestand damit die Prüfung als Bühnenmaler und hatte seine künstlerische Heimat für die kommenden 45 Jahre gefunden. Nicht nur in den technischen Bereichen, sondern in allen Räumen des seit 1. Januar 1950 eigenständigen Operettentheaters herrschte Tag für Tag rege Betriebsamkeit. Der neue Volkswirtschaftsplan der DDR vom Januar 1950 verlangte allen Industriezweigen Produktionssteigerungen von 21 Prozent ab, auch das Volkstheater musste zeigen, dass es seine Rettung wert war. Allein im Jahr 1950 brachten die 21 Solisten, 40 Orchestermusiker, 16 Ballettmitglieder, 20 Choristen und die 65 technischen Mitarbeiter neun neue Inszenierungen auf die Bühne.

28. 2. 1950	Premiere „Operette-Operette" Regie: Fritz Steiner
21. 3. 1950	Premiere „Jedem die Seine" Regie: Werner Kamenik a.G.
30. 3. 1950	Premiere „Wiener Blut" Regie: Fritz Steiner
12. 5. 1950	Premiere „Manina" Regie: Georg Wörtge/ Gustl Promper
6. 6. 1950	Premiere „Der Opernball" Regie: Günther Sauer a.G.
27. 7. 1950	Premiere „Gasparone" Regie: Fritz Steiner
15. 9. 1950	Premiere „Der Vetter aus Dingsda" Regie: Kurt Wildersinn
15. 10. 1950	Premiere „Madame Pompadour" Regie: Fritz Steiner
1. 12. 1950	Premiere „Wie einst im Mai" Regie: Otto Bochmann

S. 130: Blick vom Turm der Himmelfahrtskirche in Leuben auf das Gelände der Staatsoperette 2016 (Fotografik: A. Schwarze)

BÜHNEN DES LANDES SACHSEN
Operette
DRESDEN-LEUBEN — APOLLO-THEATER

„Apollo" außen: SED-Losungen 1950
(Archiv Grohmann)

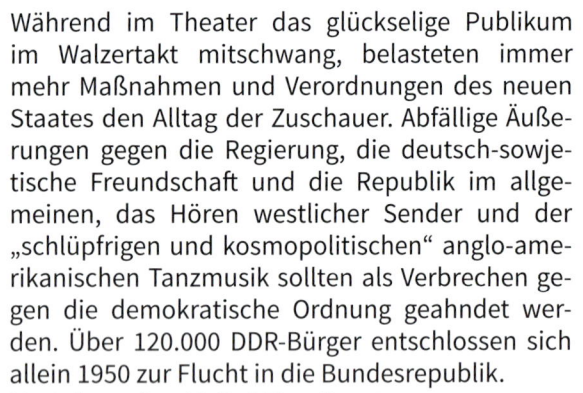

„Apollo" innen: „Wiener Blut" 1950 Ensemble 2. Akt
(Archiv Weber)

Während im Theater das glückselige Publikum im Walzertakt mitschwang, belasteten immer mehr Maßnahmen und Verordnungen des neuen Staates den Alltag der Zuschauer. Abfällige Äußerungen gegen die Regierung, die deutsch-sowjetische Freundschaft und die Republik im allgemeinen, das Hören westlicher Sender und der „schlüpfrigen und kosmopolitischen" anglo-amerikanischen Tanzmusik sollten als Verbrechen gegen die demokratische Ordnung geahndet werden. Über 120.000 DDR-Bürger entschlossen sich allein 1950 zur Flucht in die Bundesrepublik.

Nachdem die „Volksbühne" untergegangen war, erklärte Intendant Pitra seiner Belegschaft in einer Vollversammlung im Februar überraschend offen, dass er einem Ruf ans „Metropol-Theater" folgen werde, da er in Dresden künstlerisch niemals das erreichen könne, wozu sich in Berlin für ihn alle Möglichkeiten eröffneten. Am 1. März übernahm der Kommunist, ehemalige Widerstandskämpfer und studierte Opernsänger Otto Bochmann wieder die Intendanz mit dem erklärten Willen, aus dem „Apollo" ein richtungweisendes Volkstheater zu machen. An seiner Seite der Heißsporn Fritz Steiner als Oberspielleiter und Hermann Kaubisch, der faszinierende Zeichner, brillante Kulturhistoriker und vielseitige Theatergestalter als Bühnenbildner und Regisseur. Nur wenige Tage nach seinem Amtsantritt sorgte die Premiere der noch von Pitra angeregten parodistisch-kabarettistischen Revue „Operette-Operette" von Therese Angeloff in der Regie von Fritz Steiner für Kopfschütteln bei den Kritikern und Pfiffe aus dem Publikum. In zehn Bildern wurde nach Sinn, Weg und Ziel der zeitgemäßen Operette gesucht. Die Kritik für Angeloffs Libretto war vernichtend, das Bemühen der Darsteller, Kapellmeister Schreibers Musik, Kaubischs expressionistisches Bühnenbild und die originellen Tänze von Gertrude Baum-Gründigs Ballett kamen etwas besser an. Dennoch blieb nur „(frei nach Schneider Wibbel): eine schöne Leich!" (Ernst Krause in seiner Kritik in der SZ).

„Operette-Operette" 1950 Fritz Steiner als Dramaturg Lämmlein und Ballett (Archiv Staatsoperette)

> **Otto Bochmann 1951 über die Gattung Operette**
>
> Die Operette verharrte jahrzehntelang in konventioneller Starre und impotenter Stagnation. Ihrer Dramaturgie, ihrer Regie, ihrer Musikalität lag ein steriles Schema zugrunde. Die Operette geriet in einen ernsten, nicht mehr duldbaren Widerspruch zur geschichtlichen, zur gesellschaftlichen Wahrheit. Der Ruf der Operette wurde anfechtbar und umstritten. Schuld daran waren ihre Interpreten, die Epigonen und geistlosen Plagiatisten, Schuld hatten auch jene Regisseure, Kapellmeister und Darsteller, die sich ihrer Kunst nicht mehr gewachsen zeigten. Sie gerieten oder drückten sich am Wahrheitsgehalt der guten Operette vorbei, machten sie blutleer, machten aus ihr eine gleißnerisch flimmernde Kunstfassade, eine geist- und gefühlsverderbende Schau, vegetierten hin mit Klamauk und Klamotte und mit der Zote bis zum Übelwerden, bis zum üblen Ende. Besinnen wir uns auf die ursprüngliche Natur der Operette. Ihr wesentlich waren Zeit- und Gegenwartsbewusstsein. Vor 100 Jahren, als die Operette entstand, war sie Zeittheater, aggressives, zeitkritisches, zündendes Zeittheater, mit Ovationen aufgenommen und Liebling des Theaterpublikums. Besinnen wir uns auf die hohe und ernste Meinung, die die Meister, die Klassiker, die Schöpfer der Operette von der heiteren musikalischen Dramatik hatten.
> (Archiv Staatsoperette)

Nach diesem Desaster sah sich Otto Bochmann umso mehr in der Pflicht, eine progressive und unverfälschte Volkstheatertradition in Dresden zu begründen. Mit der ihm eigenen Pedanterie und großer Ernsthaftigkeit begann er „sein" Theater zu gestalten und mischte sich von Anfang an mit dramaturgischen Richtlinien, ständigen Kontrollen und künstlerischen Weisungen in die Inszenierungsarbeit seiner Bühnenvorstände ein. Sie ergingen schriftlich und mussten von den Adressaten abgezeichnet werden. Diese Art des Umgangs führte zu vielerlei Spannungen, besonders mit dem selbstbewussten Oberspielleiter Steiner. Schließlich begann Bochmann, selbst Regie zu führen. Am 1. Dezember 1950 brachte er die Altberliner Posse „Wie einst im Mai" mit der Musik von Walter Kollo als gesellschaftskritisches Zeitstück auf die Bühne.

In seinem Bestreben, das Ensemble voranzubringen, sorgte er für Abwechslung bei den Regie-Handschriften. Intendant Bochmann ließ sowohl seine Solisten Promper, Wörtge und Rarisch als auch Bühnenbildner Kaubisch inszenieren und holte zusätzlich Gastregisseure wie Erich Geiger und Otto Schneidereit nach Leuben. Auf der Strecke blieb der flinke Fritz, der mit gefeierten Inszenierungen von „Csárdásfürstin" und „Viceadmiral" noch einmal zeigte, wie man Operette zeitgemäß zum Erfolg führt. Am Ende der Spielzeit quittierte er den Dienst und ging gemeinsam mit Solistin Hildegard Schwarzer und Ballettmeisterin Gertrude Baum-Gründig nach Potsdam.

Einen großen Anteil an der Qualität und Frische der Aufführungen hatte der neue musikalische Oberleiter Joseph Michael Niggl, der 1950 Wilhelm Licht ablöste. Der theatererfahrene, feinsinnige und pflichtbewusste Bayer verstand es, die Klassiker der Operette und auch neue

„Der Opernball" 1950 Bühnenbild von Hermann Kaubisch (Archiv Staatsoperette, 2)

„Die Csárdásfürstin" 1951 Gerd Niemar und Helene Gramont

Das Orchester des Operettentheaters mit seinem Leiter GMD J. M. Niggl 1953 (Archiv Staatsoperette, 2)

Werke lebendig und vielschichtig zu interpretieren und lieferte wirkungsvolle eigene Bearbeitungen. Seine erste Einstudierung wurde „Madame Pompadour" von Leo Fall.

1951 kam eine wahre „Perle" in die Leubener Truppe. Als Baronin Gondremark überzeugte in Offenbachs „Pariser Leben" die charismatische und stimmlich glanzvolle Sopranistin Rita Zorn. Mit den „Schneidern von Schönau" von Brandts-Buys wagte man nun in Leuben sogar eine Komische Oper, in der auch ein echtes Pferd über die Bühne trottete. Die ambitionierten Aufführungen des neuen Operettentheaters stießen auf ein geteiltes Echo bei den Zuschauern. Während viele ältere Operettenkenner mit veränderten Stückfassungen, modernen Bühnenbildern und atypischen Interpretationen nichts anfangen konnten und ständig die unzureichenden stimmlichen Qualitäten der Sänger monierten, begann sich ein neues und sehr zahlreiches Stammpublikum zu bilden, für das die „Operette" zum Angelpunkt des Kulturinteresses wurde. Gerade die satirische Zuspitzung der Inszenierungen, die überraschenden Bühnenbilder und Kostüme, die schauspielerische und musikalische Vielseitigkeit der Darsteller und die frische und aktuelle Darbietung sowohl altbekannter als auch zeitgenössischer Stücke brachten die Menschen dazu, sich mit der oft unzuverlässigen Straßenbahn auf den weiten Weg zu ihren Stars nach Leuben zu machen. Nach dem heiteren Theaterabend war durch Stromausfälle und andere Unwägbarkeiten die Heimfahrt keinesfalls sicher, so dass gestrandete Zuschauer manchmal eine Übernachtung in den Wartehäuschen der Verkehrsbetriebe in Kauf nehmen mussten.

„Die Schneider von Schönau" 1951 (Archiv Weber) v.l.n.r.: Herbert Lange a.G., Beatrix Kujau, Gerd Niemar, Marioara Vaidas, Erich Weber

Straßenbahn-Haltestelle Altleuben mit Ein-Mann-Bunker als Kartenverkauf 1958 (Archiv DVB-AG)

Am 30. Oktober 1951 erlebten sie die Premiere der Zirkuskomödie „Zirkus Aimée" mit der Musik von Benatzky, inszeniert von Otto Bochmann. Publikumsliebling Beatrix Kujau wirbelte als Zirkusmädchen Aimée darin die muffige Bürgergesellschaft einer Stadt durcheinander und gewann einen Bräutigam. Die Handlung spann sich im wahren Leben fort – Regisseur und Hauptdarstellerin wurden ein Paar.

„Zirkus Aimée" 1951 Programmcover und Beatrix Kujau (Archiv Staatsoperette, 2)

Im Stück kam auch ein Quartett von Musikclowns vor, das aus den Sängern Wolfgang Roeder, Erich Weber und Johannes Frenzel sowie dem auch als Musiker sehr talentierten Tänzer Eberhard Keyn bestand. Der Premierenbeifall für sie wurde zum Orkan. Betriebsintern bereits mit dem ungeniertwitzigen Kabarettprogramm „Die Giftspritze" hoch im Kurs bei den Kollegen, trauten sie sich als humoristisches Gesangsquartett nun auch in die Öffentlichkeit und konnten sich vor Auftrittsangeboten kaum retten.

Ihre Satiresongs auf die sozialistische Realität in Dresden unter dem Motto: „Sag's mit einem Lächeln, aber sag's genau!" bereiteten dem redlichen Genossen Bochmann zusätzlich zu seiner lebhaften Geliebten so manche unruhige Nacht, so dass er ihnen zuredete, ihr Glück doch bitte woanders als in seinem Theater und auf eigenen Beinen zu versuchen. Als „Die vier Brummers" zogen sie hinaus und begannen 1954 ihre beispiellose Karriere.

Das Ensemble zur Demonstration am 1. Mai 1953 darunter Georg Wörtge, J.M. Niggl, Erich Weber (v.l.n.r., Archiv Figelius)

Allgemein war das politische Klima im „Karl-Marx-Jahr 1953" so rau, dass sich die heitere Muse oft warm anziehen musste, um sich keinen Schnupfen zu holen. So wurde das harmlose Plakat zu „Zirkus Aimée" vom Dezernat Volksbildung wegen „formalistischer Malweise eines Clowns und militaristischen Epauletten auf seiner Zirkusuniform" verboten. Zuschauer forderten die sofortige Absetzung des „Weißen Rössls" wegen staatsfeindlicher Verherrlichung der Kaiser-Franz-Josef-Legende. Aus Angst vor Verhaftung wegen des Druckfehlers „Bes**a**tzungsänderung vorbehalten" auf einem Programmzettel flohen Verantwortliche in den Westen.

„Zirkus Aimée" 1951 (Archiv Weber) v.l.n.r.: Johannes Frenzel, Erich Weber, Eberhard Keyn, Wolfgang Roeder

Walter Ulbricht forcierte als Musterschüler Stalins den Aufbau des Sozialismus und erhöhte die Leistungsanforderungen an Industrie und Landwirtschaft, um die Versorgung der Bevölkerung sicherzustellen und die materielle Basis für die hochfliegenden Projekte der Partei zu verbessern. Immer mehr DDR-Bürger suchten auf Grund der wirtschaftlichen Lage, wegen des wachsenden ideologischen Drucks und der kompletten Vereinnahmung aller Lebensbereiche durch die SED und ihre vielen Massenorganisationen ihr Heil im Westen. In den „Zeitstücken" des Operettentheaters wurde weiterhin eine Welt verklärt, die es nur in den Köpfen der Funktionäre gab. Chor und Ballett kamen in jenen Jahren aus den volksdemokratischen Folklorekostümen gar nicht mehr heraus. Am 7. Mai 1953 wurde mit der Premiere von „Trembita" der soeben propagierte „Tag der Befreiung" am 8. Mai gefeiert. Juri Miljutins Operette schilderte die Befreiung der Karpaten-Ukraine durch die Sowjetarmee. „Frohe Menschen singen die alten Volkslieder, tanzen den Arkan und die Huzulka. Glückliche und schöpferische Menschen arbeiten für ein besseres und reicheres Leben." (aus dem Programmheft zu „Trembita", Archiv Staatsoperette) Das undankbare Volk in der Realität wollte aber „den Arkan" nicht mehr mittanzen. So brauten sich die Ereignisse am 17. Juni 1953 zusammen, die ihre Schatten auch auf die Leubener Bühne warfen.

„Die lustige Witwe" 1953 Gustl Promper und Rita Zorn (Archiv Möllor-Wagenknecht)

Deren Ensemble war seit 1951 durch einen Freundschaftsvertrag mit den Arbeitern des Sachsenwerkes Niedersedlitz verbunden, die ihre Normen am 1. Mai „freiwillig" um bis zu 40 Prozent erhöht hatten. Ihr Demonstrationszug erschien am 17. Juni gegen 13 Uhr vor dem Tor des „Apollo". Die Teilnehmer forderten die Belegschaft des Theaters zum Mitmarschieren auf. Gustl Promper, der gerade „Meine Schwester und ich" von Benatzky auf der Bühne probierte, brach die Probe ab und schloss sich mit fast allen anderen Mitarbeitern dem Demonstrationszug an.

Unter ihnen waren auch Solist und BGL-Vorsitzender Wolfgang Roeder, Bühnenmaler Eberhard Ahner und der jüngere Bruder des technischen Direktors Großer, Hans Großer. Er war inzwischen am Haus der erste Lehrling für den neuen Ausbildungsberuf Bühnentechniker geworden, den sein großer Bruder Helmut in der DDR eingeführt hatte. Intendant Otto Bochmann war über die Ereignisse und die wahre politische Meinung an seinem Haus geschockt. Wie versteinert saß er in seiner Strick-

„Trembita" 1953 Ensemble (Archiv Staatsoperette)

jacke am Schreibtisch und war nicht in der Lage, seine Leute zurückzuhalten. Die Arbeiter skandierten: „Von Ulbricht, Pieck und Grothewohl haben wir die Schnauze voll!" und marschierten ins Zentrum. Am Postplatz wurde der Zug von einem sowjetischen Panzer und der blau uniformierten Bereitschaftspolizei mit einer Hundestaffel erwartet. Die Hunde zogen sich zurück, da sie vor den Massen Angst hatten. Vom König Johann-Denkmal auf dem Theaterplatz wurden Reden gehalten. Der Tumult nahm zu, eingesperrte Gefangene wurden gewaltsam aus einem geschlossenen Polizei-Kleinbus befreit und mehrere Volkspolizisten schlossen sich den Demonstranten an. Eine sowjetische Kradstaffel mit Maschinengewehren kreiste die Kundgebung ein, von der Polizei wurde in die Luft geschossen, um die Besetzung des Fernmeldeamtes zu verhindern. Die Menschen mussten sich der Gewalt beugen und das Stadtzentrum verlassen. Abends wurden noch 200 jugendliche Demonstranten am Neustädter Bahnhof eingekesselt und verhaftet. Die Revolution war schnell beendet, den beteiligten Theaterleuten gelang es, sich unbeschadet zu verdrücken. Partei und Regierung fuhren in der Folge einige repressive Maßnahmen zurück und führten in den Betrieben beschwichtigende Versammlungen durch. Das Ministerium für Staatssicherheit (MfS) erhöhte jedoch seine Wachsamkeit und nahm die unzuverlässige Künstlerbagage verstärkt ins Visier.

Am 10. Oktober 1953 gab es nach der Premiere der Operette „Giroflé-Giroflá" von Lecocq eine feucht-fröhliche Feier mit sowjetischen Offizieren, die immer gern und zahlreich die Vorstellungen besuchten und zuweilen auch mal in ihrer Loge randalierten. Der von allen geliebte und erfolgsverwöhnte Gustl Promper legte den russischen Gästen jenes Abends nun zu fortgeschrittener Stunde in seiner rheinisch-arglosen Humorigkeit nahe, doch endlich mitsamt der ganzen Besatzungsmacht die Heimreise anzutreten. Die SMA erwartete Tage später nur ein klärendes Gespräch, Intendant und SED hängten den Vorfall an die ganz große Glocke und wollten ein Exempel statuieren. Gustl, der fröhliche Tenor, kam nichtsahnend zur wegen ihm einberufenen Vollversammlung ins Haus und bemerkte weder, dass der Pförtner hinter ihm abschloss, noch die schwarzen Limousinen vor dem Eingang. Helmut Großer fing ihn ab und warnte ihn vor der Stasi, worüber Promper sich kaputtlachte. Erst nach einem Blick in den Zuschauerraum wurde ihm schlagartig der Ernst der Lage klar. Dreist verabschiedete sich Gustl noch mal „zur Toilette" und Helmut ließ den gehbehinderten Sänger durch ein ausgehängtes Zaunteil hinter seinem Büro entwischen. Mit einem Motorrad vom Fahrzeughändler Müller gelang ihm die Flucht nach Westberlin. Damit waren die Messen für Otto Bochmann gelesen. Am 1. November bat er offiziell um Nichtverlängerung seines Vertrages am Ende Spielzeit 53/54. Helmut Großer wurde denunziert und entlassen, ebenso sein Bruder Hans, der Widerspruch gewagt hatte. Beide flohen in die Bundesrepublik. Otto Bochmann musste sich als Verwaltungsdirektor an Brecht-Weigels Berliner Ensemble bewähren, wo er nach einem halben Jahr scheiterte.

Als neuer Chef kam der dynamische Berliner Schauspieler, Autor und Regisseur Peter Bejach ins ländliche Leuben, dessen Karriere 1936 am Komödienhaus in Dresden begonnen hatte. 1939 wurde er Dramaturg bei der TERRA-Film in Berlin und schrieb mehrere Drehbücher, unter anderem zu „Opernball" und „Rosen in Tirol".

Nach dem Krieg landete Bejach nach den Stationen Schauspielhaus Hamburg (wo er in die KPD eintrat), DEFA Babelsberg und Berliner Rundfunk an Pitras Metropol-Theater. Dort brachte er einige gemeinsam mit dem in Dresden geborenen Komponisten Herbert Kawan verfasste Zeit-Operetten heraus. Sein Beitrag zur angestrebten, natürlich sozialistischen Einheit Deutschlands war „Treffpunkt Herz", „ein in freundlich-konventionelle Musik gesetztes Kompendium fast sämtlicher politischer Parolen Ostdeutschlands" („Der Spiegel", 6. Februar 1952). Schon 1952 hatte dieses Spreewald-Singspiel den Weg auf die Bühne in Dresden gefunden.

Aus heutiger Sicht ganz hart am Rand der Groteske bewegte sich dann die Friedensfahrt-Operette „Jedes Jahr im Mai", die im Mai 1954 Zieleinlauf in Leuben hatte. Gekleidet wie Täve Schur, mussten die radelnden Sänger solche Texte von der Bühne schmettern: „Die Fahrt der Nationen begeistert Millionen von Warschau bis Prag und Berlin! Rollt die große Friedensfahrt, ringen zwischen Ziel und Start, Ritter der Pedale, um silberne Pokale- Jedes Jahr im Mai!"

„Jedes Jahr im Mai" 1954 Ensemble

„Der Graf von Luxemburg" 1954 Ensembleszene
(Archiv Staatsoperette, 3)

„Freier Wind" 1955
Rita Zorn als Stella
und Rolf Figelius
als George

Die Intendanz Bejach startete am 30. Oktober 1954 mit „Eine Nacht in Venedig" in der Fassung von Walter Felsenstein, inszeniert von Otto Schneidereit. Die Chöre hatte der neue junge Chordirektor und Kapellmeister Karl-Heinz Hanicke einstudiert und begann damit seine lange und erfolgreiche Laufbahn an diesem Haus. Als nächste Inszenierung schlug eine unkonventionelle Neufassung von Lehárs „Graf von Luxemburg" bei Ensemble, Publikum und Kritik hohe Wellen, die das Werk „gegen den Strich bürstete" und die Handlung in die zwanziger Jahre versetzte. Der avantgardistische Gastregisseur Erich Geiger setzte mit Ausstatter Kaubisch neue Maßstäbe bei der Interpretation von Klassikern der Operette, die allerdings vom Publikum noch nicht angenommen wurden. Nach fünf Vorstellungen verschwand die Inszenierung aus dem Spielplan.

1955 berief der neue Intendant Hermann Kaubisch zum Oberspielleiter und ließ Franz Rarisch das sowjetische Singspiel „Freier Wind" von Dunajewski als zukunftsweisenden Beitrag zum hundertjährigen Bestehen des Genres Operette inszenieren. Mit diesem Stück absolvierte das Theater im Oktober 1955 im Operettenhaus Hamburg sein einziges West-Gastspiel vor 1989 und erntete stürmischen Applaus. Dem Ballett verordnete Bejach zur Fortbildung einen Freundschaftsvertrag mit der Palucca-Schule. Den neuen Stellenwert des Tanzes am Haus dokumentierte die Aufführung der Ballette „Die Kirmes von Delft" und „Der bekehrte Spießer" gemeinsam mit dem Offenbach-Einakter „Das Mädchen von Elizondo", zu dem Eberhard Ahner sein erstes eigenes Bühnenbild geschaffen hatte. Um die Solisten mehr nach inszenatorischen Gesichtspunkten einsetzen zu können, schaffte Peter Bejach die sängerischen Fachbezeichnungen in den Verträgen des Operettentheaters ab.

Sich und sein Theaterkonzept national und international ins Gespräch zu bringen, wurde bald zum neuen Faible des Intendanten. Im Oktober 1956 holte er den ersten Lehrgang des DDR-Kulturministeriums für Operettenspielleiter nach Dresden. Emsig knüpfte er Partnerbeziehungen zu den Operettentheatern in Prag, Budapest und Bukarest und konnte fortan auch sein zweites Faible pflegen: eine unbändige Reiselust. Pressewirksamer Höhepunkt dieser internationalen Vernetzung war die Aufführung der rumänischen Operette „Lasst mich doch singen" am 24. November 1956, zu der sich Regierungsvertreter der DDR und Rumäniens

„Laßt mich doch singen" 1956 Gruppenbild des Chores mit seinem Leiter Karl-Heinz Hanicke (Archiv Figelius)

Empfang in der Kantine des Operettentheaters Dresden 1956 v.l.n.r.: Intendant Eliad, Bukarest; Intendant Bejach; Intendant Konstantin, Prag (Archiv Grohmann)

nach Leuben bemühten und im extra erneuerten Gestühl Platz nahmen. Auf dem anschließenden Empfang im Hotel „Astoria", im Kreis der Mächtigen, wähnte sich Peter Bejach gänzlich auf der Siegerstraße. Allerdings ignorierte er bei diesen Gedankengängen sein drittes Faible: den Drang zu ihm untergebenen jungen Frauen und nicht ganz legalen Geschäften. Kritik an seinen Entscheidungen, der Spielplangestaltung oder an den Arbeitsabläufen in seinem Theater ließ er kaum noch zu, die kollektive Leitungstätigkeit kam zum Erliegen. Als Hermann Kaubisch 1957 neben der Genehmigung eines Gastspiels in Hagen/Westfalen den Hinweis bekam, dass ihm voraussichtlich keine weiteren Westreisen gestattet würden, nutzten er und seine Frau, die Ballettmeisterin Maja Felsch, diese letzte Gelegenheit zur Flucht. Die Solisten Rita Zorn und Kurt Legner folgten ihnen nach.

Das moralische Sündenkonto Peter Bejachs war inzwischen übervoll und durch Aussagen mehrerer genötigter Künstlerinnen offenbar geworden. Nach der Rückkehr von einer Dienstreise aus Bukarest Mitte 1958 klicken die Handschellen. Der smarte Manager hatte ausgespielt, wurde vor Gericht gestellt und rechtskräftig zu einer Haftstrafe verurteilt. Die von dem umtriebigen und vielseitig begabten Theaterleiter reumütig vorgebrachte Selbstverpflichtung, als Buße für eine gewisse Zeit in die Produktion zu gehen, anschließend ein Bühnenwerk über sozialistische Moral zu schreiben und dessen Erlös dem sozialistischen Aufbau zur Verfügung zu stellen, rettete ihn nicht. Wegen des politischen Versagens von Otto Bochmann und der Affäre Bejach stellte man die Operette unter Verwaltung des Generalintendanten der Staatstheater, der nun einen Direktor für seine neue Zweigstelle am Stadtrand suchte. Dessen Aufgabe war, den schlingernden Musikdampfer in Leuben auf den Kurs der Kulturkonferenz und des V. Parteitages der SED zu bringen, auf denen im Juli 1958 die sozialistische Umwälzung auf ideologischem und kulturellem Gebiet und die Schaffung einer sozialistischen Nationalkultur der DDR beschlossen worden war.

Der Gesuchte saß schon in Potsdam auf gepackten Koffern neben dem Telefon – Fritz Steiner hatte die Entwicklung in Dresden genau beobachtet und war bereit für die Aufgabe seines Lebens.

H. Kaubisch und P. Bejach (Mitte) bei der Regiearbeit ganz links Eberhard Ahner (Archiv Grohmann)

Steiner macht Theater

Nach dem Verlust der „Vereinigten Volksbühne" 1947 musste Fritz Steiner elf Jahre darauf warten, wieder Theaterdirektor in Dresden zu werden. Als es am 18. Oktober 1958 endlich soweit war, stürzte er sich mit ungeheurer Energie in die Arbeit.

In seinem ersten Zeitungsinterview am 25. Oktober schlug er genau die Töne an, die die Funktionäre aus dem politisch in Verruf geratenen Theater in Leuben hören wollten. Der clevere Theatermann beschwor die Bedeutung der künstlerischen Massenarbeit in den Betrieben, kündigte Programme zum 40. Jahrestag der KPD und die Gründung von Agitprop-Gruppen an und berichtete von der 1. Ökonomischen Konferenz, auf der seine Mitarbeiter über die künstlerischen, politischen und ökonomischen Aufgaben des Theaters diskutierten.

Drapiert mit solcherart ideologischem Feuerwerk verwirklichte Steiner von da an sein über Jahrzehnte vervollkommnetes Konzept eines fortschrittlichen, bildenden und musikalisch innovativen Unterhaltungstheaters. Dabei setzte er neben ausgewählten Stücken aus dem Erbe vor allem auf neue Werke, die das Operettentheater in Auftrag gab oder aus dem In- und Ausland übernahm. Er sah die Entstehung eines neuen Musiktheater-Repertoires als organischen Wachstumsprozess, in dem Entwicklung nur durch mustergültige Aufführungen stattfinden konnte und dabei auch Misserfolge beim Publikum in Kauf genommen werden mussten.

Um die gewünschte dramatische Wirkung auf die Zuschauer zu erzielen, erneuerte er das Ensemble von innen heraus mit dem Typus des „Sänger-Darstellers". Das war der dramaturgisch mitdenkende, singende und tanzende Schauspieler, wie Steiner selber einer war und wie er ihn in seiner Operettenklasse, die er seit 1949 an der Musikhochschule Dresden führte, erfolgreich heranzog. Dieser Typ des Komödianten war nicht neu und im Volkstheater immer präsent, er war nur in Vergessenheit geraten und wurde nun für das realistische Musiktheater wiederentdeckt und neu definiert. In der Arbeit schonte der neue Direktor weder sich selbst noch das Ensemble. 35 Vorstellungen im Monat wurden die Norm. Hohe Bedeutung maß er einer intensiven Bindung der Künstler an ihr Publikum bei. Podiumsdiskussionen über die Inszenierungen wurden ebenso selbstverständlich wie der massenhafte Einsatz der Leubener Theaterleute als gefragte Leiter im künstlerischen Volksschaffen und Mitglieder sozialistischer Brigaden in Dresdner Betrieben. 1963 regte er die Gründung einer „Arbeiteroperette" im Sachsenwerk Niedersedlitz an. Der Solist und Regisseur Richard Stamm und 15 weitere Kollegen versuchten einige Jahre ihr Bestes, um die begeisterten Laien zu einigermaßen vorzeigbaren Bühnenauftritten zu bringen. Hier wurden auch die Grundlagen für den späteren „Extra-Chor" des Theaters aus werktätigen Hobby-Sängern gelegt. So schuf Fritz Steiner die ab 1963 so benannte „Staatsoperette", wie sie die Zuschauer bis 1989 erlebten und liebten. Dass das Theater wegen seiner ständigen plakativen Bekenntnisse zum Sozialismus im Volksmund bald „rote Operette" hieß, tat seinem Erfolg keinen Abbruch. Die Qualität und der Unterhaltungswert der Aufführungen sprachen für sich.

„Der Bettelstudent" Premiere 4. 12. 1959 Ensemble (v.l.n.r.: Fritz Steiner, Kapellmeister Horst Elsner, Helene Gramont, Ion Dacian a.G., Rosel Wagner, Gábor Gaál, Gisela Dahle, Regisseur und Solist Richard Stamm; Archiv Grohmann)

MD Manfred Grafe

Kapellmeister Karl-Heinz Hanicke

Regisseur Rudolf Schraps

*Chordirektor und Kapellmeister Siegfried Fischer
(Archiv Staatsoperette, 4)*

Einen kongenialen Partner in der Inszenierungsarbeit fand Fritz Steiner in dem mit allen Wassern gewaschenen Theaterpraktiker und besonders für die Gestaltung von Massenszenen begabten Menschenbeobachter Rudolf Schraps. Selbst vom Operettenbuffo zum Dramaturgen und Regisseur gereift, bildete er mit Steiner ein höchst kreatives und produktives Gespann, eine regelrechte Symbiose. Zuweilen führte einer die Regie des anderen zu Ende. Beiden wichen in der Arbeit ihre Ehefrauen nicht von der Seite. Rudis Lisa, eine Tänzerin, als perfekte und beratende Regieassistentin und Fritz' Gardy, durchschnittlich begnadete Sängerin mit Anspruch, als oft egozentrische Schatten-Prinzipalin. Als Dritter im Bunde der Leubener Theatervisionäre auf dem Weg vom sowjetischen Tanz- und Singspiel zum modernen Musical gab der Librettist und Regisseur Wolfgang Böttcher nachhaltige Impulse.

Nach dem plötzlichen Tod des musikalischen Oberleiters und stellvertretenden Intendanten Niggl 1959 schaffte Fritz Steiner diese Position kurzerhand ab, denn er beanspruchte auch in musikalischen und Repertoire-Angelegenheiten die Führung. 1. Kapellmeister wurde Siegfried Franze, 2. Kapellmeister Karl-Heinz Hanicke, der bald an die erste Stelle aufrückte und bis 1987 als Vollblutmusiker und echter Theaterkapellmeister auf unnachahmliche Art den Taktstock schwang. Um Hans-Hendrik Wehding ans Haus zu bekommen, musste Steiner 1966 für den in Theater, Film und Fernsehen erfolgreichen Dirigenten und Komponisten den Oberleiter-Titel zähneknirschend wieder einführen. Allerdings endete diese Episode mit dem selbstbewussten, leider moralisch nicht integeren Wehding schon nach zwei Spielzeiten in einer unschönen Auseinandersetzung. 1976 nahm MD Manfred Grafe als musikalischer Oberleiter das Heft in die Hand und war bis 1988 als Orchesterchef, Komponist und Arrangeur prägend, beliebt und erfolgreich. Gleichfalls als Glücksgriff erwies sich das Engagement des ehemaligen Kruzianers Siegfried Fischer als Chordirektor. Er blieb dann dem Theater bis 2002 treu und führte den Chor durch 180 Inszenierungen. Neben der kontinuierlichen musikalischen und stilistischen Perfektionierung forderte er seinen Sängern vollen darstellerischen und tänzerischen Einsatz ab. So wurde der spielfreudige Chor des Operettentheaters zu einer leistungsfähigen Gemeinschaft individueller Künstlerpersönlichkeiten und trug entscheidend zu den Inszenierungserfolgen bei. An der Spitze des nun tanzenden, singenden und spielenden Balletts stand Rudolf Klüver. Er holte die temperamentvolle Ingeborg Kassner aus Cottbus zurück in ihre Heimatstadt Dresden und engagierte sie als Solotänzerin und Trainingsmeisterin. Bald entdeckte und nutzte Fritz Steiner auch ihre Fähigkeiten als Darstellerin und Regisseurin. Klüvers Nachfolgerin wurde 1972 Mola Hillebron.

Im Ausstattungsbereich wechselten die Bühnenbildner, bis 1961 der gebürtige Westfale Axel von Flocken diese Position besetzte. Ab 1972 wirkte dann Siegfried Rennert als Ausstattungsleiter. Für beständige Qualität und vollendete Wirkung der Dekorationen und Kostüme trotz Mangelwirtschaft sorgten Eberhard Ahner, seit 1958 Malsaalvorstand und Bühnenbildner, und die von allen verehrte Elfriede Ledig, seit 1950 als phantasievolle Gewandmeisterin tätig. Für die Bewältigung der baulichen und technischen Probleme der Interimsbühne stand Fritz Steiner der technische Direktor Heinz Mühlbach zur Seite, der mit seinen Mitarbeitern wahre Wunder vollbrachte und mit ihm ständig für die Verbesserungen der Arbeitsbedingungen und einen modernen Ausbau des bröckelnden Provisoriums kämpfte. Diese Führungsmannschaft verwandelte das Leubener Theater in ein künstlerisches „Gewächshaus", in dem die neuen „Pflanzen" des Genres prächtig gedeihen konnten.

Die Schaffung einer geschlossenen Gesellschaft in der DDR durch den Mauerbau 1961 verstärkte die Bedeutung der Theater für die von der SED angestrebte Entstehung eines Nationalbewusstseins ihrer Bürger. Direktor Steiner sah nun seine kulturpolitische Hauptaufgabe darin, „auf heitere Weise den sozialistischen Helden in seinem Wechselverhältnis zur Gesellschaft zu gestalten".
(Perspektivische Gedanken, Fritz Steiner 1970, Archiv Staatsoperette).

„Die schöne Helena" 1960 Ensemble (Archiv Staatsoperette, 2)

Rudolf Klüver und Ingeborg Kassner

„Bel Ami" 1961 Hiltrud Eulitz als Suzanne und Horst Schulze als Georges Duroy

„Ritter Blaubart" 1964 Fritz Steiner als Bobèche, K.-H. Märtens als Blaubart (Archiv Staatsoperette, 2)

Bei der Spielplanzusammenstellung – zwei klassische und drei moderne Werke pro Spielzeit – behielt Fritz Steiner einerseits die Wünsche des Publikums im Blick und brachte ausgewählte klassische Werke in richtungweisender Form auf die Bühne, so „Die schöne Helena" (1960, Regie F. Steiner) oder „Ritter Blaubart" (1964, Regie R. Schraps). Andererseits setzte er von Anfang an auf neue Stücke mit gesellschaftlichen Bezügen und moderner musikalischer Stilistik.

Mit Conny Odds Erfolgsstücken „Alarm in Pont l'Évêque" und „Hände hoch, Mr. Copper!" und Gerd Natschinskis „Messeschlager Gisela" hielt das Musical schwungvollen Einzug in Leuben. „In Frisco ist der Teufel los" (1962, Regie W. Böttcher), „Mein Freund Bunbury"(1965, Regie R. Schraps), „My Fair Lady" (1965, Regie F. Steiner) , „Sweet Charity" (1971, Regie R. Schraps) und die DDR-Erstaufführung von „Cabaret" (1976, Regie R. Schraps) waren Inszenierungen, die weit über Dresden hinaus für Aufsehen sorgten. Mut zum Experiment und den Willen zur Reformierung des musikalischen Volkstheaters bewies er u.a. mit „Mein blauer Himmel" (1964, Regie W. Böttcher), „Enrico 61" (1966, Regie R. Schraps) und „Heuchlerserenade" (1970, Regie F. Steiner). So wurde Fritz Steiner zum Wegbereiter des nationalen und internationalen Musicals in der DDR. Für diese Vielfalt neuer Aufgaben mobilisierte er Autoren, Komponisten, Regisseure und Bühnenbildner und frischte das Ensemble mit jungen, vielseitigen Künstlern auf.
(siehe Kasten S. 145)

Den jungen Schauspieler Reinhold Stövesand, der als Algernon in „Mein Freund Bunbury" 1965 zum ersten Mal an der Staatsoperette gastierte, schloss er besonders ins Herz und wurde sein Förderer. In den siebziger Jahren knüpfte Intendant Steiner Freundschaftsbeziehungen mit den Operettentheatern in Ostrava/ ČSSR und Wrocław/ Polen. Wechselseitige Gastspiele bereicherten das Repertoire. In vielen Inszenierungen stand der Prinzipal auch selbst auf der Bühne und beeindruckte und amüsierte das Publikum mit seinen Rollengestaltungen.

„Messeschlager Gisela" 1961 Damen des Balletts

Hinter den Kulissen regierte Fritz Steiner sein Theater wie seine Vorfahren als Familienbetrieb und behandelte Künstler und Mitarbeiter mitunter wie Kinder. Seine Schwester Therese Angeloff bekam lukrative Aufträge als Librettistin, Schwiegersohn und Regisseur Horst Ludwig und andere Familienmitglieder erhielten Engagements. Diskussionen über künstlerische Fragen waren mit dem leicht sächselnden und stark rauchenden Direktor so gut wie unmöglich. Ein „Geht mit meiner Stimme nicht" akzeptierte er von keinem Solisten und brachte so manche Sängerstimme in Gefahr. Dennoch entstand in Leuben eine ganz außergewöhnliche, prickelnde Theateratmosphäre, alle Mitarbeiter und Gäste des Hauses wurden zu einer verschworenen Gemeinschaft voller Kreativität und Energie und das Publikum vergötterte seine Stars. Ein besonderer Coup Steiners war das Engagement von Mitgliedern des Staatsschauspiels Dresden als Musical-Darsteller. Im Zusammenspiel mit dem hochmotivierten Stammpersonal sorgten sie für Glanzpunkte im Spielplan jener Jahre. Horst Schulze brillierte in der Titelrolle von „Bel Ami" (1961, Regie F. Steiner), Hermann Stövesand gab den Don Quichotte im „Mann von La Mancha" (1974, Regie H. Ludwig), Marita Böhme und Peter Herden rissen die Zuschauer als Eliza Doolittle und Professor Higgins in „My Fair Lady" (1965, Regie F. Steiner) zu Beifallsstürmen hin und brachten der DDR-Erstaufführung dieses Musicals die sagenhafte Zahl von 446 Vorstellungen bis 1978 ein. Karl-Heinz Hanicke dirigierte sie allesamt und fand mit dieser Leistung Eingang ins Guinness-Buch der Rekorde. Fritz Steiner krönte die Erfolge seiner Direktion und seiner Lehrtätigkeit mit einer selbst eingeforderten Ehrung. Am 27. März 1967, dem Welttheatertag, erhielt er den Professorentitel. Gattin Gardy kommentierte süffisant: „Das wurde aber auch Zeit!". Gefeiert wurde mit der Premiere von „Wem Gott ein Amt gibt" von Therese Angeloff und Hans-Hendrik Wehding in der Regie von Hanns Matz und einer zünftigen Party in Kantine und Ballettsaal. Im gleichen Jahr, dem 20. seines Bestehens, schickten die Staatstheater das voll ausgelastete, aber in der Bausubstanz völlig marode Operettenhaus in die Eigenständigkeit.

„Wem Gott ein Amt gibt" 1967 Fritz Steiner als Kanzlist Winzig (Archiv Staatsoperette, 2)

Neu im Solistenensemble 1958-1977 (Auswahl):

Hiltrud Eulitz, Gerhard Berger, Karl-Horst Bohm, Erich Bohne, Ulrike Buhlmann, Hannelore Fabry, Günter Fritzsche, Doris Geyer, Falk Girod, Günter Gottschalk, Hans Großer, Peter Gunold, Werner Heintzsch, Klaus Herrich, Claus Hersten, Gardy Herzfeld, Fritjof Hoffmann, Christa Hüther, Ingeborg Kassner, Horst Ludwig, Karl-Heinz Märtens, Hilmar Meier, Jürgen Muck, Jutta Mücke (Richter-Merz), Gottfried Neumann, Hermann Ramoth, Heinz Rennhack, Peter Renz, Helma Reuter, Maja-Rosewith Riemer, Maria Rolle, Charlotte Schönborn, Helga Schulze-Margraf, Hans-Rudolf Schwarze, Richard Stamm, Daisy Steiner, Margot Stejskal, Reinhold Stövesand, Günther Weichert, Weslau Werschner, Heinz Zimmer

Gäste (Auswahl):

Gabriele Auenmüller, Helga Beilschmidt, Marita Böhme, Rudolf Donath, Thea Elster, Peter Herden, Monika Hildebrand, Donca Lakowa, Gerda Röder, Horst Schulze, Gunter Sonneson, Hermann Stövesand, Gerhard Vogt, KS Karl Wüstemann

„Mein Freund Bunbury" 1965 Reinhold Stövesand als Algernon, Charlotte Schönborn als Gwendolyn und Günter Fritzsche als Jack (Archiv Staatsoperette)

„My Fair Lady" 1965 Marita Böhme a. G. als Eliza und Peter Herden a. G. als Higgins
(Archiv Grohmann)

„Mein Freund Bunbury" 1971 Jürgen Muck als Algernon und Maria Rolle als Cecily
(Archiv Staatsoperette)

„Cabaret" 1976 Maja-Rosewith Riemer als Sally

„Gasparone" 1972 Klaus Herrich als Benozzo und Helga Schulze-Margraf als Sora

„Der Mann von La Mancha" 1974 Fritjof Hoffmann als Wirt und Hermann Stövesand a. G. als Don Quichote

„Eine Nacht in Venedig" 1969 Ensemble (Archiv Staatsoperette, 6)

„Enrico 61" 1966 Peter Herden a. G. und Ensemble

„Heuchlerserenade" 1970 Horst Ludwig und Heinz Rennhack

Nordseite des Bühnenhauses mit dem Clubraum 1967

„Wiener Blut" 1967 Richard Stamm als Kagler und Gardy Herzfeld als Gräfin Zedlau

Westseite mit der Kulissenrampe 1967

„Wiener Blut" 1967 Ballett

Eingangszone und Kasse 1967 (Archiv Grohmann, 3)

„Die keusche Susanne" 1969 H. Reuter, R. Stamm, Ch. Schönborn, H. Ramoth, H. Schulze-Margraf, G. Berger (Archiv Staatsoperette, 3)

Die technischen und baulichen Bedingungen, unter denen alle Abteilungen Höchstleistungen erbrachten, wurden immer untragbarer. Nur drei Holzbaracken hinter dem Bühnenhaus (errichtet 1950-54), ein neues Gestühl (1956) und einige unumgängliche technische Erneuerungen im Bühnenbereich (so 1965 ein neues Beleuchtungsstellwerk) waren dem Theater seit seiner Eröffnung nach langen Diskussionen zugebilligt worden.

Die Kulissen mussten bei Wind und Wetter täglich über den Hof und eine zwei Meter hohe Rampe zur Bühne und wieder in die Remise geschleppt werden, denn es gab weder Hinterbühne noch Dekorationslager. Stückproben konnten in Ermangelung eines Probesaales ausschließlich auf der Bühne stattfinden. Das Ballett tanzte in einem umfunktionierten Gaststättenraum im Vorderhaus um eine dicke Eisensäule herum. Die Musiker drängten sich im engen Orchestergraben, Chor und Solisten traten über eine schmale gewundene Holztreppe zur Bühne auf und ab. Die Maskenbildnerei befand sich in einem winzigen Raum am Orchestergang und verfügte lediglich über vier Plätze, Bärte, Perücken und alles Material wurde in Kisten gelagert. Ein Neubau in der Innenstadt blieb weiterhin Planungsphantasie, Geld und Baukapazität dafür standen der Stadt Dresden nicht zur Verfügung. Seit Ende der sechziger Jahre war die Operette vom baupolizeilichen Aus bedroht.

Das Zauberwort, das den Betrieb in Gang hielt, hieß „Eigenleistung". Neben ihrer täglichen Arbeit renovierten und reparierten Techniker und sogar Künstler mit dem Zahn der Zeit um die Wette.

In letzter Minute wurden bis 1977 die notwendigsten Rekonstruktionsmaßnahmen am historischen Gebäude durchgeführt und ein Anbau mit Ballett- und Probesaal, modernen Garderoben und Sanitäreinrichtungen, Kantine und Hinterbühne errichtet. Dabei packten alle Mitarbeiter kräftig mit an. Die Spielstätte bekam endlich einen Fahrstuhl für die Kulissen, eine Drehbühne und neue Ton- und Lichttechnik. Damit war aber auch die Idee einer „Operette im Zentrum" erst einmal wieder für lange Zeit vom Tisch und neben dem Leubener Neubaugebiet ein „Kulturzentrum Dresden-Ost" entstanden.

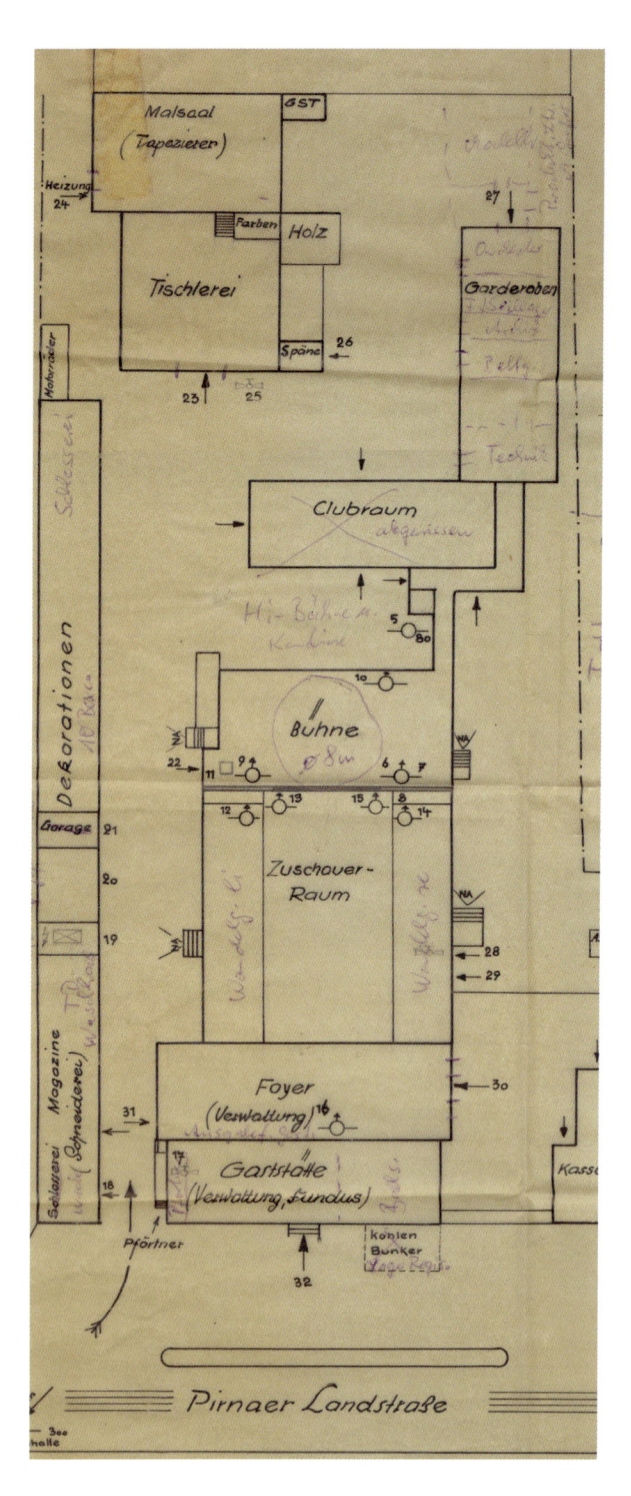

Lageplan der Staatsoperette vor dem Umbau (Archiv Grohmann)

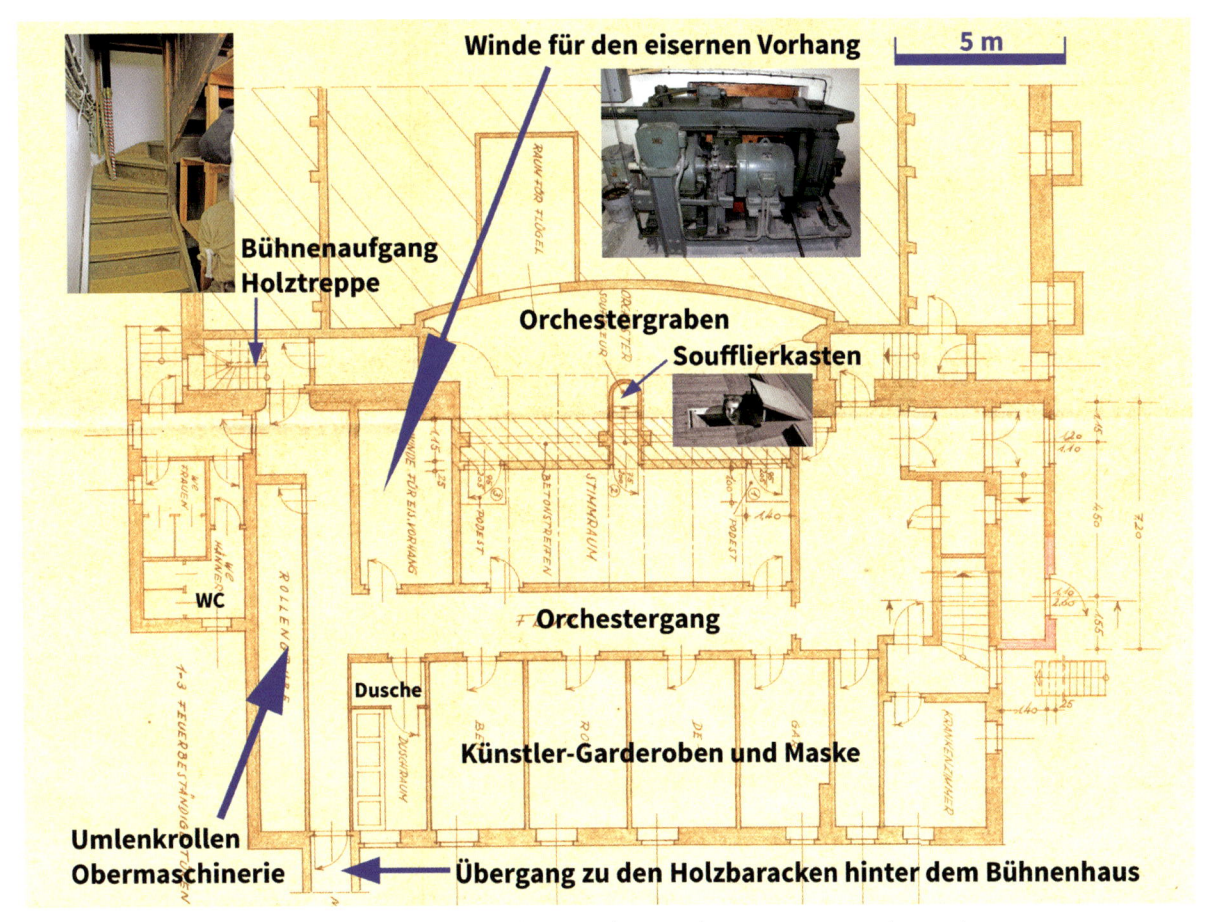

Grundriss des Untergeschosses der Bühne 1958 (Stadtarchiv Dresden, Montage: A. Schwarze)

Bühnentechniker und Mitglieder des Ballettensembles bei der Rekonstruktion des Zuschauerraumes 1977 (Archiv Kluge und Archiv Kassner)

„Orpheus in der Unterwelt" 1977 Ensemble
(Archiv Staatsoperette, 5)

Werner Heintzsch als Jupiter und
Weslau Werschner als Pluto

Fritz Steiner, der „Striese von Leuben" konnte diesen Neuanfang im alten Haus nicht mehr erleben – er starb im Oktober 1977 während eines Gastspiels in Wrocław. Ein Jahr zuvor hatte er mit der Inszenierung der verwegenen Wagner-Parodie „Tannhäuser und die Keilerei auf der Wartburg" als Regisseur noch einmal alle Register seines Könnens gezogen und den Dresdnern ein unvergessliches Theatererlebnis beschert.

Das, was der Urkomödiant Steiner seinem Ensemble in fast zwanzig Jahren an Berufsethos, Kollektivgeist, Professionalität und Denkanstößen mitgegeben hatte, wurde zur Grundlage für die künstlerische Entwicklung der Staatsoperette in den folgenden Jahrzehnten.

„Tannhäuser oder die Keilerei auf der Wartburg" 1976
Günter Weichert als Walter (Archiv Staatsoperette)

„Verlieb dich nicht in eine Heilige" 1969 Fritz Steiner als
alter Mann und Heinz Rennhack als Orpheus Schulze

Neugestalteter Zuschauerraum mit dem umgebauten
Bühnenportal 1977

„Cabaret" 1976 Fritz Steiner als Herr Schultz und Reinhold Stövesand als Clifford (Archiv Staatsoperette)

Intendant Reinhold Stövesand

Als ältester Sohn des Staatsschauspiel-Ehrenmitgliedes Hermann Stövesand lernte er das Theaterhandwerk von der Pike auf und stand bereits 1951 mit zwölf Jahren als „Tell"-Knabe auf der Bühne des Großen Hauses. Nach ersten kleineren Rollen in Dresden folgten einige Lehrjahre an anderen Theatern, bevor er 1962 ans Staatsschauspiel zurückkehrte. Dort spielte er unter anderem den Don Carlos. 1965 betrat Stövesand erstmals die Leubener Bretter, als Gast in der Rolle des Algernon in „Mein Freund Bunbury". Bis 1988 sollte er hier über 30 Rollen spielen. Er wollte mit Leib und Seele Musical-Darsteller sein und fand in der Staatsoperette seine ideale Wirkungsstätte. 1968 trat er sein festes Engagement an und Fritz Steiner übertrug ihm schon im Februar 1969 die Gründung des Jugendclubs der Staatsoperette. Mit jungenhaftem Charme, ein wenig Melancholie und sonorer Stimme erspielte er sich die Gunst des Publikums in Leuben und war immer offen für Neues. Anfang der 70er Jahre hatten der bekannte Dresdner Künstleragent Hermann Lorz und sein Bruder Heinz, Direktor des staatlichen „Zirkus Busch", die Idee für eine Show, bei der prominente Künstler als Artisten in der Manege auftreten sollten. Im Herzen ein Theater- und Zirkusromantiker, brachte sich der singende Schauspieler gestalterisch und solistisch führend in die „Nacht der Prominenten" ein. Bald rissen sich Dresdner Schauspieler und Conferenciers um eine Mitwirkung in den Veranstaltungen und das Konzept wurde andernorts kopiert. Reinhold Stövesand war ein einfacher, herzlicher Mensch mit großer Ehrfurcht vor der Kunst und den Künstlern. Kommunistisch erzogen, war er vom Sozialismus als bester aller Ordnungen des menschlichen Zusammenlebens überzeugt. In Fritz Steiner mit seiner Vision eines neuen Volkstheaters, die sich aus uralten Theatertraditionen und ganz neuen Formen und Inhalten nährte, erblickte er seinen künstlerischen Mentor und väterlichen Freund. Stövesands Enthusiasmus und seine Lernbereitschaft, der klare politische Standpunkt und sein offenes und kollegiales Wesen prädestinierten den jungen Schauspieler in den Augen von Theater- und Parteileitung als Nachfolger Steiners. Als dieser jedoch 1977 so unerwartet aus seinem Arbeitsleben gerissen wurde, sollte zunächst der dichtende Verwaltungsdirektor Hartmann (er hatte im Auftrag Steiners einige Libretti für neue Werke verfasst) die Zügel in die Hand nehmen, bis Steiners Ziehsohn die Weiterbildung zum staatlichen Leiter absolviert haben würde. Den Interimsintendanten ereilte jedoch bald ein Herzinfarkt und so wurde Reinhold Stövesand 1978 mit 39 Jahren Intendant der Staatsoperette Dresden. Zu seiner Amtseinführung am 21. Juni 1978 versammelten sich in Leuben die Vertreter von Partei und Stadtrat und die Intendanten und Leiter der Dresdner Theater und Kulturhäuser. Auch Gerd Natschinski, frischgebackener Intendant des Metropol-Theaters Berlin, und viele Delegationen befreundeter Dresdner Betriebe gratulierten dem sichtlich bewegten Hoffnungsträger der modernen Dresdner Kulturpolitik.

„Nacht der Prominenten" 1977 Reinhold Stövesand und Maja-Rosewith Riemer (Archiv Grohmann)

Gesellschaftlich fand in jener Zeit eine scheinbare Konsolidierung der Verhältnisse statt. Seit dem VIII. Parteitag der SED wurde die „Einheit von Wirtschafts- und Sozialpolitik" propagiert und eine Erhöhung des materiellen und kulturellen Lebensniveaus der Bevölkerung angestrebt. Die Großbauprojekte im neuen Zentrum wurden abgeschlossen, Industrie und Forschung boomten, tausende Einwohner zogen aus den weiterhin zerfallenden Altbauten in die Neubauviertel Prohlis und Gorbitz, Dresden wurde die Stadt mit dem zweithöchsten Lebensstandard in der DDR. Reinhold Stövesand stieß mit seinem rekonstruierten und erweiterten Theaterbau auf ein aufgeschlossenes Publikum mit einem großen Unterhaltungsbedürfnis.

Das Ensemble mit vielen bewährten Kollegen und einigen neuen Gesichtern stand bereit, das abwechslungsreiche Spielplankonzept aus neuen Werken, Spitzen-Musicals und klassischen Operetten umzusetzen. Weiterhin orientierte sich Reinhold Stövesand gern an künstlerischen und menschlichen Vorbildern, suchte Rat und Anerkennung. Der Erfolg seiner Intendanz hatte viele Väter. Der musikalische Oberleiter Manfred Grafe amtierte nicht allein als Meister des Taktstocks und

Aus der Antrittsrede von Reinhold Stövesand am 21. Juni 1978

„(...) Mein Dank gilt meiner Partei und meinem Staat, die durch diese Berufung so großes Vertrauen in mich setzen, das zu rechtfertigen ich mich immer bemühen werde. Mein Dank gilt allen Mitarbeitern unseres Hauses (...), mir ist klar, wie das Theater lebt von der Liebe derer, die sich ihm verschrieben haben. (...) Es wäre für mich (...) schöner gewesen, wenn ich meine neue Würde und Bürde aus der Hand unseres hochverehrten Chefs, Prof. Fritz Steiner, hätte entgegennehmen können. Er wird immer mein Chef bleiben. (...) Es kommt nicht darauf an, was ich will, es kommt darauf an, dass wir uns verständigen, was wir alle gemeinsam wollen. Dabei muss es uns gelingen, Übereinstimmung politischer Inhalte und künstlerischer Formen zu erreichen. Das setzt voraus, dass wir an unserem Hause die künstlerische und die ideologische Arbeit besser zu verquicken lernen. Wir müssen streitbarer werden, (...) ich meine den schöpferischen Meinungsstreit, aus dem allein eine neue Qualität entstehen kann. Nehmen Sie, liebe Kollegen, das Gegebene nicht als gegeben, prüfen Sie es, sagen Sie ihre Meinung dazu. (...) Kommen Sie mit Ihren Sorgen zu mir, auch wenn es um Kleinigkeiten geht. (...) Wir haben an der Staatsoperette das große Glück, dass wir uns auf ein Publikum stützen können, dessen Sympathie uns jeden Abend neu entgegenschlägt. Das treu zu unserem Hause hält, auch wenn wir einmal keine ganz glückliche Hand bei der Stückauswahl oder Inszenierung hatten. Umso größer sollte für uns die Verpflichtung sein, den über 700 Menschen, die allabendlich unser Haus füllen, das Beste zu geben, was wir zu bieten haben. (...) Unser ganzes Trachten muss dahin gehen, dass unsere Vorstellungen jederzeit den Glanz, die Präzision und die Ausstrahlungskraft einer Premiere haben."

(Tonaufnahme Archiv Grohmann)

fähiger Orchesterchef, sondern machte sich auch als stilsicherer und einfallsreicher Arrangeur und Komponist einen Namen. Die tschechischen Dirigenten Brázda und Homolka brachten ihre böhmische Musikalität in die Produktionen des Hauses ein. Roland Seiffarth aus Leipzig, der einfühlsame Klangzauberer, wurde gern gesehener Gast am Dirigentenpult.

Als Oberspielleiter fungierte bis 1987 der Regisseur Horst Ludwig. Mit ihm und Altmeister Rudi Schraps brachte Intendant Stövesand trotz ideologischer Maßregelung aus Berlin wieder bekannte Operetten aller Epochen auf die Bühne, so 1981 nach 34 Jahren Lehár-Abstinenz die „Lustige Witwe" mit Ulrike Buhlmann als Hanna und Stargast Jürgen Hartfiel als Danilo. Zur Freude des Publikums kamen Werke von Robert Stolz, Leo Fall und Carl-Michael Ziehrer zur Aufführung. Der vielseitige Autor und Dramaturg Siegfried Blütchen kreierte die liebevoll inszenierte Konzertreihe „Zwinger-Melodie", mit der die Staatsoperette jeden Sommer vor der Kulisse des berühmten Baues große Erfolge feiern konnte. Inzwischen zur Ballettchefin avanciert, „schmiedete" Ingeborg Kassner ein leistungsfähiges Tanzensemble. In den Werkstätten regierte der produktive und streitbare Ausstattungsleiter Siegfried Rennert. Am Ende seiner 50-jährigen Tätigkeit als Bühnen- und Kostümbildner konnte er später auf 280 Ausstattungen, davon 77 allein für die Staatsoperette, zurückblicken.

„Die lustige Witwe" 1981 Ulrike Buhlmann als Hanna Glawari, Jürgen Hartfiel a. G. als Danilo

„Drei von der Donau" 1986 Thomas Georgi als Leim, Fritjof Hoffmann als Knieriem, Werner Knodel als Zwirn und Gottfried Neumann als Losverkäufer

„Madame Pompadour" 1987 Ensemble (Archiv Staatsoperette, 3)

„Das Glas Wasser" 1978 Maja-Rosewith Riemer als Königin, Jutta Richter-Merz als Herzogin von Marlbourough (Archiv Staatsoperette, 2)

„The Fantasticks" 1982 Heinz Zimmer und Hans-Rudolf Schwarze

Reinhold Stövesand versuchte immer, Chef auf Augenhöhe, Komödiant unter Komödianten zu sein. Der Künstlerisch-Ökonomische Beirat aus Spartenvertretern hatte Einfluss auf seine Entscheidungen. Wichtige Fragen konnte man mit ihm zwanglos „am Brett", einem Treffpunkt neben der Küchentür des Theaterrestaurants, bei einem „Radeberger" besprechen. Unter der gesamten Belegschaft entwickelten sich ein intensiver, spartenübergreifender Zusammenhalt, eine fast familiäre Arbeitsatmosphäre und viele private Beziehungen.
Unter Stövesands Leitung wurde das Ensemble mit jungen klassischen Stimmen und spezialisierten Musical-Darstellern verstärkt. (siehe Kasten r.) Seinem Publikum näherte sich der unkonventionelle Intendant auf neuen Wegen. So rief er 1985 gemeinsam mit dem Kulturbund die „Interessengemeinschaft Operette-Musical" ins Leben. Die Mitglieder, vereint in ihrer Begeisterung für das Genre, verfolgten die Probenarbeit, tauschten sich nach Vorstellungsbesuchen mit „ihren" Künstlern aus und halfen dem Theater mit ihrer Arbeitskraft in den Bereichen Ankleider und Einlassdienst, wo chronische Personalnot herrschte. Ambitionierte Techniker übernahmen auf der Bühne zusätzlich künstlerische Aufgaben als Statisten und

> **Neu im Solistenensemble 1978-1987 (Auswahl):**
> Wolf-Eicke Bartels, Mario Dehne, Cornelia Drese, Barbara Freitag, Steffen Friedrich, Thomas Georgi, Karl-Heinz Girbardt, Kerstin Klesse, Werner Knodel, Ulrich Lebich, Dirk Lohr, Regina Menzel, Konstantin Netzband, Maltus Schettler, Eva-Bettina Schöniger, Carmen Weber, Bettina Weichert
> **Gäste (Auswahl):**
> Fred Bonitz, Manfred Brendel, Jürgen Hartfiel, KS Fritz Hille, KS Barbara Hoene, Andrea Ihle, Walter Niklaus, Joachim Nimtz, Jürgen Mutze, Klaus Pönitz, Gottfried Richter, Katrin Weber, Bodo Wolf, Cornelia Wosnitza

kämpften an der Werterhaltungsfront, um wenigstens die gravierendsten Mängel an Altbau, Sanitär- und Elektroanlagen und Werkstätten zu beseitigen. Auch die zünftige Theaterkantine unter der Hinterbühne bauten sie selbst aus und in einigen Wintern transportierten sie Kohle heran, um den Spielbetrieb zu sichern. Materialmangel auf allen Gebieten, ständige Probleme mit der Wohnraumbeschaffung für die Angestellten sowie Druck und

Kontrolle durch die SED-Stadtleitung, der er selbst angehörte, kratzten am Sozialismus-Bild des ehrlichen Genossen und sensiblen Menschen Reinhold Stövesand. Den Premieren gingen jedes Mal mehrere „Ansehproben" mit dem Theateraktiv der ständigen Kommission Kultur der Stadtverordnetenversammlung der Stadt Dresden voraus, worauf die „konstruktiven Hinweise" dieses Zensurgremiums folgten. Wie die Gesellschaft drängte auch das Theater nach neuen Antworten, neuen Inhalten, neuen Wegen des Denkens. Gleichzeitig steigerten sich Überwachung und ideologische Einflussnahme durch Staatssicherheit und Parteigremien in absurde Dimensionen.

„Das Feuerwerk" 1983 Reinhold Stövesand als Obolski (Archiv Staatsoperette, 3)

Ein Leben für die Staatsoperette

Peter Straßberger (o. l.), besuchte schon als Kind begeistert das Operettentheater und kam 1955 als Beleuchter ans Haus. Er qualifizierte sich zum Tonmeister und später zum Toningenieur und baute ab 1960 die Tonabteilung auf, die er 30 Jahre leitete. Die technische Entwicklung von der Operette zum Musical ermöglichte er mit der Einrichtung eines modernen Tonstudios unter schwierigen ökonomischen Bedingungen. Christian Grohmann (o. r.), geboren im Eröffnungsjahr des Theaters 1947, begann seinen Berufsweg in Leuben 1966 zunächst auch als Beleuchter. 1974 machte er seinen Abschluss als Tonmeister und arbeitete von da an in der faszinierenden Welt der Mikrofone und Verstärker. Vielseitig interessiert, trug er in 44 Dienstjahren eine einmalige und lückenlose Sammlung von Dokumenten, Programmheften und Fotos aus der Geschichte der Staatsoperette zusammen und bewahrte sie in seiner Chronik für die Nachwelt. Viele Rechercheergebnisse und Bilder daraus bereichern dieses Buch.
Jürgen Möller (Bild rechts), gelernter Speditionskaufmann, bewarb sich 1966 für den Extrachor der Operette und kam von der Bühne nie wieder los. Bis zu seinem Tod 1997 spielte der zuverlässige und humorvolle „Chefkomparse" in Leuben nebenberuflich kleine Rollen in über 40 Inszenierungen.
Diese drei Mitarbeiter stehen hier stellvertretend für alle, die ihr gesamtes Berufsleben oder ihre Freizeit der Operette widmeten und deren Erfolgsstory ermöglichten. Ihre Biografien sind typisch für die ganz besondere Verbundenheit von Menschen mit diesem Theater.

„Daphnis und Chloë" 1985 Dirk Lohr als Daphnis, Barbara Freitag, Eva-Bettina Schöniger, Ulrike Buhlmann, Regina Menzel und Charlotte Schönborn als Bacchantinnen (Archiv Staatsoperette, 4)

Führend in ihrem Genre und in der Publikumsauslastung machte die Staatsoperette republikweit von sich Reden und lockte 1979 den bekannten Schauspieler, Synchronsprecher und Regisseur Walter Niklaus als Gastsolist an die Elbe. 1982 stellte er mit seiner Interpretation des subtilen Kammer-Musicals „The Fantasticks" seine außergewöhnliche Begabung als Zauberer der Bühne und Theaterlehrer für Sänger und Schauspieler unter Beweis. Seiner Inszenierung des Offenbach-Stücks „Daphnis und Chloë" wurden „schädliche pazifistische Tendenzen" unterstellt, Regisseur Niklaus musste Änderungen vornehmen. Die teure „Einheit von Wirtschafts- und Sozialpolitik", Investitionsstau und Devisenmangel führten kontinuierlich in den Staatsbankrott, die Einschränkungen der Informations- und Reisefreiheit wurden von der Bevölkerung im „Tal der Ahnungslosen" nicht mehr akzeptiert. Während dieser angespannten letzten Jahre der DDR gelang es Intendant Stövesand und seinem neuen musikalischen Oberleiter Volker Münch, den Dresdnern drei theatralische Großereignisse zu präsentieren: „Evita" (1987, Regie Walter Niklaus a. G.), „Alexis Sorbas" (1988, Regie Klaus Winter a. G.) und das ungarische Musical „Der König David Bericht" nach Stefan Heym (1989, Regie Walter Niklaus a. G.).

Eine diplomatische und organisatorische Meisterleistung Reinhold Stövesands und seines Chefdramaturgen Jochen Paentzer war es, die DDR-Erstaufführung des Webber-Musicals „Evita", die selbstverständlich am Metropol-Theater stattfinden sollte, nach Dresden zu holen. Der Intendant besorgte auf halblegalem Wege die notwendigen Mikroports, die eigentlich für den DDR-Export bestimmt waren und riskierte eine Parteistrafe. Ein Prager Gastdirigent schmuggelte Jablonecer Strass für den glitzernden Evita-Halsschmuck aus der ČSSR über die Grenze.

Chor und Solisten stürzten sich ins ungewohnte Jazz-Training, das Eva Reinthaller, Gründerin des Rock-Theaters Budapest, allen abverlangte. Die Technik leistete Übermenschliches – allein die Beleuchtungseinrichtung für „Evita" dauerte 72 Stun-

„Evita" 1987 Ballettprobe (li.), Eva Reinthaller und Walter Niklaus bei der Arbeit (mi.), Bettina Weichert als Evita (re.)

„Evita" 1987
Ballettsolisten Evelyn König und Ronald Krieger

„Alexis Sorbas" 1988
K. Pönitz als Sorbas und W. Knodel als Mimithos

den. Haus und Ensemble befanden sich wochenlang im Ausnahmezustand, kaum eine Abendprobe endete vor Mitternacht. Die Regisseure aller drei Projekte lieferten brisante, aufrüttelnde Inszenierungen in den gelungenen Ausstattungen von Siegfried Rennert und Bernd Leistner, die Choreografinnen Eva Reinthaller und Monika Geppert gaben dem gesamten Ensemble einen kreativen Schub. Die Solisten, allen voran Bettina Weichert, Cornelia Drese, Klaus Pönitz, Manfred Brendel, Gottfried Richter und Joachim Nimtz, glänzten und ergriffen in ihren Rollen. Eindeutige Zeitbezüge, gesellschaftskritische Aussagen und die überzeugenden musikalischen Leistungen des Orchesters rissen das Publikum förmlich von den Sitzen. „Der König David Bericht" war ein klares und starkes Signal der Künstler, einen Prozess des Umdenkens und der Reformen in der DDR einzuleiten, die Geschichte des Kommunismus wahrheitsgetreu aufzuarbeiten und Lehren für die Gegenwart und Zukunft zu ziehen, bevor es zu spät war. Diese gewagte Inszenierung mit ihren deutlichen Anspielungen auf Mauer, Personenkult und gesellschaftlichen Scheinkonsens, blieb die einzige politische Stellungnahme der Staatsoperette zum aktuellen Geschehen der Wendezeit. Angeregt und durchgesetzt wurde sie von den Leubener Kulturfunktionären der alten Ordnung, die im Gegensatz zur Regierung die Zeichen der Zeit verstanden hatten.

Als im Mai 1989 der Schriftsteller Stefan Heym zur „David"-Premiere auf der Leubener Bühne gefeiert wurde, war Reinhold Stövesand bereits ein halbes Jahr Intendant des Friedrichstadt-Palastes in Berlin, berufen als Nachfolger von Wolfgang E. Struck. Nach den Turbulenzen der Wendezeit wurde er Intendant in Wittenberg und inszenierte als Gast in Schwedt die „Lustige Witwe", „My Fair Lady" und „Cabaret". 2009 schloss sich der Kreis seines Wirkens – als alter Kaiser Franz-Josef im „Weißen Rössl" stand er noch einmal in über 40 Vorstellungen auf der Leubener Bühne. Er erhielt die Ehrenmitgliedschaft seines geliebten Operettentheaters und vollendete hier seine Bühnenlaufbahn.

„Der König David Bericht" 1989 Gottfried Richter als Ethan und Ensemble (Archiv Staatsoperette, 4)

„Der König David Bericht" 1989 Stefan Heym und das Ensemble während des Premierenbeifalls

Ende und Anfang 1988-1990

Die Nachfolge Reinhold Stövesands als Intendant trat der Schauspieler Manfred Müller-Kuhl aus Halle an. Die seit 1958 gewachsenen Strukturen und Machtverhältnisse an der Staatsoperette und die Zuspitzung der politischen Lage machten seine kurze Amtszeit zu einer für ihn glücklosen Episode. Neben dem aufbegehrenden „König David Bericht" regierten auf der Bühne des Theaters weiter „Witz und heitere Laune" und hinter der Bühne die SED. Noch am 6. Oktober 1989 machten sich rotbeschlipste Operetten-Künstler auf den Weg in die Betriebe, um mit Programmen zum 40. Jahrestag der DDR aufzutreten. Erst als die Wende offiziell verkündete Realität wurde, löste sich die Macht der Partei, die über 40 Jahre tonangebend in Dresden war, wie überall im Land in Luft auf. Es folgten Monate der Anarchie mit Bombendrohungen in der Theatergaststätte, einem Meuchelmord in Laubegast und Volkspolizisten, die sich nicht aus ihrem Polizeirevier in Leuben auf die Straße trauten. Ehemals hundertzwanzigprozentige SED-Genossen waren bald die Ersten, die ihren Kollegen in der Theaterkantine heilbringende westliche Produkte verkauften.

Mit der Grenzöffnung und der ideologischen Kehrtwende wurde dem politisch begründeten, kapitalismuskritischen Unterhaltungstheater in der abgeschotteten DDR die Existenzberechtigung entzogen und eine völlige Neuorientierung abgefordert. Die staatlich garantierte materielle Sicherheit der Kunstbetriebe war Geschichte. Eine ausführliche Darstellung und Analyse der Ereignisse der Wende-Jahre würde den Rahmen dieses Buches sprengen. Die folgende Chronologie soll den Leser anregen, sich sein eigenes Bild über diese Monate zu machen.

Chronik ausgewählter Ereignisse inner- und außerhalb der Staatsoperette 1989-90

März 89	Intendant Manfred Müller-Kuhl wird wegen SED-kritischen Äußerungen bei einem Trinkgelage politisch angegriffen und meldet sich krank
	Chefdramaturg Jochen Paentzer (seit der Spielzeit 1976/77 am Haus) wird amtierender Intendant der Staatsoperette Dresden
7.5.89	*Volkswahlen in der DDR, Wahlergebnis: 98,85 % für die Kandidaten der Nationalen Front*
13. - 23.5.89	Der Dresdner Bergsteigerchor „Kurt Schlosser" unter Leitung von Werner Matschke und Operetten-Kapellmeister Karl-Heinz Hanicke gastiert in Leningrad
23./24.5.89	In der Staatsoperette Premiere des ungarischen Musicals „Der König David Bericht" nach einem Buch von Stefan Heym zu den „Dresdner Musikfestspielen", Regie: Walter Niklaus, Musikalische Leitung: Volker Münch. Der Schriftsteller Stefan Heym ist anwesend und von der Rockoper nach seinem Buch ebenso begeistert wie das Publikum. Der Schlusssatz des Chronisten Ethan lautet vor der Wende: „Und lass endlich ans Licht – Davids Lebensbericht" , und wird nach der Wende geändert in: „Und lass endlich ans Licht – die Chronik unserer vergangenen Jahre!"
31.5.89	Anlässlich seines 60. Geburtstages wird der Solist Werner Heintzsch nach 31 Jahren Betriebszugehörigkeit zum 9. Ehrenmitglied der Staatsoperette Dresden ernannt
Juni 89	Die Staatsoperette sucht per Anzeige in der Zeitschrift „Theater der Zeit" Neubesetzungen für 17 offene Stellen (darunter 1. Kapellmeister, Oberspielleiter, Operettentenor, Chefmaskenbildner)
Juli 89	*Joachim Sacher wird Stadtrat für Kultur*
5./6./12./13.8.89	„Hört nur, wie es singt und klingt" jeweils 17 Uhr Konzerte der Staatsoperette im Schlosspark Pillnitz, Musikalische Leitung: Volker Münch
13.8.89	Künstler der Staatsoperette treten 10:30 Uhr auf dem Fest der Kleingärtner der Spar-

„Wiener Blut" 1988 v.l.n.r.: Carmen Weber, Werner Heintzsch, Barbara Freitag, K.-H. Girbardt

„Frohes Wochenend" 1987 v.l.n.r: Günter Weichert, K.-H. Bohm, Gottfried Neumann (Archiv Staatsoperette, 2)

	te „Altleuben" neben dem Theater mit einem bunten Programm auf. Die Freundschaftsbeziehungen bestehen seit fünf Jahren.
19.8.89	*Öffnung des 1. Grenzüberganges von Ungarn nach Österreich für DDR-Flüchtlinge*
27.8.89	100. und letzte Vorstellung „Eine Nacht in Venedig" in der Staatsoperette (Premiere 19.5.1984), insgesamt hatte die Inszenierung 78.000 Besucher (SZ 29.8.89)
29.8.89	Premiere der Operettenrevue „Musikalische Visitenkarten" in der Staatsoperette, Regie: Rudolf Schraps, Musikalische Leitung: Siegfried Fischer/ Hendrik Kralle
1.9.89	*Traditioneller Solidaritätsbasar des Verbandes der Journalisten der DDR auf der Prager Straße mit 150.000 Besuchern, erstmalig gibt es einen Stand der Staatsoperette*
3.10.89	*Jubiläumsfeier „20 Jahre Kulturpalast Dresden"*
1.- 4.10.89	*Der Pass- und Visafreie Reiseverkehr mit der ČSSR und weiteren „sozialistischen Bruderländern" wird ausgesetzt. 14 Sonderzüge mit Flüchtlingen rollen über Dresden und Chemnitz nach Hof. Am 4. Oktober kommt es in Dresden zu gewalttätigen Auseinandersetzungen am Hauptbahnhof*
4.10.89	Abendvorstellung in der Staatsoperette „Der König David Bericht"
5.10.89	*Übergabe der Neubauten an der Nordseite des Platzes der Einheit*
6.10.89	*Die Mitglieder des Staatsschauspiels Dresden verlesen nach der Abendvorstellung im Kleinen Haus ihre Resolution „Wir treten aus unseren Rollen heraus"*
6.10.89	*Die 12. Kunstausstellung des Bezirkes Dresden öffnet ihre Pforten*
6.10.89	Abendvorstellung in der Staatsoperette „Alexis Sorbas"
7.10.89	*40. Jahrestag der Gründung der DDR*
7.10.89	*Premiere der Oper „Fidelio" (Regie Christine Mielitz) an der Semperoper*
8.10.89	*Demonstrationen am Theaterplatz und auf der Prager Straße, die „Gruppe der 20" formiert sich*
8.10.89	15 und 19 Uhr in der Staatsoperette „Wiener Blut" von Johann Strauß
12.10.89	*8. Angebotsmesse für Kultur im Kulturpalast*
12.10.89	14:00 Uhr in der Staatsoperette Versammlung mit dem Stadtrat für Kultur Joachim Sacher
13.10.89	*Öffentliche Parteiversammlung der SED im Staatsschauspiel und weitere Gespräche mit dem 1. Sekretär der Bezirksleitung Dresden der SED, Hans Modrow*
18.10.89	*Rücktritt des Generalsekretärs der SED, Erich Honecker*

25.10.89	*Belegschaftsversammlung in der Semperoper mit Hans Modrow*
29.10.89	*Die Ensemblemitglieder der Staatsoper Dresden treten nach der Vorstellung mit einer Erklärung vor ihr Publikum*
November 89	Chefdramaturg Jochen Paentzer tritt von seinen Funktionen zurück, Verwaltungsdirektor Jürgen Eggert wird amtierender Intendant der Staatsoperette Dresden
1.11.89	10:00 Probesaal der Staatsoperette, 1. Öffentlicher Dialog
6.11.89	*Demonstration mit 70.000 Teilnehmern auf dem Altmarkt, es sprechen u.a. die Sängerin und Regisseurin Annette Jahns, Michael Funke (Oberspielleiter am „Theater der jungen Generation") und die Schauspielerin Dorit Gäbler*
8.11.89	*„SZ" meldet, dass die Landesbühnen das Anti-Ausreise-Stück „Jeder gegen jeden" vom Spielplan nehmen, da darin die gesellschaftlichen Ursachen ausgeklammert werden. Die SED-Grundorganisation der Landesbühnen schreibt einen offenen Brief an das ZK der SED mit der Forderung nach einer Trennung von Staat und Partei, einem neuen Wahlgesetz, vorgezogenen Wahlen, Wiedereinführung des Präsidentenamtes, Untersuchung der Polizei-Übergriffe im Oktober 89 usw.*
8.11.89	Abendvorstellung in der Staatsoperette: „Frohes Wochenend", heiteres Stück mit Musik von Klaus Winter und Rolf Zimmermann
9.11.89	14:30 Vollversammlung zum Leitungswechsel in der Staatsoperette
9.11.89	*Fall der Mauer*
11.11.89	*Aufruf „Bewahren wir Dresden!" von Dresdner Persönlichkeiten, u.a. unterzeichnet von Prof. Ardenne, Prof. Palucca, Prof. Flämig, Prof. Heisig und Dorit Gäbler*
	Edith Franke wird 1. Sekretärin der SED-Stadtleitung Dresden
17.11.89	Premiere „Ein Küchenliederabend" in der Staatsoperette, Regie: Ursula Geyer-Hopfe, Musikalische Leitung: Konrad Müller
19.11.89	*Demonstration der Dresdner Kunst- und Kulturschaffenden auf dem Theaterplatz, u.a. spricht die Solistin Bettina Weichert über die bekannten Probleme der Staatsoperette als „Theater am Rande der Stadt" (SZ vom 20.11.89)*
25.11.89	*Ein Sonderzug mit 920 Dresdnern fährt zu einem Freundschaftstreffen in die Partnerstadt Hamburg, Oberbürgermeister Berghofer, die Operetten-Solisten Steffen Friedrich und Cornelia Drese sowie das Ehepaar Ingrid und Jürgen Eggert sind dabei*
Ab 2.12.89	mehrere Weihnachtskonzerte für Kinder in der Staatsoperette
21.12.89	Premiere der Nedbal-Operette „Polenblut" in der Staatsoperette, Regie: Roselinde Lange, Musikalische Leitung: Volker Münch
6.1.90	*Die „SZ" meldet den Rücktritt des Intendanten Schönfelder (Staatsoper) zum 31.7.90, bis dahin erhält er „Arbeitsurlaub". Hanns Matz wird amtierender Intendant*
9.1.90	*Gründung der Wirtschaftskommission Dresden-Hamburg im Hotel „Dresdner Hof"*
Mai 90	50. Vorstellung des Webber-Musicals „Evita" in der Staatsoperette
12.5.90	Premiere der musikalischen Komödie „Cyprienne" von Gerhard Jussenhofen in der Staatsoperette, Regie: Ursula Geyer-Hopfe, Musikalische Leitung: Volker Münch
23.5.90	*Dr. Herbert Wagner wird Oberbürgermeister der Stadt Dresden, der Maler Ulf Göpfert wird Dezernatsleiter für Kultur und Tourismus*
26.5.-10.6.90	Dresdner Musikfestspiele, die Staatsoperette beteiligt sich mit den Inszenierungen „Der König David Bericht", „Alexis Sorbas" und „Evita", das Staatliche Ungarische Puppentheater gastiert am 1.6. mit „Nußknacker" im Haus der Operette
31.5.90	*Auflösung der „Gruppe der 20"*
10.6.90	Abendvorstellung „Evita", danach Schließung der Staatsoperette wegen Rekonstruktion

Verwaltungsdirektor und amtierender Intendant Jürgen Eggert

Renovierter Zuschauerraum mit erweitertem Orchestergraben und Passarella

Intendantin Elke Schneider (Archiv Staatsoperette, 3)

Auf der Straße des Erfolges – Deutschland entdeckt unser Theater

Nach den gesellschaftlichen Umwälzungen im Herbst 89 führte Verwaltungsdirektor Jürgen Eggert als amtierender Intendant das Theater mit Umsicht und Augenmaß durch die Irritationen der Nachwendezeit. Befreit von ideologischen Zwängen, setzte in Dresden eine breite Diskussion über den Weg zur europäischen Kulturstadt ein. Wieder dachte man über Standorte für ein neues attraktives Operettenhaus nach, aber unklare Besitzverhältnisse und fehlende finanzielle Mittel machten Baupläne für Albert- oder Sachsenplatz zunichte.

Der betagte Bau in Leuben wurde deshalb nochmals einer umfassenden Rekonstruktion unterzogen, für die die Stadt Dresden 22 Mio. DM aufwandte. In der ersten Etappe wurden der Orchestergraben verbreitert und mit einem Laufsteg versehen, die Obermaschinerie von 1947 (geborgen aus der Ruine des Central-Theaters) ersetzt, die Beleuchtungs- und Tontechnik auf den neuesten Stand gebracht und Zuschauerraum, Foyer, Gaststätte und Fassade renoviert.

An die Spitze der Staatsoperette trat 1990 erstmals eine Frau. Die Theaterwissenschaftlerin, Autorin und Regisseurin Elke Schneider stellte sich der Aufgabe, dieses Theater in seiner Spezifik zu erhalten und ohne Personalabbau in die Marktwirtschaft zu führen. Als Entwicklungsziel für das nächste Jahrzehnt wurde bereits der Übergang von einem Operettentheater klassischer Prägung zu einer Spielstätte, in der die moderneren Formen des musikalischen Unterhaltungstheaters überwiegen, konzeptionell festgelegt. Ihr Leitungsteam bestand aus Verwaltungsdirektor Jürgen Eggert, Oberspielleiter Lothar Arnold, Chefchoreografin Eva Reinthaller, Musikdirektor Volker Münch, Chordirektor Siegfried Fischer, Ausstattungsleiter Siegfried Rennert, den Dramaturgen Peter Gunold und Wolfgang Dosch (beide auch auf der Bühne zu Hause) sowie dem Technischen Direktor Christfried Scharfenberg. Sie waren angetreten, dem Publikum weiterhin anspruchsvolle Unterhaltung zu bieten und dafür alle neuen künstlerischen und technischen Möglichkeiten zu nutzen. Am 3. November 1990 wurde das modernisierte Theater mit einer prächtigen Inszenierung der seit 1963 hier nicht mehr gespielten „Fledermaus" eröffnet.

Mit Herz, Verstand und Humor gelang es der „Chefin", das Ensemble aus jungen und altbewährten Mitarbeitern zu Höchstleistungen zu motivieren. Unter ihnen waren nun auch westdeutsche, südafrikanische, österreichische und amerikanische Künstler, die zu „Freundschaftspreisen" Engagements in Dresden antraten. Sie genossen die Atmosphäre und die Art und Weise der Interpretation von Operette und Musical auf der Leubener Büh-

ne sehr und eroberten die Herzen der Dresdner Zuschauer und Kollegen mit ihren erstklassigen Leistungen im Sturm. (siehe Kasten S. 163)
Lange entbehrte Lieblingswerke der Operettenfreunde waren nun wieder zu erleben. Ob „Fledermaus", „Maske in Blau" oder „Anatevka", ob „Singin' in the Rain", „Der Graf von Luxemburg" oder „Land des Lächelns" – das alte Haus bebte nicht nur an den Premierenabenden vom Beifall und vom Trampeln der glücklichen Besucher. Nach einer schmerzlichen Publikumsflaute von 25 Prozent unmittelbar nach dem Umbruch 1989 gewann das Ensemble mit glanzvollen Aufführungen von großem Schauwert die Dresdner Zuschauer zurück und immer mehr überraschte und begeisterte Touristen hinzu. Ein offensives Marketing-Konzept sorgte für zunehmendes Interesse bei den Einwohnern und Gästen der Stadt und mediale Präsenz. Alle Mitarbeiter kämpften gemeinsam mit der Leitung für ihr Theater. Von der Tänzerin bis zum ersten Kapellmeister war sich niemand zu schade, mit Werbeprogrammen in die Stadt zu gehen. Auf der Prager Straße steppte die Kuh (mit zwei Tänzern unterm Fell) aus dem „Weißen Rössl", schmetterten die Solisten mit gewöhnungsbedürftiger Synthesizer-Begleitung Operettenmelodien. Der vom Ballett getanzte Radetzky-Marsch auf der Hauptstraße oder Hans Großer, der als Milchmann Tevje aus „Anatevka" auf dem Weihnachtsmarkt „Sachsenmilch"-Pakete unter die Leute brachte, die „Tage der offenen Tür" in Leuben, die zu Theaterfesten für die Zuschauer wurden oder die witzigen Werbeplakate – all das trug dazu bei, der Operette ihren Platz in der Landeshauptstadt zu sichern. In der Kantine, die man jetzt „Casino" nannte, fanden Chanson-Programme, Kammeropern und musikalische Talkshows statt. Besonders die Reihe „Künstler zum Anfassen" erfreute sich großer Beliebtheit. Die Moderatoren Werner Knodel und Wolfgang Dosch schlugen dabei gekonnt, geistreich und humorvoll den Bogen zwischen den Zuschauern und den interviewten Künstlern. Unvergesslich zauberhafte Abende bereiteten die neuen Konzerte der Reihe „Zwingermelodie" ihren Besuchern ab 1992. MD Volker Münch, der den

Ausstattungsleiter Siegfried Rennert mit seinem Bühnenbildmodell zur „Fledermaus", 2. Akt

„Die Fledermaus" 3. 11. 1990 Solistenensemble mit MD Volker Münch (Mitte) während des Premierenbeifalls (Archiv Staatsoperette, 2)

„La Cage aux Folles" 1991 Tom Pauls als Jacob, Weslau Werschner als Georges und Gunter Sonneson a.G. als Albin

„Das Land des Lächelns" 1994 Silke Fröde als Mi

„Anatevka" 1992 Hans Großer als Tevje und Ensemble (Archiv Staatsoperette, 3)

„leichten, federnden, knackigen Klang" bevorzugte, musizierte mit seinem Orchester klangschön und durchsichtig. Das zielstrebig trainierende Ballett wagte sich mit seiner phantasievollen ungarischen Chefchoreografin Eva Reinthaller an eine eigene Inszenierung und bestand mit einer originellen kindgemäßen Fassung von Tschaikowskis „Nußknacker" die Herausforderung mit Bravour. Der Chor, weiterhin mit hohem Anspruch geführt von Siegfried Fischer, meisterte gesanglich alle musikalischen Stile, spielte und tanzte mit Hingabe und Ausstrahlung. Im gesamten deutschsprachigen Raum wurde das Dresdner Haus nunmehr als einziges eigenständiges Operettentheater wahrgenommen.

Organisiert vom Hamburger Verein „Forum für kulturelle Kooperation" fand am 26. Oktober 1991 der 1. Operettenball der Staatsoperette im Elysee-Hotel Hamburg statt. 1992 gründeten dann theaterbegeisterte Hamburger, die sich nach ihrem verlorenen Operettenhaus zurücksehnten, und Dresdner Geschäftsleute das „Dresdner Operettenforum e. V." zur „Unterstützung der Kunstgattung Operette und zur Verbreitung sächsischen Kulturgutes in Europa". Die festlichen Bälle mit Solisten, Chor und Johann-Strauß-Orchester der Staatsoperette wurden das Saison-Highlight im Hotel Atlantic-Kempinski in Hamburg. Solisten und Chorsänger im Kostüm begrüßten die Gäste und servierten Sekt, Orchesterkollegen stimmten als echte „Schrammeln" schon vor der Saaleröffnung auf den Abend ein und im Haupt- und Nachtprogramm erlebten die Ballbesucher hautnah das große Ensemble professionell, herzlich und strahlend – die meisten Gäste waren überwältigt und hingerissen. Bald äußerten Agenturen den Wunsch nach Gastspielen, denn in den alten Bundesländern existierte kein traditionelles Operettentheater mehr. Ab 1993 ging die Operette auf

> **Neu im Solistenensemble 1989-1994 (Auswahl):**
> Adelheid Brandstetter, Barry Coleman, Wolfgang Dosch, Roseanne Duncombe-Elliott, Silke Fröde, Alexander Günther, Martina Haeger, Mary Harper, Werner Heinen, Michael Howard, Uwe Kirsten, Robert Lischetti, Isabella Ma-Zach, Patricia Nessy, Michael Seeboth, Dominik Sertel, Manuela Sieber
> **Gäste (Auswahl):** Bernhard Adler, Piotr Bednarski, Gunther Emmerlich, Hansgeorg Gantert, Reinhart Ginzel, Michael Grätzel, Heiner Große, Friederike Haas, Monika Hildebrand, Ared Hubert, Ole-Solomon Junge, Ben Karlsson, Sabine Schmidt-Kirchner, Klaus Lapins, Stefan Nagel, Tom Pauls, Yvonne Ritz-Andersen, Carolyn Smith-Meyer, Gunter Sonneson, Elisabeth Wilke, Joachim Zschocke, Ingeborg Zwitzers

„Die Csárdásfürstin" 1993 Barbara Freitag als Sylva und Wolfgang Dosch als Boni

„Ritter Blaubart" 1994 Piotr Bednarski a. G. als Blaubart, Hilmar Meier als Popolani und Rosanne Duncombe-Elliott als Boulotte

Ballettensemble mit Chefchoreografin Eva Rein- thaller (Mitte) und Repetitorin Christa Gasch (rechts)

„Sause in der Reblausklause" 1993 Ensemble

„Singin' in the Rain" 1994 DEA Stefan Nagel a. G. als Don und Ballett (Archiv Staatsoperette, 6)

„Die lustige Witwe" 1995 Martina Haeger als Valencienne

„Die Fledermaus" 1990 Der Chor der Staatsoperette (Archiv Staatsoperette)

Reisen und eroberte sich von Aschaffenburg bis Winterthur ein neues Publikum. Das routinierte Ensemble mit seinem hohen künstlerischen Niveau und der Charme von Ausstattungen und Inszenierungen machten überall Furore. Während der Abwesenheit der Truppe wurde 1993 in Leuben eine zeitgemäße Heizungsanlage eingebaut und das helle Kassenfoyer errichtet. Allerdings trübte sich bereits Ende 1992 die Partylaune der Wiedervereinigung langsam ein. Die Fördertöpfe leerten sich und es wurde offensichtlich, welch hoher Preis für die Erhaltung der reichhaltigen ostdeutschen Kulturlandschaft zu zahlen sein würde. In Sachsen mit seinen damals 18 Theatern und 20 Orchestern riefen die Anfang 1993 bekannt gewordenen unausgegorenen Schließungs- und Fusionsvorschläge der zur Analyse der Situation eingesetzten Naumann-Kommission einen Proteststurm der Kunstschaffenden und vieler Politiker hervor. Im Ergebnis der Diskussionen entstand das beispielhafte Sächsische Kulturraumgesetz, in dem die Kulturpflege als kommunale Pflichtaufgabe mit Gesetzesrang verankert und die Finanzierung der urbanen und ländlichen Kulturräume geregelt wurde.

1994 trat Elke Schneider aus gesundheitlichen Gründen von ihrem Amt zurück und Jürgen Eggert, in dieser Position kampferprobt und von allen Mitarbeitern geschätzt, nahm die Zügel wieder in die Hand, bis ein neuer Chef gefunden war. 1995 initiierte er den Dresdner Operettenball, mit dem das neue Kempinski-Hotel im Taschenberg-Palais fulminant eröffnet wurde. Gleich zu Beginn seiner Intendanz beschritt das Orchester gemeinsam mit dem Dresdner Kammerchor, dem Chor der Staatsoperette, eigenen und Gastsolisten einen neuen

Weg, der fortan fester Bestandteil seines Wirkens werden sollte. In der Lukaskirche realisierten die Musiker eine vielbeachtete Aufführung der „Chichester Psalms" von Leonard Bernstein und der D-Dur-Messe von Antonín Dvořák.

Im August 1995 übergab Jürgen Eggert das Theater mit einer Auslastung von 75 Prozent an den neuen Intendanten Fritz Wendrich, ehemals Generalintendant des Nationaltheaters Weimar.

Der studierte Germanist und Baßbariton knüpfte an das Erreichte an, führte Bewährtes fort und erweiterte das Spektrum künstlerischen Ausdrucks. Gemeinsam mit dem neuen Chefdirigenten und Komponisten Volker M. Plangg, dem 1. Kapellmeister Christian Garbosnik, dem Regisseur Ralf Nürnberger und neuen Solisten (siehe Kasten S. 167), Ausstattern und Gastregisseuren begann er, bekannte Werke neu zu interpretieren und spektakuläre Neuheiten nach Dresden zu holen. Klassiker von Offenbach, Strauß, Lincke, Kálmán und Lehár blieben die Grundlage des Repertoires. Weitere symphonische Konzerte fanden in den nächsten Jahren ebenso ihren Platz im Spielplan wie die deutschen Erstaufführungen der Webber- Musicals „Aspects of love" (1997, Regie: H. Olschok) und „The Beautiful Game" (2002, Regie: Mei-Hong Lin) und die europäische Erstaufführung von „Victor/Victoria" (1998, Regie: Stefan Huber). Fritz Wendrich nahm auch selbst hinter dem Regiepult Platz, frischte die „Fledermaus" in Szene und Ausstattung auf und etablierte mit seiner humorvoll-volkstümlichen Inszenierung von Lortzings „Zar und Zimmermann" die komische Oper in Leuben.

Wendrichs Credo: „Wir müssen dem Werk, aber auch den Kindern des heutigen Zeitalters gerecht werden (...) Bei der Regie gibt es Platz für verschiedene Möglichkeiten, aber es muss etwas mit mir und meinem Leben zu tun haben, sonst interessiert es mich nicht".
(Interview 2002)

Für Werkstätten und Bühnenbau stellte der Intendant die Weichen in Richtung Zukunft und Innovation: Seit der Spielzeit 2000/2001 führte der junge, bereits 12 Jahre als Beleuchtungsmeister sehr erfolgreiche und künstlerisch begabte Mario Radicke als technischer Direktor diese Bereiche. Immer wieder überschatteten die dunklen Wolken der städtischen Finanznot die erfolgreiche Entwicklung des Theaters im Dresdner Osten. Das Regierungspräsidium forderte von der Stadt Dresden die Einsparung von 260 Millionen Mark in den nächsten zehn Jahren und die Hannoveraner „Wirtschafts-Beratungsagentur" (WIBERA) sollte die Sparpo-

oben: Intendant Fritz Wendrich, unten: „Der Zigeunerbaron" 1996 Ensemble (Archiv Staatsoperette, 2)

tentiale aufdecken. Staatsoperette schließen, Philharmonie halbieren, Museums- und Bibliotheksmitarbeiter abbauen – so lautete das Rezept, das die Dresdner erschüttert in der Zeitung lesen konnten. Kulturdezernent Stüdemann entschärfte die entstandene brisante Stimmungslage und gab die Parole aus: „Alle sparen, keiner schließt!" Fritz Wendrich musste Sparvorgaben in Millionenhöhe erfüllen und kämpfte wie ein Löwe für seine Mitarbeiter. Gleichzeitig steigerte das Ensemble mit einem ansprechenden Repertoire, Planggs Opernmusical „Rasputin", einer Neuauflage von „My Fair Lady", den Opernproduktionen „Martha" und „Barbier von Sevilla" sowie eindrucksvollen Konzerten die Publikumsauslastung trotz mehrfach erhöhter Eintrittspreise auf 84 Prozent, das bedeutete 105.000 Besucher pro Spielzeit!

Neu im Solistenensemble (Auswahl):
Wolfgang Amberger, Mandy Garbrecht, Jessica Glatte, Wolfgang Grosse, Markus Günzel, Nadine Hammer, Michael Heim, Bernd Hengst, Romy Hildebrandt, Torsten Hofmann, Annette Koch, Judith Kuhn, Markus Liske, Olaf Plassa, Gabriele Rösel, Ingeborg Schöpf, Jochen Staudinger, Christian Theodoridis, Gerd Wiemer, Hans-Jürgen Wiese, Jens Winkelmann

Gäste (Auswahl): Carsten Arbel, Michael Baba, Peter Bause, Mary C. Bernet, Sabine Brohm, Sonja Bruszauskas, Wolfgang v. d. Burg, André Eckert, Brigitte Eisenfeld, Christina Elbe, Thomas Ender, Michael Flöth, Jana Frey, Torsten Frisch, Peter Grönlund, Wolfgang Häntsch, Agnes Hilpert, Michael Junge, Antje Kahn, Johannes Kalpers, Karin Kurzendörfer, Theresa Jolanta Kuznik, Marianne Larsen, Luis Lay, Oleg Malikow, Felix Martin, Katherine Mehrling, Angelika Milster, Victor Sawaley, Mathias Schulz, Horst Schulze, Monika Straube, Jörg Westerkamp, Jens Klaus Wilde

Im Dresdner Rathaus verhandelte man derweil mit Investoren über einen für die Stadt kostenneutralen Operetten-Neubau, da die Möglichkeiten für einen wirtschaftlichen und zukunftssicheren Weiterbetrieb des Theaters in Leuben absehbar erschöpft waren. Anfang Januar 2000 wurde der Plan für den Bau eines Theaters mit 1100 Plätzen im stillgelegten Kraftwerk Mitte konkret. Bereits 2001 sollte es bezugsfertig sein. Aber das Finanzierungsmodell der Investoren führte langfristig zu horrenden Mieten und konnte vor dem damaligen Finanzdezernenten Stihl nicht bestehen. Andere Politiker favorisierten ein Theater am Postplatz neben dem Schauspielhaus, am Wiener Platz oder am Altmarkt im Intecta-Kaufhaus. Im Kommunalwahlkampf 2001 wurde das Projekt zum Thema. Oberbürgermeister-Kandidat Ingolf Roßberg kündigte in seinen Anzeigen an, die Operette „als Highlight unserer Kulturlandschaft und Wirtschaftsfaktor" ins Zentrum zu holen, denn „Das hat Dresden verdient!" (SZ, 8.Juni 2001). Aber auch nach seiner Wahl wurde die Standort-Entscheidung immer weiter verschoben. Im April 2002 ging Bernsteins „West Side Story" in den Bühnenbildern von Yadegar Asisi erstmals über die Bretter in Leuben. Nach der „Jahrhundertflut" im August 2002 waren vor allem Schäden im tiefgelegenen Ballettsaal zu beklagen, die Spielzeit 2002/03 konnte planmäßig und voller Optimismus beginnen. Mit einem „Fledermaus"-Gastspiel in Dänemark Anfang Oktober 2002 machte die Staatsoperette international von sich reden.

„Victor/Victoria" 1998 Marianne Larsen und Peter Bause a. G. (Archiv Staatsoperette)

„Aspects of Love" 1997 v.l.n.r.: Markus Liske, Romy Hildebrandt, W. v. d. Burg a. G., Marianne Larsen a. G.

„Das Dschungelbuch" 1998 Ballettinszenierung

„The Beautiful Game" 2003 Ensemble

„Der Vogelhändler" 2001 Monika Straube als Adelaide, Adelheid Brandstetter als Kurfürstin (r.)

„Zar und Zimmermann" 1997 André Eckert als van Bett und Ensemble (Archiv Staatsoperette, 5)

Aus der Rede Fritz Wendrichs zur Spielzeiteröffnung 1999/2000

„Wir stellen uns den Herausforderungen unserer Tage und sind auch bereit, Opfer zu bringen. Wir möchten aber nicht mit schlechtem Gewissen unsere Aufgaben erfüllen müssen. So, als würden wir das an finanziellen Zuwendungen erhalten, was in anderen gesellschaftlichen Bereichen entbehrt werden muss. Theater und Kunst sind immerhin auch ein wirtschaftlicher Faktor. Das Vorhandensein einer solch attraktiven Infrastruktur, wie sie Dresden besitzt, bestimmt wesentlich die Zukunftsaussichten unserer Stadt. (...) Über Umwegrentabilität erhält die Stadt Dresden für jede in Kunst investierte Mark auf Dauer zwei bis drei Mark zurück. Und es ist der Staat, der die Verwilderung seiner Strukturen und das gesellschaftliche Auseinanderfallen nicht zulassen darf. (...) Wen interessiert (...) noch, dass Kunst das Üben von Menschlichkeit ist. Wer will wahrhaben, dass dort, wo Kunst die Urteile nicht gebildeter macht, wo Kunst nicht Werte und Gefühle verinnerlicht, Aggression und Gewalt wachsen.
Wir möchten nicht nur über Geld debattieren müssen, sondern darüber, was Lebensqualität einer Stadt ausmacht, möchten deutlich machen, was der Gesellschaft fehlt, wenn sie alles zu haben scheint."
(„bühnengenossenschaft" 11/1999)

Wie eine Bombe schlug am 14. Oktober 2002 die Nachricht ein, dass Oberbürgermeister Roßberg und sein Kulturbürgermeister Vogel auf Grund der prekären Haushaltslage neben empfindlichen sozialpolitischen Einschnitten die Schließung der Staatsoperette ankündigten. Das später als „kalkulierte Provokation" zum „Wachrütteln der Politik" und „Aufbrechen von Verkrustungen im Haushalt der Stadt" deklarierte Ansinnen entfachte einen regelrechten Protestorkan.

Fritz Wendrich und sein Vize Eggert kämpften gemeinsam mit Künstlern, Politikern und den Dresdner Bürgern für die Rettung des Volkstheaters. Musiker aus mehreren Dresdner Klangkörpern bliesen bei einer Demonstration dem Stadtrat symbolisch den Marsch, Protestresolutionen von namhaften Persönlichkeiten aus ganz Deutschland gingen ein und Stadtrat Michael Grötsch, der Vorsitzende der CDU-Fraktion im Stadtparlament, gründete den „Förderverein der Staatsoperette Dresden e. V.", der Geld und Unterschriften für den Erhalt des Theaters sammelte. 107.000 Unterschriften erreichten den Stadtrat, der sich daraufhin einstimmig zur Operette bekannte. Zuschauer und Mitarbeiter hatten ihr Theater verteidigt, aber die Diskussion über Rechtsform und Standort der Spielstätte entbrannte aufs Neue.

Im Juni 2003 präsentierten Leubener Künstler ein Programm beim Sommerfest des Bundespräsidenten im Schloss Bellevue. Danach war „Der fidele Bauer" von Leo Fall die letzte Premiere mit Intendant Fritz Wendrich. Er übergab im Alter von 69 Jahren das Zepter an Wolfgang Schaller und wurde zum Ehrenmitglied der Staatsoperette ernannt.

Volker M. Plangg und das Orchester der Staatsoperette im Dresdner Zwinger (Archiv Staatsoperette)

Das neue Leitungsteam inmitten des Ensembles zur Spielzeiteröffnung 2003 (Archiv Staatsoperette)

Schaller ante portas

Mit einer spektakulären Eröffnungsshow für die Spielzeit 2003/04 fegt das neue Leitungsteam der Staatsoperette gemeinsam mit dem hervorragend aufgelegten Ensemble die Gespenster der drohenden Schließung aus dem Haus. Intendant Wolfgang Schaller moderiert, Chefdirigent Ernst Theis aus Wien und sein Dresdner Kollege, der 1. Kapellmeister Christian Garbosnik, brillieren mit dem Orchester und den fabelhaften Sängern, und das Ballett unter Leitung seines Direktors Winfried Schneider elektrisiert die Operettenfreunde. Oberbürgermeister Roßberg kehrt als bekennender Fan in den Schoß der heiteren Muse zurück, bekräftigt sein Neubau-Versprechen und überreicht die druckfrische Neuausgabe des Walzers „An der Elbe", komponiert 1897 von Johann Strauss.

Als Wolfgang Schaller am Ende des Programms inmitten seines Ensembles den elfminütigen Applaus des begeisterten Publikums entgegennimmt, lachen ihm aus dem Zuschauerraum viele bereits bekannte Gesichter entgegen. Denn vom Tag seiner Wahl durch die Findungskommission im Herbst 2002 an hatte er das getan, was für ihn aus seinen positiven und negativen Erfahrungen vorangegangener Intendanzen als eine Grundlage für nachhaltigen Erfolg galt: er war rastlos und direkt auf Entscheider und Lobbyisten aus Politik und Wirtschaft, auf Journalisten und Theaterleute zugegangen. So hatte Dresden den neuen Operettenintendanten kennengelernt, und es war klar, dass man fortan in jeder wichtigen Stadtratssitzung, bei jeder Premiere, in Vorstandsbüros und Redaktionen mit ihm und seinem Projekt der Operette im Zentrum konfrontiert werden würde.

Die Stadt und ihre Befindlichkeiten waren dem frisch gekürten „Operetter" nicht neu. Der gelernte Regisseur hatte – nach Engagements in Rostock und Senftenberg – die künstlerisch begründete organisatorische Seite des Theaterbetriebs als seine wahre Profession erkannt und von 1982 bis 1993 als stellvertretender Direktor für Planung und Organisation an der Staatsoper Dresden unschätzbare nationale und, ab 1989, internationale Erfahrungen gesammelt. Immer angespornt von dem Gedanken, auch unter schwierigen Bedingungen Wege zu finden, Kunst möglich zu machen, wurde er 1993 Intendant und Geschäftsführer des Theaters Görlitz und zusätzlich ab 1996 der Neuen Lausitzer Philharmonie. Die Chance, 1999 als Intendant in Würzburg ein zukunftsweisendes Theaterkonzept zu entwickeln und umzusetzen, scheiterte trotz beachtlicher künstlerischer Erfolge an den zunehmenden wirtschaftlichen Schwierigkeiten der Stadt. Schallers Vertrauen in die Zahlenwerke der Kommunalökonomen war so angegriffen, dass er sich kurzerhand zu einem Fernstudium der Betriebswirtschaft entschloss. Dermaßen gerüstet, durch Erfolge und durch Niederlagen glei-

Chefdirigent Ernst Theis und das Orchester zur Spielzeiteröffnung 2003 (Archiv Staatsoperette, 3)

chermaßen in seinem beruflichen Wollen bestärkt, machte er sich daran, das Ensemble der Staatsoperette dorthin zurück zu bringen, wo die Wurzeln seiner Existenz waren: in die Mitte der Stadt.

Das Ballett zur Spielzeiteröffnung 2003

Wolfgang Schaller *über...*

...die Rückkehr nach Dresden

„Am Anfang hieß es: Der Schaller kommt nur wegen des Neubaus. Der kommt von der Oper. (Die Zwischenstufen waren ja aus Dresdner Perspektive völlig unwichtig - was ist Görlitz, was ist Würzburg, wir sind doch Dresden!) Wenn das jetzt nicht klappt, ist der doch bald wieder weg. Solche Vermutungen hab ich gehört. Ich bin aber gekommen, um mit einem Ensembletheater diese Kunstform neben einem großen Opernhaus zu platzieren. In der Leitung der Staatsoperette habe ich immer die hohe professionelle Herausforderung gesehen, eben genau diesen Repertoirebereich so gut zu machen, dass er höchste Anerkennung erreicht. Ohne auf die andere Kunstform zu schielen und immer die Sehnsucht zu haben: Eigentlich müssten wir hier große Oper machen. Das heißt ja nicht, dass ich mir keinen „Parsifal" mehr anhöre, keinen „Ring" und keine „Ariadne", die ich immer geliebt habe. Ich wusste, dass meine Aufgabe dieses Ensemble war."
(Aus einem Interview 2016)

Von der Absicht, ein neues Theater zu errichten

Angespornt von der Bestandszusage aus dem Rathaus, begann man in Leuben alle Kräfte für die Weiterentwicklung des Ensembles und des Repertoires zu mobilisieren, um sich eines neuen Theaters würdig zu erweisen. Bis das wirklich gebaut werden würde, sollte allerdings noch sehr viel Wasser die Elbe herabfließen.

Anfang 2003 brachte Kämmerer Vorjohann wieder seine Lieblingsidee von der Schließung der Stadttheater ins Spiel, in zehn Jahren sollten so 165 Mio. Euro für soziale Pflichtaufgaben frei werden. Ende 2003 beschäftigte man sich dann erneut mit einer Fusion von Staatsschauspiel, Operette und TjG, „Generalintendanz" war das Reizwort der Stunde, Stadt und Land stritten um die Leitung und Finanzierung der „Vereinten Bühnen Dresden". Im Frühling 2004 platzten nicht nur die Knospen, sondern auch diese Hoffnungsblase für die Theaterrettung, weil die perspektivischen städtischen Zuschüsse für die Landes-Finanzbehörden unkalkulierbar waren. Die Finanzlage der Stadt blieb apokalyptisch, ständig taten sich neue Löcher auf, so groß wie die ewige Baugrube am Wiener Platz, die seit 1998 auf Investoren wartete und als „Wiener Loch" bespöttelt wurde. Genau da hinein sollte nun das Musiktheater der Zukunft.

Im Mai 2004 brachte Ingolf Roßberg seine Vorlage in den Stadtrat ein, nach der ein privater Investor dort einen Theaterneubau (auf 40 Prozent der Baufläche) und gewerblich genutzte Gebäude (60 Prozent der Baufläche) errichten sollte. Eine „Operetten-gGmbH" sollte als Ankermieter fungieren, Mieteinnahmen aus den kommerziell genutzten Flächen sollten die gering angesetzte Jahresmiete der Operette von 1,4 Mio. Euro gegenfinanzieren. Die Personalkosten des Theaters sollten durch einen Haustarifvertrag unter Verzicht der Beschäftigten auf alle Tariferhöhungen über zehn Jahre gedeckelt werden. Der ersehnte Investor ließ auf sich warten, so prüfte man ab Oktober 2005 noch einmal die Rentabilität einer Kooperation der Operette mit dem Staatsschauspiel und eine „Ertüchtigung" der Spielstätte in Leuben. Beide Varianten erwiesen sich als ökonomischer Unsinn. Ab Juni 2005 verhandelten der Bühnenverein, die Gewerkschaften und die Vertreter der Stadt Dresden den notwendigen Haustarifvertrag. Als das Ergebnis im Dezember 2006 vorlag, wurde es vom Regierungspräsidium abgelehnt, denn die Vertragspartner hatten eine weitgehende Sicherung der tarifrechtlichen Abfindungsansprüche für die Mitarbeiter bei Insolvenz der gGmbH vereinbart. Im Mai 2007 beschloss der Stadtrat daraufhin ein Neubaumodell ohne gGmbH, damit wurde endlich auch der Abschluss tragfähiger Haustarifverträge möglich – bis 2016 verzichteten die Mitarbeiter der Operette auf sämtliche Tariferhöhungen.

Im Juni 2006 hatte der Stadtrat in den Ausschreibungskriterien festgelegt, dass Angebote oberhalb einer Jahres-Bruttomiete von 1,4 Mio. ausgeschlossen werden. Im Oktober 2007 stellte sich „überraschenderweise" heraus, dass sich kein Investor in der Lage sah, für 1,4 Mio. Jahresmiete und eine Mietlaufzeit von 12 Jahren das Projekt

Bürgerprotest am „Wiener Loch" 12. November 2007 (Foto: Dombrowski)

am Wiener Platz umzusetzen. Die Verwaltungsspitze wurde sogar der absichtlichen Verschleierung der wahren Kosten bezichtigt, um einen Erfolg der Ausschreibung zu verhindern.

Nun wagten sich die erklärten Gegner des Projektes erneut aus der Deckung. Finanzbürgermeister Vorjohann (Zitat: „Ich besuche grundsätzlich keine Kultur- und Sportveranstaltungen, um objektiv zu bleiben" SZ 27. 10. 2007) und Kulturbürgermeister Vogel lehnten in einer Vorlage an den Stadtrat einen zweiten Versuch für einen Neubau ab und holten nochmals die Varianten Leuben und Staatsschauspiel aus der Mottenkiste. Wieder er-

> **SÄCHSISCHE AKADEMIE DER KÜNSTE**
>
> **Erklärung
> zur Staatsoperette Dresden**
>
> Mit Befremden und Betroffenheit haben wir der Presse entnommen, dass der lange geplante Neubau für die Staatsoperette Dresden im Stadtzentrum überraschend erneut in Frage gestellt ist. In jahrelanger Debatte, an der sich die Sächsische Akademie der Künste wiederholt mit produktiven Vorschlägen beteiligt hat, schienen alle Argumente geprüft und ausreichend erörtert. Die schließlich erfolgte Ausschreibung für einen Neubau am Wiener Platz suggerierte den Beteiligten, die Stadtverwaltung sei nach langem Überlegen bereit, sich für den Erhalt und die Förderung der künstlerisch hochqualifiziert und professionell effizient arbeitenden Staatsoperette einzusetzen. Im Vertrauen auf die Ernsthaftigkeit der städtischen Bemühungen verpflichtete sich das Ensemble der Staatsoperette zu einer außerordentlichen, der Stadt Millionen Euro sparenden Reduktion aller Gehälter.
>
> Nun stellt sich heraus, dass die Ausschreibung für den Neubau am Wiener Platz, ob bewusst oder fahrlässig, so gehalten war, dass sie zwangsläufig zum Scheitern führen musste. Da sich einige der für Inhalt und Form der Ausschreibung Verantwortlichen in der Vergangenheit wiederholt für die Schließung der Staatsoperette aus finanziellen Gründen ausgesprochen haben, entsteht der fatale, den Ruf der Kulturstadt Dresden erneut gefährdende Eindruck, dies sei nicht anders gewollt gewesen.
>
> An der Haltung der Sächsischen Akademie der Künste zu diesem Problem hat sich nichts geändert: Das Theater, auch das heitere Musiktheater, ist unverzichtbarer kultureller Besitzstand unserer Gesellschaft. Wir begrüßen deshalb die Bestrebungen verantwortlicher Politiker aller Parteien, Kultur als Staatsziel im Grundgesetz der Bundesrepublik zu verankern und fordern mit Nachdruck die Rückkehr der Stadtverwaltung zu sachgemäßem und verantwortlichem Handeln, wenn es darum geht, der Staatsoperette einen ihrer Bedeutung angemessenen Wirkungsort im Zentrum der Kulturstadt Dresden zu garantieren.
>
> Präsident und Senat der Sächsischen Akademie der Künste
>
> Dresden, 29. Oktober 2007

Erklärung der Sächsischen Akademie der Künste zur Staatsoperette Dresden, Oktober 2007

reichten erst nachdrückliche Proteste aus der Bevölkerung, aus Politik, Kultur und Wirtschaft ein Umdenken an der Spitze der Kulturstadt Dresden. Die Fraktionen brachten einen Ergänzungsantrag ein, der die Prüfung anderer Standorte in der Innenstadt vorschrieb und realitätsfern ein maximales Finanzvolumen von 30 Mio. Euro festlegte, obwohl Wirtschaftsgutachten schon 2005 einen Bedarf von 39 Mio. Euro für einen Theaterneubau beinhaltet hatten. 14 Mio. Euro der Summe sollten durch Gehaltsverzicht der Theatermitarbeiter finanziert werden. Im Mai 2008 favorisierte die Stadtverwaltung den Standort Kraftwerk Mitte für die Neubauten von Staatsoperette und Theater der jungen Generation, einen Monat später wurde Helma Orosz Oberbürgermeisterin der Stadt Dresden. Beherzt machten sich CDU, FDP und PDS ans Werk und beschlossen im Juli 2008 das Projekt „Kulturkraftwerk Mitte" als Investorenmodell (Kosten 58 Mio. Euro, davon 8 Mio. Fördermittel für das Sanierungsgebiet und 50 Mio. private Investitionen, die über 25 Jahre mit 3,8 Mio. Euro jährlich von der Stadt getilgt werden sollten).

Bald wurde offenbar, dass das Projekt doppelt so teuer werden würde wie geplant. Kämmerer Vorjohann zerschlug gnadenlos alle Hoffnungen auf zusätzliche Mittel, denn der Verkauf des „Wiener

Das Gelände des Kraftwerks Mitte am 24. Juni 2012 („Entdeckertag der SZ", Foto: Schwarze)

Wolfgang Schaller über…

…Gehaltsverzicht und Haustarifvertrag

„Ich bin dem Ensemble dafür unendlich dankbar, besonders denjenigen, die mitgeholfen haben, jene Kollegen zu überzeugen, die nicht von Anfang an davon überzeugt waren, und denen, die aus dem Hause heraus in ihre Gewerkschaften hinein darauf hin gewirkt haben, dass dieser Beschluss für die Zukunftssicherung die Gremien der Gewerkschaften passierte.

Wir haben gesagt: Wir wollen das Geld für den Neubau, und wir wollen, dass das Geld extra angelegt wird. Von den Kollegen und den Gewerkschaftern kam: Und wir wollen, dass in dieser Zeit jegliche Tarifsteigerung mitgemacht wird. Das haben meine Kollegen hier entwickelt, da bin nicht ich drauf gekommen, aber ich bin stolz drauf, dass es solch tolle Leute sind. Das ist im Grunde das Gegenmodell zum Weimarer Modell gewesen, dort wurde ein paar Jahre lang der Haushalt gedeckelt, die Tarifentwicklung aber ging weiter. Das Weimarer Modell lief auf eine Hürde zu, denn dann muss am Ende die Kommune nicht nur den jährlichen, sondern den gesamten aufgelaufenen Aufwuchs stemmen, je nach Laufzeitjahren zwischen 10 und 15 Prozent. Das ist ein Punkt, über den springt kein Kommunalpolitiker, noch dazu, wenn er kein Theaterfan ist. Für uns gilt es jetzt, in der Innenstadt maximalen Erfolg zu generieren, denn 2021 ist der Vertrag zu Ende, das ist das letzte Jahr, in dem gespendet wird. Für diese Situation muss Vorsorge getroffen werden, um das Ensemble über die nächste Hürde, das Auslaufen des Haustarifvertrages, zu führen."
(Aus einem Interview 2016)

Loches" war bisher gescheitert und Fördermillionen nicht in Sicht. Die Stadt und die Gewerkschaften hatten sich inzwischen auf einen modifizierten Haustarifvertrag mit einer ungeheuren Investition der Mitarbeiter in die Zukunft ihres Theaters geeinigt: Die Belegschaft, vertreten durch den kämpferischen und konstruktiv kooperierenden Personalrat unter Vorsitz des Requisite-Chefs Martin Liebe, verzichtete für einen Theaterneubau von 2009 bis 2021 auf 8 Prozent ihres Gehaltes und würde so 14 Mio. Euro erwirtschaften. Wenn nicht gebaut wird, sollte der Vertrag 2014 enden und das einbehaltene Geld zurückgezahlt werden.

Unter dem Eindruck dieses bedeutenden Vertrages und der vielversprechenden Perspektive für das stillgelegte Kraftwerk sprachen sich im Juni 2009 alle Parteien in ihren Programmen zur Kommunalwahl für die Realisierung des Projektes trotz gestiegener Kosten aus. Anfang 2009 hatte Helma Orosz bereits die Spendenkampagne „Ihr Name auf einem Stuhl" gestartet. Dennoch wurde in den Haushaltsentwurf 2009/10 erstmal kein Cent für das Vorhaben eingestellt und das fast perfekte Paket nochmals aufgeschnürt. Infragestellung des Doppelstandorts durch Oberbürgermeisterin und Finanzbürgermeister, Vorschlag zur Sanierung des TjG in Cotta, Erneuerung der Ausschreibung für einen Neubau im „Wiener Loch", Pressekonferenz des Personalrats der Staatsoperette mit Gewerk-

Die Kassette und deren Inhalt für die Grundsteinlegung im Kraftwerk Mitte 2014 (Archiv Staatsoperette)

schaftsvertretern mit Appell an die Stadt, nicht vertragsbrüchig zu werden – eine echte Dresdner Entscheidungsfindung. Im Oktober 2010 beschlossen SPD, Grüne, Linke und Bürgerfraktion mit knapper Mehrheit, die Ausschreibung für Staatsoperette und TjG im Kraftwerk Mitte als Doppelstandort. Dagegen erwog die Oberbürgermeisterin, ihr Veto einzulegen. Aber die Beständigkeit und Opferbereitschaft der Theaterleute, die Kreativität und die künstlerischen Erfolge des Ensembles, die Treue der Dresdner zu ihrer Operette und die offensichtlichen langfristigen Vorteile für die Wirtschaftlichkeit der Theater, die Stadtentwicklung und den Tourismus ließen sie davon abrücken. Von nun an setzte sie den Stadtratsbeschluss konsequent umund erweiterte das Konzept um die Einbeziehung der Kreativwirtschaft in die Belebung des Areals. Im Juli 2011 verabschiedete der Stadtrat mit 57 Ja-Stimmen die Ausschreibung für das Kulturkraftwerk als Doppelstandort und verwarf das Investorenmodell. Die städtische Projektgesellschaft Stesad sollte das Bauvorhaben realisieren. Die Baukosten wurden auf 96 Mio. Euro veranschlagt, nach Ausschreibung und wettbewerblichem Dialog erhielt 2013 die Ed. Züblin AG den Zuschlag für die Ausführung der Bauten, die der Hamburger Architekturprofessor Jörg Friedrich entworfen hatte.

Am 8. Juli 2014, nach 25 Jahren Diskussion, legten Oberbürgermeisterin Helma Orosz, der sächsische Innenminister Markus Ulbig, der Geschäftsführer der Kommunale Immobilien Dresden GmbH Axel Walther und die Intendanten Felicitas Loewe und Wolfgang Schaller den Grundstein für die Theater im Kraftwerk, die neue Heimstatt der Musen im Herzen Dresdens.

Feierliche Grundsteinlegung am 8. Juli 2014 mit OB Helma Orosz (Foto o.l.), Axel Walther, Felicitas Loewe, Wolfgang Schaller, Markus Ulbig (Foto o.r., v.l.n.r.) und dem Bläserensemble der Staatsoperette (Foto u.)

„Die Herzogin von Chicago" 2003 Herbie H. Hart und Jessica Glatte (Archiv Staatsoperette)

13 Spielzeiten bis zum Umzug

Während all der Jahre des existenzbedrohenden Hickhacks um den Neubau wurde in Leuben unter unglaublichen Bedingungen weiter Theater gemacht. Besuchern, Künstlern und Technikern lief der Schweiß in Strömen, eine Lüftung oder gar Klimaanlage für Zuschauerraum, Bühne, Garderoben und Arbeitsräume blieb ein unerfüllter Traum. Das kurz nach der Wende „nur vorübergehend" auf dem Gelände errichtete Container-Lager für Möbel und Kostüme hielt Wasser und Schnee längst nicht mehr stand, die jahrzehntealten Werkstätten platzten aus allen Nähten und machten die technische Realisierung der Bühnenbilder, Kostüme und Masken immer nerven- und kräftezehrender. Aufwändige Dekorationen mit vielen technischen Raffinessen erforderten unter den räumlichen Bedingungen der Interimsbühne zunehmend längere Aufbauzeiten, Probezeiten auf der Hauptbühne standen immer weniger zur Verfügung. Gleichzeitig stiegen die Anforderungen an die Leistungen des künstlerischen Personals. Glücklicherweise entwickelte sich eine fruchtbringende Zusammenarbeit zwischen der Leitung des Theaters, der Cultus GmbH und den Leubener Ortsamtsleitern Joachim Liebers und seinem Nachfolger Jörg Lämmerhirt. Das Orchester erhielt zuerst neue Probemöglichkeiten im Mehrzwecksaal der Cultus-Wohnstätte in Leuben. Später entstand ein komplettes Probenzentrum für das ganze Ensemble in den weitläufigen Etagen der alten Gardinenfabrik. Nicht nur die Künstler, auch das Publikum profitierte bald von der regionalen Anerkennung der Operette. Mit dem Neubau eines Rewe-Marktes und der vereinbarten abendlichen Nutzung seiner Parkflächen für die Theaterbesucher gehörte das leidige Parkplatzproblem endlich der Vergangenheit an. 2009 übernahmen Bewohner und Mitarbeiter des Cultus-Heimes die gastronomische Versorgung in der Theatergaststätte „Fledermaus" und in der Betriebskantine.

Wolfgang Schaller und seine künstlerischen Leiter begannen 2003, Quellen für ein Volkstheater des 21. Jahrhunderts zu erschließen und verschiedene Wege zu seiner Verwirklichung auszuprobieren. Gleich ihre erste Premiere war Programm – die in Dresden unbekannte „Herzogin von Chicago" von Kálmán „walzerte" und „jazzte" über die Bühne. Orchester, Solisten, Chor und Ballett bewältigten unter der Stabführung des erfahren und subtil agierenden Ernst Theis, der Regie des jungen Nico Rabenald, der wirkungsvollen Choreografie Winfried Schneiders und in der akkuraten Choreinstudierung Martin Wagners die stilistische Mischung des Werkes bravourös. Damit war ein „Rezept" entstanden, das der Staatsoperette fürderhin viel Aufmerksamkeit bei Publikum und Kritik und so manchen Erfolg bescheren sollte: unbekannte Werke bekannter Meister entdecken, neu und akribisch analysieren und interpretieren und mit größtmöglicher Meisterschaft auf die Bühne bringen. Das war unter den finanziellen und technischen Voraussetzungen in Leuben keine Kleinigkeit, aber alle waren sich einig in dem Willen, es zu versuchen und die Zuschauer zu überraschen.

Nach dieser Renaissance der „Silbernen Operette" kam Anfang 2004 das Musical „Can-Can" von 1953 zur Aufführung, das Ballett spielte und tanzte mit Verve und die Intendanz begründete die Tradition der öffentliche Premierenfeiern der Künstler mit dem Publikum – eine optimale Plattform für interessante Kontakte und Gespräche, für Meinungsaustausch, Kritik und Werbung.

Im April 2004 kam die dritte Säule des musikalischen Volkstheaters zum Tragen. Nicolais „Lustige Weiber von Windsor" schrieben die Erfolgsgeschichte der Spielopern am Haus fort. Das Stück war einmal die Anstellungsinszenierung Wolfgang Schallers als Oberspielleiter in Senftenberg gewesen. Dem ehemaligen Chefdisponenten der Semperoper und bekennenden Opernliebhaber Schaller gelang es, als lebensfrohen Falstaff Kammersänger Rolf Wollrad, bis 1997 Solist und dann bis 2003 Operndirektor der Staatsoper Dresden, zu verpflichten. Die szenische Umsetzung lag in den Händen des vielseitigen Regisseurs und Kunstpreisträgers Klaus Dieter Kirst, die Ausstattung besorgte Henning Schaller. Presse und Publikum waren gespannt auf das Ergebnis und wurden nicht enttäuscht.

Die Inszenierung wurde regelrecht gefeiert, SZ-Kritiker Schubert konstatierte: „Zum ersten Mal

„Can-Can" 2004 Mandy Garbrecht und Ballett

„Die lustigen Weiber von Windsor" 2004 KS Rolf Wollrad und Gerd Wiemer (Archiv Staatsoperette, 2)

177

ist in Leuben eine anspruchsvolle Spieloper auch entsprechend umgesetzt worden!" (SZ, 19. April 2004) Der unwiderstehlich-hintergründig witzige Rolf Wollrad war der König des Abends, grandios gekontert von den musikalisch und szenisch überzeugenden Damen Ingeborg Schöpf und Britta Schwarz a.G. als Frau Fluth und Frau Reich. Das gesamte Ensemble wurde mit Lob überschüttet und die Operette hatte einen Kassenschlager.

Die Sopranistin Ingeborg Schöpf wurde auch die Protagonistin der letzten Premiere dieser denkwürdigen ersten Spielzeit der Intendanten-Ära Schaller: „Viktoria und ihr Husar" von Paul Abraham. Die gebürtige Steiermärkerin hatte jahrelang mit der Arbeit als Biotechnikerin ihre Gesangsausbildung selbst finanziert und zielstrebig vorangetrieben. Ihre klare und klangvolle Stimme, einzigartig gefühlvoll schwelgend, dann wieder von strahlender Leuchtkraft, öffnete ihr die Türen der Konzertsäle und Meisterkurse, führte sie auf Siegerpodeste von Wettbewerben und schließlich auf die Bretter, die ihr bald die Welt bedeuteten. Den Bogen ihres Repertoires spannte sie schon immer von Mozart bis Dostal, von Weber bis Lehár, viele gelungene CD-Einspielungen dokumentierten, dass sie sich jedes Genres mit großer Achtung und Ernsthaftigkeit annahm und mit der ihr eigenen Musikalität und besonderen theatralischen Begabung gültige und ergreifende Interpretationen anspruchsvoller und vielgespielter Kompositionen lieferte. 1998 debütierte Ingeborg Schöpf an der Staatsoperette als Clivia in Dostals gleichnamiger Operette und das abgelegene Theater hatte von da an das Glück, wieder eine wirkliche Diva als festes Ensemblemitglied zu besitzen. Nun also war sie die sensible Viktoria in einer Operette, die den Zeitgeist der 30er Jahre lebendig machte und deren musikalische Ohrwürmer sich in der von Altmeister Manfred Grafe rekons- truierten Big-Band-Instrumentation sofort in die Gehörgänge des wiederum begeisterten Publikums bohrten. An ihrer Seite Barry Coleman mit schmelzendem Tenorklang – ein strahlender Husar. Als amerikanischer Gesandter gastierte wieder einmal Jürgen Hartfiel, unvergessen als Danilo in der „Lustigen Witwe" von 1981. Frenetischer Beifall war der Lohn für die Inszenierung von Renate-Louise Frost, die spritzigen Choreografien von Winfried Schneider und die musikalische Leitung von Kapellmeister Christian Garbosnik.

Um nicht nur das Publikum in Dresden und in den Gastspielorten zu erreichen, sondern neue Freunde der Staatsoperette zu gewinnen und die breite Öffentlichkeit anzusprechen, begann man mit der Produktion eigener CD-Editionen. Die erste vom Januar 2004 beinhaltete das Neujahrskonzert der Staatsoperette. Mit den positiven Ergebnissen dieser Spielzeit und vielen neuen Ideen im Gepäck begab sich Wolfgang Schaller schon mal symbolisch ins Zentrum der Stadt, hin zu den Pressevertretern und Politikern, und hielt seine Pressekonferenz zu Bilanz und Ausblick werbewirksam im Congress-Center am Elbufer ab.

„Viktoria und ihr Husar" 2004 Ensemble (oben)
Barry Coleman, Jürgen Hartfiel, Ingeborg Schöpf
(unten, v.l.n.r., Archiv Staatsoperette, 2)

Wolfgang Schaller über...

... Rolf Wollrad und Hanns Matz

„Hanns Matz und Rolf Wollrad sind zwei Leute, die ich bis heute sehr schätze, von denen ich unendlich viel gelernt habe.

Die Liebe zum Sänger hatte ich schon durch die eigene Vorgeschichte als Opernregisseur. Aber das Verständnis, das Maß zu finden, aus dieser Liebe die Wegweisung wie die Beschränkung zu entwickeln, die man natürlich geben muss, hab ich von Rolf Wollrad gelernt. Dem Darsteller liebevoll, mit größter Aufmerksamkeit die Aufgaben zuzumessen und die Leistungen einzuschätzen und sich ja nicht überlegen zu fühlen dabei. Mit der größten Vorsicht und Delikatesse, mit der größten Ehrfurcht vor diesem ganz besonderen Beruf ans Werk zu gehen. Mit den Leuten umzugehen, die das Herz des Betriebes sind. Das ist für mich durch Rolf Wollrad deutlich geworden. Und deshalb war ich, als ich als Intendant hier anfing, so glücklich, dass ich ihn in den ersten Jahren in mehreren schönen Aufgaben einsetzen konnte. Das war ein Geschenk für beide Seiten, für ihn wie für uns. Sein Einfluss, seine Art und Weise, dieses Integrierende, dieses Beruhigende, das war natürlich für das Ensemble in der Zeit auch unglaublich wichtig. Dass er, dass so eine Persönlichkeit, diesem Ensemble seine Leistungen und seine Liebe geschenkt hat.

Hanns Matz ist für mich über die Jahre Beobachter und Ratgeber gewesen und hat auch ganz offen Dinge angesprochen, zu denen andere geschwiegen haben, und mich damit weiter gebracht. Zwei Sätze von Matz möchte ich zitieren: Der erste lautet: „Wenn Sie ganz genau wissen, dass Sie recht haben, dann müssen Sie ganz leise sprechen." Und der zweite, den muss man im Nachhinein erklären: „Deshalb sage ich es Ihnen ja jetzt." Und zwar für die Situation, wenn sie jemandem etwas sagen, und er platzt heraus: „Das weiß ich ja noch gar nicht!" Da nimmst du den Druck heraus. Nicht den Protest aufnehmen und gegenbollern, sondern abfedern."

(Aus einem Interview 2016)

Vor dem ICC wurde auch die nächste Spielzeit gestartet, laut, vernehmlich und packend. Mit einem feurig-frischen Open-Air Konzert zeigte das Theater Präsenz.

Wolfgang Schaller, seine Chefdramaturgin Carin Marquardt, der Musikwissenschaftler Kevin Clarke und der Kulturmanager Philipp Borman gingen noch einen Schritt weiter: von der Showbühne zum Diskussionspodium über Vergangenheit und Zukunft der Gattung Operette. Für die erste wissenschaftliche Tagung im Mai 2005 wählten sie ein schmerzliches und gegenwartsbezogenes Thema: „Operette unterm Hakenkreuz". Aufarbeiten, Einmischen, Foren bieten, Zeichen setzen – eine ganz neue Funktion für das heitere Musiktheater der Elbestadt. Gemeinsam mit dem Landesverband Sachsen des Deutschen Bühnenvereins, dem Förderforum der Staatsoperette und der Stadtverwaltung gelang eine ereignisreiche Veranstaltung mit hohem Erkenntnisgewinn, der noch viele folgten.

Im Spielplan gab es neben „Wildschütz" und „Csárdásfürstin" zwei folgenreiche Neuerungen.

Strausskenner Theis und der Regisseur Lutz Graf hoben mit einer Neufassung der Operette „Der Carneval in Rom" von 1873 die Strauss-Pflege an der Staatsoperette auf eine neue Stufe. Ein Unternehmen nicht ohne Risiko, aber mit Potential. 2007 wagte man sich an „Das Spitzentuch der Königin". Die dritte „Wiederbelebungsentdeckung" war 2010 „Prinz Methusalem". Alle drei Werke erschienen als

Operettengala am ICC 2004, (Archiv Staatsoperette)

„Der Carneval in Rom" 2004 Ensemble (Archiv Staatsoperette, 2)

Gesamteinspielung auf CD. 2015 beschloss „Cagliostro in Wien" diese Inszenierungsserie der vor allem in musikalischer Hinsicht zu Unrecht vergessenen Meisterwerke von Johann Strauss. Sie inhaltlich und szenisch im Bewusstsein des modernen Publikums ankommen zu lassen, war immer der Ehrgeiz der Macher, wenn deren Bemühungen auch nicht immer von Erfolg gekrönt waren. Wolfgang Schaller kreierte später aus dem so entstandenen Portfolio von selten gespielten Stücken des Wiener Genies das „Johann Strauss Festival Dresden". In einer Woche konnten die Besucher sieben verschiedene Vorstellungen – einen anregenden Mix aus den unbekannten „Sträußen" und aktuellen Inszenierungen erleben. In konzertanten Aufführungen führten Medienstars pointiert durch die Handlung und trugen damit zur weiteren Bekanntheit der Staatsoperette bei.

„Prinz Methusalem" 2010 Jessica Glatte, Bernd Könnes, Frank Ernst, Hilmar Meier und Elmar Andree (v.l.n.r)

Wolfgang Schaller über...

... die unbekannten Strauss-Operetten

„Die Beschäftigung mit Strauss in der Anfangszeit war ganz wichtig für das musikantische Arbeiten dieses Hauses, für die stilistische, spieltechnische, intonatorische Sicherheit dieses Ensembles. In allen Bereichen: Orchester, Chor, Solisten. Bei Strauss hörst du alles, wie bei Mozart. Und es ist völlig klar, wie es sein muss, jeder Hörer weiß schon, wie der nächste Takt wird, außer bei ein paar Stellen, die überraschend sind. Da reicht es nicht, irgendwie toll den Stab zu schwingen, es geht nur mit einer akribischen Einstudierung. Und die hat Ernst Theis in den ersten Jahren in einer beispielgebenden Weise geliefert.

(...) Am besten ist der „Prinz Methusalem" gelungen, weil es sehr komödiantisch war, weil Strauss es für Paris komponiert hat und sich an den Couplet-Stil von Offenbach annähern wollte, was ihm auch geglückt ist. (...) Wir wollten nach den Erfahrungen mit den ersten beiden Stücken eine Übersetzung aus dem alten Wiener Theaterdeutsch, die hat Peter Ensikat sehr gut gemacht. (...)

Trotzdem bleibt es schwierig, solche Stücke eben WIRKLICH zu ERWECKEN. Nur zu erwecken, weil es schöne Musik ist, reicht nicht aus in unserem Genre. Diese Werke gehen alle nur mit großem Orchester, Chor und einem guten Solistenensemble. Deswegen war in der ganzen Zeit, in der wir um den Bestand gekämpft haben, für mich die mit dem Personalrat abgestimmte Formel: Programm ist das partiturgerechte Musizieren, Und für fast alle Operetten gilt, es geht nur das genregemäße Inszenieren, dazu gehört selbstverständlich, dass das Ballett in den Aufführungen mitwirkt. Das war Programm. Deshalb hat diese Wiedererweckung des kompletten Johann-Strauss-Repertoires natürlich eine große, nicht nur künstlerische, sondern auch kulturpolitische Bedeutung gehabt in diesen ersten Jahren."

(aus einem Interview 2016)

„Das Spitzentuch der Königin" 2007 Jessica Glatte als Königin und Marc Horus als Cervantes

„Cagliostro in Wien" 2015 Ensemble (Archiv Staatsoperette, 2)

Die zweite Neuerung bestand in der Zusammenarbeit mit dem sensationell erfolgreichen „Zwinger-Trio", das die drei musikalisch und kabarettistisch gleichfalls hochbegabten Dresdner Schauspieler Tom Pauls, Jürgen Haase und Peter Kube 1982 gegründet hatten. Die Idee, mit ihnen ganz neue Fassungen bekannter Offenbach-Operetten zu erarbeiten, erwies sich als Glücksgriff. „Das Zwinger-Trio trifft: Die Schöne Helena" 2005 und „Ritter Blaubart – Das Zwinger-Trio ermittelt" 2007 wurden begeistert aufgenommen. Die Besinnung auf die Grundlagen der Volkskomödie und ihre Potenzierung mit den Möglichkeiten eines gut ausgestatteten Musiktheaters sorgte für beste Unterhaltung auf hohem Niveau.

„Das Zwinger-Trio trifft: Die Schöne Helena" 2005
v.l.n.r.: Jürgen Haase, Tom Pauls, Peter Kube

„Das Zwinger-Trio trifft: Die Schöne Helena" 2005
Tom Pauls als Paris, Jessica Glatte als Helena

„Das Zwinger-Trio trifft: Die Schöne Helena" 2005
Ensemble (Archiv Staatsoperette, 5)

„Ritter Blaubart – das Zwinger-Trio ermittelt" 2007
Markus Petsch als Blaubart, Sabine Brohm als Boulotte

„Ritter Blaubart – das Zwinger-Trio ermittelt" 2007
Peter Kube, Tom Pauls als Bobèche (mi.), Jürgen Haase

Eines war Wolfgang Schaller und seinem neuen Chefdramaturgen André Meyer klar: bis zum Umzug ins Zentrum musste das Theater auf allen Gebieten des Genres eine neue Qualität erreichen, die national und international bestehen konnte und seine Attraktivität für namhafte Autoren, Komponisten, Verlage und Bühnenkünstler als Aufführungs- und Auftrittsort weiter steigern.

Auf dem Gebiet der volkstümlichen Oper wurden von 2004 bis 2015 in sieben Inszenierungen die Möglichkeiten des alten Hauses ausgereizt und die musikalische Entwicklung des Ensembles weiter vorangebracht. Großen Anteil daran hatten die Chefdirigenten Ernst Theis und Andreas Schüller, die Regisseure Klaus Dieter Kirst („Die lustigen Weiber von Windsor" 2004), Klaus Guth („Der Wildschütz" 2005), Axel Köhler („Die Zauberflöte" 2008), Winfried Schneider („Carmen"2009) und Arne Böge („Die verkaufte Braut" 2014/„Das Märchen vom Zaren Saltan" 2015). Auch der neue Chordirektor Thomas Runge, der seit 2006 den Chor zielstrebig zur Erfüllung der vielfältigen stilistischen Anforderungen führte sowie Winfried Schneider und später Radek Stopka als Choreografen und Ballettdirektoren waren ein großer Gewinn für das Haus und Garanten für künstlerische Qualität. 2012 kam der vielseitig wissenschaftlich tätige Heiko Cullmann als Chefdramaturg an die Staatsoperette und brachte von da an seine internationalen Erfahrungen in die Arbeit ein. Sämtliche Inszenierungen erreichten die Herzen der Zuschauer und bestanden vor der Dresdner Kritik. Mit musikalischer Präzision und einem überbordenden Füllhorn voller szenischer und gestalterischer Einfälle holte das Ensemble die vertrauten Werke ins Hier und Jetzt und bereicherte mit eigenen Formen und Facetten der Interpretation dieser Gattung die vielgestaltige Musiktheaterlandschaft Dresdens.

„So wie in der Dresdner Staatsoperette die jungen Verwandten aus der inzwischen weitverzweigten Familie des Musicals höchst willkommen sind, so auch die älteren oder gleichaltrigen aus der nicht weniger weitläufigen Opernverwandtschaft. Geeint scheinen sie alle mit ihren Verwechslungen, mit ihren Finten und Intrigen, Liebesschmerzen, Liebesfreuden, Verlust und Gewinn, zarter Melancholie oder aufbrausendem Temperament, echt oder geliehen, durch die weltumspannende Devise: Singen hilft!"
(Boris Michael Gruhl in „Legenden – 60 Jahre Staatsoperette Dresden", Staatsoperette 2007)

„Der Wildschütz" 2005 Ensemble (Archiv Staatsoperette)

„Hänsel und Gretel" 2005 Annette Koch als Hänsel, Isabella Ma-Zach als Gretel, Bernd Könnes als Hexe
(Archiv Staatsoperette, 3)

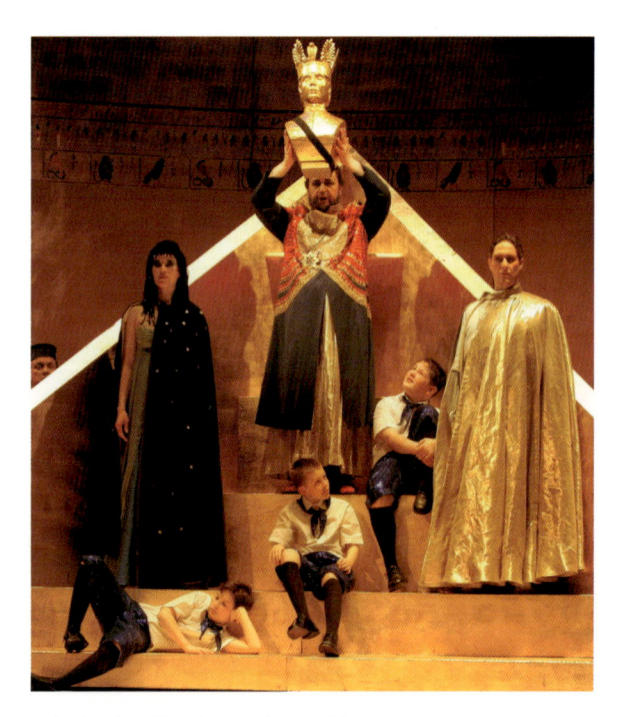

„Die Zauberflöte" 2008 Ensemble

„Die Zauberflöte" 2008 Christian Grygas als Papageno, Jeannette Oswald als Papagena

„Carmen" 2009 Kinga Dobay als Carmen, Markus Petsch als Don Josè

„Die verkaufte Braut" 2014 Tatjana Gazdik als Marie, Hauke Möller als Wenzel

„Das Märchen vom Zaren Saltan" 2015 Maria Perlt als Schwanhilde, Richard Samek als Gwidon (Archiv Staatsoperette, 3)

Bei den 27 Operetteninszenierungen von 2004 bis Spielzeitende 2015/16, den Operettenbällen, Strauss-Festivals und Neujahrskonzerten konnten die Besucher im gesamten Kernrepertoire der klassischen, silbernen und Jazz-Operette schwelgen. Heute unbekannte und selten gespielte Stücke erweiterten das Spektrum des Angebotes.

Ganz unterschiedliche Regie-Handschriften und außergewöhnliche Sichtweisen sorgten für frischen Wind auf der Operettenbühne, der kräftig den Staub von den Libretti und Notenstapeln blies. Dieses unkonventionelle Aufbrechen gewohnter Aufführungspraxis, geboren aus der Notwendigkeit, als bekanntes Spezialtheater diskussionswürdige Beiträge zu einer konstruktiven Erneuerung der Gattung leisten zu müssen und dem Willen, mit neuen Ideen und einem weiteren Horizont ins Zentrum zu gehen, fand mitunter ein geteiltes Echo, sowohl unter den Mitwirkenden als auch im Publikum. Zustimmung und begeisterter Applaus überwogen jedoch, denn die Leubener überzeugten stets mit musikalischer Perfektion, faszinierenden Ausstattungen, schauspielerischer und tänzerischer Professionalität und sowohl feinem als auch derbem Humor. Dresdner Stars gaben in komischen Paraderollen der Operettenklassiker ihrem Affen kräftig Zucker. Neben den Glanzleistungen der Solisten, des Chors und des Orchesters entwickelte das Ballett mitreißende Kraft und Ausstrahlung, die seine Auftritte stets zu Höhepunkten werden ließen.

Was die Operettenfreunde an diesem Theater schon immer verehrten und bejubelten, blieb die Maxime: singen, tanzen und spielen mit dem Herzen. Mit der „Lustigen Witwe" von Franz Lehár hatte 1947 die heitere Muse Einzug im Hause gehalten. So war es nur folgerichtig, 2016 mit diesem funkelnden Edelstein des Genres den Kreis des Volkstheaters im Dresdner Osten zu schließen. Die Beifallsstürme am 385. Premierenabend seit der Eröffnung waren die Option auf eine glückliche Zukunft des Theaters und die nächsten einhundert Jahre unsterbliche Operette.

Neu im Solistenensemble (Auswahl 2003-2016)

Herbert G. Adami, Elmar Andree, Frank Blees, Olivia Delauré, André Eckert, Frank Ernst, Markus Francke, Jessica Glatte, Christian Grygas, Jannik Harneit, Bernd Könnes, Elke Kottmair, Iris Maier, Hauke Möller, Frank Oberüber, Jeannette Oswald, Maria Ott, Maria Perlt, Elena Puszta, Bryan Rothfuss, Richard Samek, Andreas Sauerzapf, Isabell Schmitt, Dietrich Seydlitz, Sally Stevens

Gäste (Auswahl 2003-2016):

Oliver Arno, Stephanie Atanasov, Heinz Behrens, Alfred Berg, Romana Beutel, Nikolay Borchev, Sabine Brohm, Jana Büchner, Barry Coleman, Kinga Dobay, Cornelia Drese, Nadine Eisenhardt, Peter Ensikat, Manfred Equilutz, Constanze Eschrig, Falkenberg, Frank Felicetti, Dietmar Fiedler, Melanie Forgeron, Jana Frei, Frédérique Friess, Rodrigo Porras Garulo, Tatjana Gazdik, Susanne Geb, Gritt Gnauck, Vanessa Goikoetxea, Herbert Graedtke, Frederike Haas, Jürgen Haase, Jürgen Hartfiel, Helmut Henschel, Marlen Herzog, KS Fritz Hille, Agnes Hilpert, KS Barbara Hoene, Marc Horus, Jana Hruby, Kai Hüsgen, Judith C. Jacob, Svea Johnsen, Astrid Kessler, Marianne Kienbaum, Axel Köhler, Rainer König, Artjom Korotkov, Uwe Kröger, Stephanie Krone, Peter Kube, Dieter Landuris, Wolf-Dieter Lingk, Carsten Linke, Dirk Lohr, Sofi Lorentzen, Miriam Lotz, Jürgen Mai, Ann Mandrella, Elisabeth Markstein, Florian Maser, Carolin Masur, Lilia Milck, Nico Müller, Jens-Uwe Mürner, Chris Murray, Jürgen Mutze, Gloria Nowack, Ilona Nymoen, Timothy Oliver, Matthias Otte, Matthias Pagani, Karin Pagmar, Susanne Panzner, Antigone Papoulkas, Mandy Partzsch, Tom Pauls, Lars Redlich, Vasiliki Roussi, Steffen Schantz, Andreas Scheibner, Frank Schiller, Sarah Schütz, Britta Schwarz, Andreas Schwarze, Ralf Simon, Femke Soetenga, Johanna Spantzel, Maria Staszak, Nadja Stefanoff, Peggy Steiner, Reinhold Stövesand, Monika Straube, Maike Switzer, Katherine Veilerobe, Ilona Vöckel, Alois Walchshofer, Bettina Weichert, Silvia Weiss, Sonja Westermann, Johannes Wollrab, KS Rolf Wollrad, Andreas Wolfram, Dirk Zöllner

„Das Land des Lächelns" 2005 Barry Coleman als Prinz Su-Chong

„Der Bettelstudent" 2006
Rainer König als Enterich

„Der Graf von Luxemburg" 2011
Birgit Schaller als Fürstin Kokozowa

„Die Fledermaus" 2007
Tom Pauls als Frosch

„Wiener Blut" 2006 Ballettensemble (Archiv Staatsoperette, 5)

„Im Weißen Rössl" 2008 Frank Oberüber als Leopold, Ingeborg Schöpf als Josepha Voglhuber

„Pariser Leben" 2012 Christian Grygas als Jean, Elmar Andree als Baron Gondremark

„Der Zarewitsch" 2014 Richard Samek, Ballett und Chor

„Der Zigeunerbaron" 2010 Isabell Schmitt als Arsena, Richard Samek als Barinkay

„Die Großherzogin von Gerolstein" 2011 Ensemble
(Archiv Staatsoperette, 5)

„Die lustige Witwe" 2016 Vanessa Goikoetxea als Hanna und Herrenchor

Chefdirigent
Andreas Schüller

„Die lustige Witwe" 2016 Nikolay Borchev als Danilo und Damen des Balletts (Archiv Staatsoperette, 4)

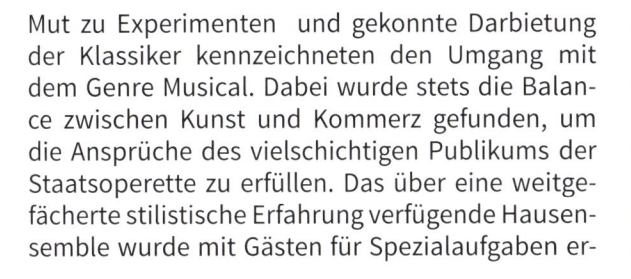

1. Kapellmeister
Christian Garbosnik

Mut zu Experimenten und gekonnte Darbietung der Klassiker kennzeichneten den Umgang mit dem Genre Musical. Dabei wurde stets die Balance zwischen Kunst und Kommerz gefunden, um die Ansprüche des vielschichtigen Publikums der Staatsoperette zu erfüllen. Das über eine weitgefächerte stilistische Erfahrung verfügende Hausensemble wurde mit Gästen für Spezialaufgaben ergänzt, woraus Synergieeffekte erwuchsen, die sich in einer ganz neuen theatralischen Qualität von Musical-Interpretationen niederschlugen. Seit Beginn der Spielzeit 2003/04 gab es 23 Musical-Premieren, darunter viele Ur- und Erstaufführungen. Zusätzlich realisierte Intendant Wolfgang Schaller mit Chefdirigent Ernst Theis drei vielbeachtete Konzertprojekte: „Leben in dieser Zeit" 2008, „Radio-Musiken" 2010 und „Weill – Europa und die USA" 2013. Sie befassten sich an Hand wiederentdeckter Kompositionen aus der ersten Hälfte des 20. Jahrhunderts mit den musikalischen Wurzeln des modernen Musiktheaters und erschienen – als Weltpremiere – gleichfalls in der CD-Edition bei dem Label cpo. Bei den Bühnenproduktionen agierte neben den Dirigenten Ernst Theis, Christian Garbosnik und Andreas Henning Bandleader Michael Fuchs mit seinen seit 1990 bühnenerprobten Musikern („Jesus Christ Superstar" 2006, „Chess" 2008). Winfried Schneider, Wolf Widder, Holger Hauer, Robert Lehmeier, Arne Böge, Werner Sobotka und Andreas Gergen meisterten die Herausforderungen der Regie.

Alles ist möglich! – das könnte als Überschrift über dem Schaffen an der Staatsoperette stehen. „Anything Goes!" von Cole Porter war Winfried Schneiders erste Regiearbeit in Dresden und brachte 2006 das Publikum im ohnehin hitzigen Zuschauerraum zum Kochen. Webbers „Jesus Christ Superstar" mit Allround-Talent Dirk Zöllner in der Hauptrolle schlug 2006 ganz neue Töne im Repertoire an. Ein besonderes Ereignis war 2007 die Aufführung des als unspielbar geltenden Werkes „Candide" von Leonard Bernstein in Zusammenarbeit mit dem genialen Autor und Schauspieler Peter Ensikat, der selbst als Voltaire zu erleben war. Der technische Direktor Mario Radicke stellte sich als Bühnenbildner vor. 2008 begleitete die Inszenierung des Musicals „Chess" die 38. Olympiade des Weltschachbundes in Dresden und war Hintergrund eines eigenen Jugendtanzprojektes. Mit der Europa-Premiere eines unbekannten Musicals von George Gershwin aus dem Jahr 1933 überraschte die Staatsoperette 2009. „Pardon My English" spielte gemäß des Librettos in Dresden.

2010 kam der vielseitige Orchesterleiter und Vollblutmusiker Peter Christian Feigel als 2. Kapellmeister an die Staatsoperette und sorgte für einen innovativen Schub. Mit der einfühlsamen Einstudierung der deutschsprachigen Erstaufführung des dramatischen Kammerspiels „Passion" von Sondheim gab er seinen Einstand, in der grellen „Rocky Horror Show" 2012 entpuppte er sich als charismatischer Bandleader mit überschäumendem Temperament. Perfekt in Schallers Konzept aus Dauerbrennern und unerwarteten Neuheiten passte die Broadway-Operette „The Firebrand of Florence" von Kurt Weill. Wieder hob man einen Schatz, der unter dem Titel „Viel Lärm um Liebe" als europäische szenische Erstaufführung im beschaulichen Leuben über die Bühne ging. Ein regelrechter Knaller wurde die deutsche Erstaufführung von „Catch Me If You Can" im Frühling 2015, der von der Kritik echte Broadway-Qualität bescheinigt wurde und die als Gastspiel in München Triumphe feierte. Sie erschien, wie schon die Produktion „Passion", auf CD. Mit viel Spaß und Glamour verabschiedete sich das Musical vom alten, so traditionsreichen Haus: „La Cage aux Folles" mit Uwe Kröger und Christian Grygas in der Rolle der Zaza, ganz verschieden, aber jeder auf seine Art großartig und inspirierend, so wie all die wunderbaren Künstler, die je auf dieser liebenswerten und erstaunlichen Bühne gestanden hatten.

„Anything Goes!" 2006 Mandy Garbrecht und Ballett

„Jesus Christ Superstar" 2006 Dirk Zöllner als Jesus
(Archiv Staatsoperette, 2)

„Candide" 2007 Ensemble

Peter Ensikat als Voltaire

„Emil und die Detektive" 2006 Ensemble

„Kiss Me, Cole!" 2007 Christian Grygas als Cole Porter, Radek Stopka, Susanne Panzner als Linda (v.l.n.r.)

„Chess" 2008, Christian Grygas als Anatoly, Chris Murray als Frederick (Archiv Staatsoperette, 6)

„Jekyll & Hyde" 2008, Femke Soetenga als Lucy, Marcus Günzel als Jekyll/Hyde

„Pardon My English" 2009 Ann Mandrella als Gitta und Herren des Balletts

2. Kapellmeister Peter Christian Feigel

„Hello Dolly" 2010 Bettina Weichert als Dolly

„Cabaret" 2011 Andreas Sauerzapf als Conférencier und Ballett

„RadioMusiken" 2010 Ensemble (Archiv Staatsoperette, 5)

„Passion" 2011 Vasiliki Roussi als Fosca, Marcus Günzel als Giorgio und Maike Switzer als Clara (v.l.n.r.)

„My Fair Lady" 2012 Tom Pauls als Higgins, Olivia Delauré als Eliza, Hans-Jürgen Wiese als Pickering (v.l.n.r.)

„Kiss me, Kate" 2012 Elke Kottmair als Kate, Gerd Wiemer als Petruchio und Ensemble (Archiv Staatsoperette, 5)

„The Rocky Horror Show" 2012 Femke Soetenga als Magenta, Dietrich Seydlitz als Riff-Raff

„Der Zauberer von Oz" 2013 C. Grygas als Löwe, B. Rothfuss als Blechmann, M. Schneider als Vogelscheuche, O. Delauré als Dorothy, H. Wolf als Toto

„Viel Lärm um Liebe" 2013 Elke Kottmair als Herzogin und Miljenko Turk als Cellini

„Evita" 2014 Olivia Delauré als Evita und Marcus Günzel als Ché

„Der kleine Horrorladen" 2014 Jannik Harneit als Seymour und Olivia Delauré als Audrey

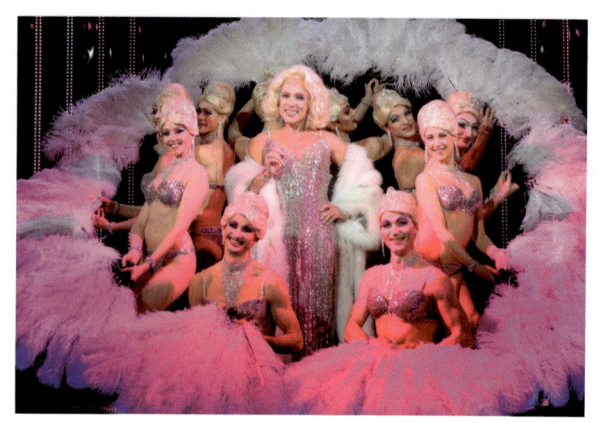

„La Cage aux Folles" 2016 Uwe Kröger als Zaza und Ballett

„Catch Me If You Can" 2015 Jannik Harneit als Frank und Girls (Archiv Staatsoperette, 5)

Die heitere Muse packt die Koffer

2012 wurden die Bauverträge für die Spielstätten im Kraftwerk Mitte unterzeichnet. Von da an standen die Zeichen auf Abschied vom Leubener Haus, dem am längsten bestehenden Operettentheater der Dresdner Geschichte, und vom Jugendtheater in Cotta. Axel Walther, Wolfgang Schaller, Sieglinde Schlüter, Peter Keßler, Mario Radicke, Markus Großer, Felicitas Loewe, Lutz Hofmann und alle anderen Initiatoren, Planer und Erbauer, die Mitarbeiter beider Häuser, die Bauarbeiter, die Politiker und die Förderer – sie alle gaben ihr Bestes, um dem Volkstheater in Dresden eine Zukunft zu ermöglichen. Im Dezember 2016 wird diese Zukunft im Stadtzentrum beginnen, 71 Jahre nach dem scheinbaren Ende aller Kultur in dieser einzigartigen Stadt.

Wolfgang Schaller über…
… Bilanz und Ausblick

„Ich werde immer gefragt, wie haben Sie das nur durchgehalten? Die Antwort ist: Weil ich dieses tolle Ensemble führen durfte und es mir so viel zurückgegeben hat! Von Seiten der Kapellmeister und Regisseure ist es hervorragend betreut und hat in den letzten 13 Jahren einen künstlerischen Reife- und Konsolidierungsprozess durchlaufen. Jetzt gehen wir dahin, wo wir hingehören, woher wir aus der Historie kommen. Bei Gastspielen auf größeren Bühnen haben wir schon immer erlebt, dass unsere Bühnenbilder, die ganze Pracht der Kostümausstattung viel besser aussehen, und die Arrangements unserer Regisseure viel sprechender sind, viel mehr die Geschichte erzählen, wenn nur ein bisschen mehr Platz ist, und dass der Klang der Musik viel farbenreicher ist, wenn die Akustik Raum hat. Das war für mich so eine Offenbarung, so ein Versprechen auf die Zukunft. Dies alles auf der großen Bühne sichtbar und im neuen Saal hörbar zu machen, ist die Aufgabe der nächsten Zeit."

(Aus einem Interview 2016)

Leb wohl, altes Haus!

1983 kam ein junger Mann nach Leuben, um in Reinhold Stövesands Staatsoperette ein Praktikum als Regieassistent anzutreten. Er betrat ein ramponiertes Gebäude und traf auf herzliche, aufgeschlossene und humorvolle Menschen, die irgendwie alle zusammengehörten. Ob Pförtner oder Tänzerin, Solist oder Tischler, Kapellmeister oder Intendant – sie waren ein Ensemble. Jeder achtete die Arbeit des anderen, sie arbeiteten und sie feierten viel, und immer gemeinsam. Jeden Abend nach der Vorstellung strömten die Menschen glücklich und ausgelassen nach einem langen Applaus aus einem Zuschauerraum, in dem man die Luft schneiden konnte und sich in den engen Sitzreihen etwas eingeklemmt fühlte. Das verwinkelte alte Haus war immer voller Musik, der Musik, die der junge Mann so liebte und wegen der er sich auf den Weg nach Dresden gemacht hatte. Der Regiestudent war ich. Von der ersten Stunde an fühlte ich, dass hier die Art von Theater stattfand, die auch ich machen und leben wollte. An diesem Theater bekam ich mein Rüstzeug für ein ganzes Künstlerleben. Viele Kollegen aller Sparten wurden mir zu Ratgebern und Vorbildern, Regisseure und Solisten vermittelten mir Handwerk, Werkskenntnisse und Lebenserfahrungen.

Ich habe versucht, in diesem Buch sowohl Operettenkennern als auch neugierigen, zukünftigen Besuchern unser Genre in Vergangenheit, Gegenwart und Zukunft nahezubringen. Auf den folgenden Bildern vom Innenleben hinter dem schönen Schein der Bühne habe ich bewusst die Menschen ausgelassen. Wenn am 31. Oktober 2016 der Eiserne Vorhang fällt, werden all diese Räume leer sein. Was bleiben wird, sind zahllose persönliche Geschichten und Erinnerungen der Künstler, Zuschauer und Anwohner und ein leeres Haus, dessen weitere Nutzung unbestimmt ist.

Doch vielleicht sorgen der Geist des Volkstheaters und die schöpferische Energie, die in den alten Mauern stecken, für neues Leben im „Feenpalast" im kleinen alten Dorfkern von Leuben.

Andreas Schwarze

Dachboden über dem Zuschauersaal (1891)

Garten hinter der Baracke

Bühne

Hinterbühne

Blick von der Bühne über Orchestergraben und Passarella, Regiepulte im Zuschauerraum

Tischlerei

Malsaal

Garderobenhaken aus dem Central-Theater (1898)

Schneiderei

Probenraum in der Baracke (1954)

Tischlerei, Hof und Bühnenhaus (Foto: Schwarze, 11)

Quellen und Literatur

Sächsisches Hauptstaatsarchiv Dresden
Bestand 10923 Staatliche Garten-Verwaltung, Großer Garten Dresden
68/ 1855-71
Bestand 10711 Ministerium des königlichen Hauses
Loc.10 Nr.8, Loc.41 Nr.06
Loc. 43 Nr.05/ Nr.10/ Nr.27/ Nr.29
Bestand 11125 Ministerium des Kultus und öffentlichen Unterrichts, Nr. 1825
Bestand 13618 Kgl. Bezirksgericht Dresden
22/ 1876-77
Bestand 10745 Amtshauptmannschaft Dresden
2945/ 2962
Bestand 332649.13. Plauen-Reisewitzer Garten
Loc. 39475, Rep. 62, Nr.1599
Bestand 11401 Landesregierung Sachsen
5.04.01 (2454, 2455, 2456, 2462, 2465, 2482, 2495, 2496)

Stadtarchiv Dresden
Archivische Sammlungen
Sammlung Theaterzettel und Programmhefte
Salonblatt, Jahrgänge 1906-1914
Archiv-Bestände:
4.1.9/ 4.1.13/ 4.2.14/ 9.2.7/ 9.2.29 / HS.1954.4.101
Bauamt 10-30-800/ 2.3.10 B. A. G 6, I/II
Dresdner Architektur-Album 1875

Adressbuch der Stadt Dresden
Jahrgänge 1850-1944
SLUB Dresden

Dresdner Nachrichten/ Dresdner Anzeiger/ Dresdner Journal/ Dresdner Zeitung
Jahrgänge 1844-1944
SLUB Dresden

Dresdner Volkszeitung/ Sächsisches Tageblatt/ Sächsische Zeitung
Jahrgänge 1946-2016
SLUB Dresden

Der Calculator an der Elbe
Dresden 1872-73, 1884
SLUB Dresden

Dresdner Bürger-Kalender
Jahrgänge 1872-73
Druck und Verlag von C.F. Petzold Dresden
SLUB Dresden

Dresdner Neue Presse
Jahrgänge 1929/1930
SLUB Dresden

Digitales Archiv der Staatsoperette Dresden 1945-2016

Dresdner Kunst- und Theaterzeitung
Jahrgänge 1900-1901
SLUB Dresden

Dresdner Theateralmanach
Verlag E. Pierson Dresden 1899

Wolff, L.
Almanach für Freunde der Schauspielkunst
Berlin 1844-1846

Heinrich, A.
Almanach für Freunde der Schauspielkunst
Berlin 1847-1853

Heinrich, A.
Deutscher Bühnen-Almanach
Berlin 1854-1859

Schneider, L.
Deutscher Bühnen-Almanach
Berlin 1860-61

Entsch, A.
Deutscher Bühnen-Almanach
1862-1889

Genossenschaft Deutscher Bühnenangehöriger
Neuer Theater-Almanach/ Deutsches Bühnenjahrbuch
Jahrgänge 1890-1932

Reichstheaterkammer, Fachschaft Bühne
Deutsches Bühnenjahrbuch
Jahrgänge 1933-1944

Büro für Theaterfragen der DDR
Theater-Film-Funk
Jahrgänge 1950, 1952

Bühnen der Landeshauptstadt Dresden/
Staatstheater Dresden
Gestaltung und Gestalten
Jahrgänge 1945, 1958-61, 1961-63

Sachse, Carl Albert
Statistisches Handbuch für Bühnenvorstände,
Bühnenkünstler und Bühnenfreunde
Hamburg 1853

Sachse, Carl Albert
Statistisches Jahrbuch für deutsche Bühnen
Wien 1865

Kölbel, Victor
Allgemeine Theaterchronik
Leipzig 1866-1870

Flüggen, O.G.
Biografisches Bühnenlexikon
der Deutschen Theater
Bruckmanns Verlag München 1892

Thiel, Hugo
Jahrbuch des Zweiten Theaters
Dresden 1865

Die deutsche Schaubühne
Leipzig, Jahrgänge 1860-1869

Weddingen, Dr. Otto
Die Geschichte der Theater Deutschlands Band 2
Verlag von Ernst Frensdorff
Berlin 1904-1906

Elsner/Stümcke
Bühne und Welt, 1. Jahrgang, 1898-99

Dresdner Geschichtsverein e.V.
Dresdner Hefte
22. Jahrgang, Heft 79
Herrich, Klaus
Residenztheater – Das Volkstheater Dresdens

Jacobson, Siegfried
Die Schaubühne
8. und 9. Jahrgang, 1912-1913

Becker, Tobias
Inszenierte Moderne-Populäres Theater in Berlin
und London 1880-1930
Oldenbourg Wissenschaftsverlag GmbH 2014

Mai, Gunther
Der Alliierte Kontrollrat in Deutschland 1945-1948:
Alliierte Einheit – deutsche Teilung?
Oldenbourg Wissenschaftsverlag GmbH 1995

Lindau, Martin B.
Geschichte der Haupt- und Residenzstadt Dresden
von der frühesten bis auf die gegenwärtige Zeit
Band 2
Dresden 1862

Richter, Prof. Dr. Otto
Geschichte der Stadt Dresden 1871-1902
Dresden 1903

Wehl, Feodor
Zeit und Menschen
1. Band
Verlag von A. Reher Altona 1889

Montbé, A.v.
Der Mai-Aufstand in Dresden
Höckner Dresden 1850

Die Ereignisse in Dresden 1866
SLUB Dresden/ dig.31459227X

Grieben, Theobald
Zuverlässiger Wegweiser für Dresden, dessen Um-
gebungen und die Sächsisch-Böhmische Schweiz
Zweite, völlig umgearbeitete Auflage
Berlin 1857

Schumann, Paul
Führer durch die Architektur Dresdens
Dresden 1900

Kummer, Friedrich
Dresden und das Elbgelände
Dresden 1912

Gurlitt, Cornelius
Beschreibende Darstellung der älteren
Kunstdenkmäler der Stadt Dresden
Meinhold & Söhne, Dresden 1903

Gottschalch, Erich (Herausgeber)
Dresdner Kalender
Jahrgänge 1919/1926/1929
Verlag Creutzburg, Dresden

Dresdner Geschichtsbuch, Band 13
Schmitt-Teichert, Christiane
Unterhaltung, Erheiterung und Ablenkung
Das „Theater des Volkes" und die NS-Gemeinschaft
„Kraft durch Freude" an der „Dresdner Heimatfront"
Verlag Druckerei zu Altenburg GmbH 2008

Widera, Thomas
Dresden 1945–1948: Politik und Gesellschaft unter sowjetischer Besatzungsherrschaft
Vandenhoek & Ruprecht GmbH Göttingen 2011

Schneider, Hansjörg
Hoffnung zwischen Trümmern
Dresdner Theater nach 1945
Hellerau-Verlag Dresden 1999

Schaller, Wolfgang (Herausgeber)
Legenden – 60 Jahre Staatsoperette
Staatsoperette Dresden 2007

Schaller, Wolfgang (Herausgeber)
Operette unterm Hakenkreuz
Metropol-Verlag Berlin 2007

https://de.wikipedia.org/wiki/Deutsch-Französischer_Krieg

http://saebi.isgv.de (Sächsische Biografie)
Herausgegeben vom Institut für Sächsische Geschichte und Volkskunde e.V.

Zeitzeugeninterviews

Eberhard Ahner
Johannes Fritsch
Hans Großer
Ingeborg Kassner-Pfund
Wolfgang Schaller
Erich Weber

Privatarchive und weitere Theater- und Stadtarchive

Archiv Ackermann Dresden
Archiv Ahner Dresden
Archiv DVB-AG Dresden
Archiv Fiedler (Hansen) Freital
Archiv Fritsch Dresden
Archiv Grohmann Dresden
Archiv Herrich Dresden
Archiv Kassner-Pfund Dresden
Archiv Lachmann Hamburg
Archiv Männchen Dresden
Archiv Möllor-Wagenknecht Dresden
Archiv Praefcke Ravensburg
Archiv Schütt (Figelius) Berlin
Archiv Schwarze Dresden
Archiv Weber Dresden
Archiv Höher Dresden
Stadtarchiv Leipzig
Stadtarchiv Mittweida
Stadtarchiv Chur/ Schweiz
Archiv Hans-Otto-Theater Potsdam
Theaterhistorische Sammlungen der Freien Universität Berlin/Nachlässe
Archiv Gedenkstätte Münchner Platz Dresden

Coverfotos:
Zuschauerraum des Central-Theaters
(li., Archiv Praefcke)
geplanter Zuschauerraum der Staatsoperette im Kraftwerk Mitte (re., Visualisierung: renderwerke)